21世纪经济管理新形态教材·统计学系列

U0365847

SPSS统计分析高级教程

李国柱　李从欣 ◎ 编　著

清华大学出版社

北　京

内 容 简 介

　　本书在系统梳理各种高级统计方法的基础上，详细介绍了 SPSS 软件实现这些统计方法的过程，是一本实用性很强的指导书和参考书。全书共分为 11 章，包括直销、相关、方差分析进阶、调节效应和中介效应、多元统计分析进阶、微观计量模型、多层回归模型、因果推断、机器学习、对数线性模型、生存分析内容，涵盖了当前流行的机器学习、中介效应、因果推断等前沿方法。本书内容丰富，注重理论和实践的有机结合，每章均配备复习思考题。

　　本书可作为高等院校统计学类、经济管理类、大数据类本科专业及研究生的教材，也可用作企业管理和相关技术人员的培训和学习用书。

图书在版编目 (CIP) 数据

SPSS 统计分析高级教程 / 李国柱，李从欣编著 . —北京：清华大学出版社，2023.6
21 世纪经济管理新形态教材 . 统计学系列
ISBN 978-7-302-63521-5

Ⅰ . ① S… 　Ⅱ . ①李… ②李… 　Ⅲ . ①统计分析－统计程序－高等学校－教材 　Ⅳ . ① C819

中国国家版本馆 CIP 数据核字 (2023) 第 087457 号

责任编辑：付潭娇
封面设计：汉风唐韵
版式设计：方加青
责任校对：王凤芝
责任印制：刘海龙

出版发行：清华大学出版社
　　　　　网　　　址：http://www.tup.com.cn，http://www.wqbook.com
　　　　　地　　　址：北京清华大学学研大厦 A 座　　　　邮　　编：100084
　　　　　社 总 机：010-83470000　　　　　　　　　　邮　　购：010-62786544
　　　　　投稿与读者服务：010-62776969，c-service@tup.tsinghua.edu.cn
　　　　　质 量 反 馈：010-62772015，zhiliang@tup.tsinghua.edu.cn
印 装 者：天津安泰印刷有限公司
经　　销：全国新华书店
开　　本：185mm×260mm　　　印　　张：17.25　　　字　　数：395 千字
版　　次：2023 年 8 月第 1 版　　　印　　次：2023 年 8 月第 1 次印刷
定　　价：55.00 元

产品编号：100048-01

前言 PREFACE

统计学是系统地介绍有关如何测定、搜集、整理和分析客观现象数量特征的方法论科学。很多统计软件可以实现统计分析的功能，如统计分析系统（statistical analysis system，SAS）、统计产品与服务解决方案（statistical product and service solution，SPSS）、STATA、计量经济学软件包（econ-ometrics views，EViews）、R 软件、Python 等，其中前四个为商业软件，后两个为共享软件。每款统计软件都有自己的优缺点，实际上笔者在工作中经常同时使用以上几种软件。SPSS 作为世界上最早采用图形菜单驱动界面的统计软件，操作界面友好，输出结果美观漂亮，受到众多学者和从业者的喜爱。

本书之所以称为《SPSS 统计分析高级教程》，主要有以下两个原因：一是笔者在 2019 年出版了《SPSS 统计分析基础》，本书是在前书基础上的进阶，不再包含那些基础性知识；二是本书包括一些进阶内容，这些进阶内容或者是大部分书都没有讲授的，或者是所有书都没有讲授甚至 SPSS 都没有现成模块的。本书的进阶更侧重于创新性的东西，比如 SPSS 如何进行面板数据回归、SPSS 如何进行因果推断等。

本书在编写中突出了以下特点：

1. 脉络清晰。以统计学学科内容为主线，结合 SPSS 内置的统计模块，摒弃大部分 SPSS 教材都涉及的基础性内容，以应用为导向，力求讲解深入详尽。

2. 专业性强。本书主要撰稿人均具有统计专业背景，大多从事了几十年统计学和统计软件的教学工作，在保证专业性的前提下，力求通俗易懂，给读者最好的阅读体验。

3. 启发性强。对于 SPSS 没有内置的统计方法，本书在讲解方法原理的基础上，开拓性地实现某些方法的操作。可以引导读者独立思考、积极探索，提高分析问题和解决问题的能力。

耿蕊、李子宁参与了部分章节的讨论和写作，王立奇、张萌、邢红燕、张旭对初稿进行了详细校对。本书编写参考了大量学者的教材和著作，在此表示感谢。由于作者学识有限，纰漏之处在所难免，恳请读者批评指正。

编者
2022 年 11 月

目录 CONTENTS

第1章 直　销

SPSS 中的直销模块，将多种统计方法组合使用，用来识别目标客户、对客户进行分类、生成潜在客户概要、比较活动效果、选择最有可能购买的联系人、标识最佳响应邮政编码、应用模型进行预测等。

1.1　识别最佳联系人

在 SPSS 中，识别最佳联系人通过 RFM 模型来实现。RFM 是三个英文单词首字母的缩写，其中 R 代表 recency（最近一次消费），F 代表 frequency（消费频率），M 代表 monetary（消费金额）。RFM 分析的基本逻辑是，最近购买产品较多、购买频率较高且消费金额较大的客户是需要维护的客户。

在菜单中选择"直销 / 选择方法"，进入"直销"模块选择方法界面，如图 1.1 所示。

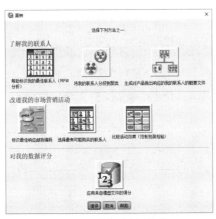

图 1.1　选择方法界面

图 1.1 选择方法界面包括三个部分。第一部分为"了解我的联系人"，包括"帮助标识我的最佳联系人（RFM 分析）""将我的联系人分段到聚类""生成对产品做出响应的我的联系人的概要文件"；第二部分为"改进我的市场营销活动"，包括"标识最佳响应邮政编码""选择最有可能购买的联系人""比较活动效果"；第三部分为"对我的数据评分"，指根据"选择最有可能购买的联系人"和其他程序进行预测。

本节首先介绍第一部分中的"帮助标识我的最佳联系人（RFM 分析）"，该功能包括两种数据格式，具体要求各不相同。

1.1.1　交易数据格式

案例使用 SPSS 自带数据集 rfm_transtraction.sav，该数据集包含五个变量，如图 1.2 所示。

	ID	Product Line	ProductNumber	Date	Amount
1	955	C-300	384	16-Jul-2006	51
2	607	A-100	194	12-May-2005	27
3	791	A-100	131	18-Nov-2005	29
4	18	D-400	421	05-Aug-2004	123
5	65	A-100	130	01-Jun-2004	31
6	380	C-300	305	13-Aug-2004	70
7	209	E-500	504	29-Oct-2005	178

图 1.2　rfm_transtraction.sav 文件

其中 ID 为客户编号，ProductLine 为生产线，ProductNumber 为产品编号，Date 为购买日期，Amount 为购买金额。

在图 1.1 中选择"了解我的联系人帮助标识我的最佳联系人（RFM 分析）"选项，单击"继续"按钮，打开"RFM 分析：数据格式"对话框，如图 1.3 所示。

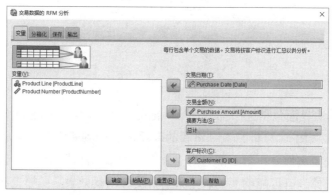

图 1.3　RFM 分析：数据格式

从图 1.3 可知：交易数据是指每行包含单个交易的数据，交易将按客户标识进行汇总以供分析；客户数据是指每行包含单个客户的数据，数据按已交易中的客户进行组合。

选择"交易数据"选项，单击"继续"按钮，打开"交易数据的 RMF 分析：变量"对话框，如图 1.4 所示。

图 1.4　交易数据的 RFM 分析：变量

图 1.4 中包括四个选项卡，第一个为"变量"选项卡。左侧为文件中所包含的变量，右侧分别包括"交易日期""交易金额""客户标识"和"摘要方法"。分别将 Purchase Date 、Purchase Amount、Customer ID 选入相应的列表框。"摘要方法"用于选择汇总每个客户交易金额的方法，包含总计、最大值、中位数和均值四个统计量。在本案例中，交易金额是单次购买产品的单价，所以此处选择默认值"总计"。

在图 1.4 中，单击"分箱化"选项卡，可以设置分箱选项，如图 1.5 所示。

图 1.5　交易数据的 RFM 分析：分箱化

图 1.5 中，"分箱化"有两种方法，一种是"嵌套"，另一种是"自变量"。从统计学角度来说，"嵌套"就是复合分组，"自变量"就是平行分组。"分箱数"可以设置每个指标划分的组数，每个指标最多可划分为 9 组，最少可划分为 2 组，默认划分为 5 组。"结"指相同的数值。"将结指定到相同分箱"指将相同的数值划分到同一组；"将结随机指定到相邻分箱"指将相同的数值随机分配到相邻的两组。

在图 1.5 中，单击"保存"选项卡，可以设置保存选项，如图 1.6 所示。

图 1.6　交易数据的 RFM 分析：保存

在图 1.6 的"保存"选项卡，可以设置保存的变量，包括指标的原始变量、对原始变量分箱后的变量（以"＿得分"为后缀名命名的变量）以及 RFM 得分，其中 RFM 得分为必须项，不能更改，其他变量则可以选择是否保存。另外还可以指定变量的保存位置，可以"创建新数据集"，也可以"写入新数据文件"。

3

在图 1.7 "输出" 选项卡，对于已分箱化数据，可以选择输出 "按上次消费时间和频率绘制的平均币值热图" "分箱计数图表" 和 "分箱计数表格"。对于未分箱化数据，可以选择输出 "直方图" 和 "变量对散点图"。默认只输出已分箱化数据的 "按上次消费时间和频率绘制的平均币值热图" "分箱计数图表"，此处选择输出所有图表。

图 1.7 交易数据的 RFM 分析：输出

单击 "确定" 按钮后，即可得到系列输出结果，如图 1.8 所示。

ID	最近_日期	交易_计数	金额	上次消费时间_得分	频率_得分	消费金额_得分	RFM_得分
1	04-Sep-2006	5	485.00	4	3	4	434
2	10-Nov-2005	4	350.00	2	2	2	222
3	04-Jun-2005	2	233.00	1	2	4	124
4	18-Aug-2006	7	936.00	4	4	5	445
5	07-Jul-2006	3	359.00	4	1	5	415
6	15-Jul-2006	3	249.00	4	1	4	414
7	15-Feb-2006	7	1089.00	2	5	5	255
8	21-Aug-2006	4	423.00	4	2	4	424
9	31-Aug-2006	7	689.00	4	4	4	444

图 1.8 产生的新数据集

由于在图 1.6 选择了 "创建新数据集"，因此会产生一个以默认名称 "数据集 2" 命名的新数据集。该数据集按 ID 进行排序，以 ID 为 1 的个案为例，其最近消费日期为 04-Sep-2006，共有 5 个交易记录，交易总金额为 485。上次消费时间得分为 4（即被分在第 4 组，消费日期越近等级越高），频率得分为 3（即被分在第 3 组，购买频率越高等级越高），消费金额得分为 4（即被分在第 4 组，消费金额越高等级越高），这 3 个数组合在一起即为最终的 RFM 得分 434。RFM 分值越高，客户价值越大。

图 1.9 为 RFM 分箱计数图。

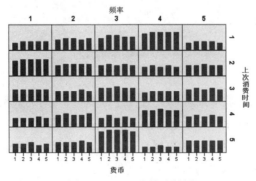

图 1.9 RFM 分箱计数图

RFM 分箱计数图显示根据分箱化方法设定的分箱数的分布。纵轴"上次消费时间"显示按最近一次消费时间将客户分为 1 ～ 5 级，横轴"频率"显示按购买频率将客户分为 1 ～ 5 级。根据最近一次消费时间和频率将客户分为 25 个组别。例如左上角的图表示最近一次消费级别为 1、购买频率级别也为 1 的客户群，右下角则表示最近一次消费级别为 5、购买频率级别也为 5 的客户群。在每个组别中，又按照消费金额把客户分为 1 ～ 5 级，图中显示为 5 个直条，从左到右表示消费金额级别依次增高，高度则代表相应直条所代表的 RFM 得分的客户数量的多少。如左上角的图反映了 RFM 得分为 111 ～ 115 的客户数量的分布，右下角的图反映了 RFM 得分为 551 ～ 555 的客户数量的分布。

可以结合交叉列表得到每个直条的具体数值，如图 1.10 所示。

计数

上次消费时间得分			货币得分					总计
			1	2	3	4	5	
1	频率得分	1	5	6	6	6	6	29
		2	7	8	8	7	8	38
		3	8	10	10	9	9	46
		4	11	12	12	12	12	59
		5	5	6	6	6	5	28
	总计		36	42	42	40	40	200
2	频率得分	1	10	11	11	11	11	54
		2	7	8	8	8	8	39
		3	7	8	7	8	7	37
		4	6	7	6	7	6	32
		5	7	7	8	7	7	36
	总计		37	41	40	41	39	198
3	频率得分	1	8	8	8	8	8	40
		2	7	7	7	8	7	36
		3	9	9	10	9	9	46
		4	6	7	7	7	7	34
		5	8	9	8	9	8	42
	总计		38	40	40	41	39	198
4	频率得分	1	6	6	6	7	6	31
		2	8	9	8	8	9	42
		3	6	8	6	7	6	33
		4	11	11	12	11	11	56
		5	7	8	7	8	7	37
	总计		38	42	39	41	39	199
5	频率得分	1	6	6	7	5	6	30
		2	7	7	7	7	8	36
		3	14	15	15	15	14	73
		4	4	4	5	4	4	21
		5	8	8	8	8	8	40
	总计		39	40	42	40	39	200
总计	频率得分	1	35	37	38	37	37	184
		2	36	39	38	39	39	191
		3	44	50	48	48	45	235
		4	38	41	42	41	40	202
		5	35	38	37	38	35	183
	总计		188	205	203	203	196	995

图 1.10　交叉列表

交叉列表中的数值对应了图 1.9 中各个直条的高度。如交叉表第一行的数值对应了图 1.9 中左上角直条的高度，即 RFM 得分为 111 的有 5 个，得分为 112、113、114、115 的均有 6 个；第二行数值对应了图 1.9 中第一行第二个图，即 RFM 得分为 121、122、123、124、125 的分别有 7、8、8、7、8 个。依次类推，可知图 1.9 中右下角直条的高度均为 8。

根据已分箱化数据还可以输出热图，如图 1.11 所示。

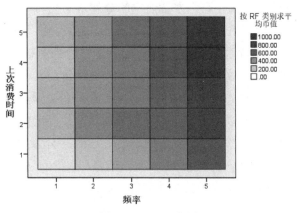

图 1.11　RFM 热图

　　RFM 热图的纵轴为"上次消费时间"，横轴为"频率"，均按分箱设定为 5 级。按照两个指标划分了 25 个客户群。对每个客户群的消费金额计算均值，并用颜色深浅表示消费金额均值的大小。默认颜色越深表示该客户群的消费金额的均值越高。

　　由于在图 1.7 中也选择了"未分箱化数据"，此处也会输出直方图和散点图。直方图如图 1.12 所示。

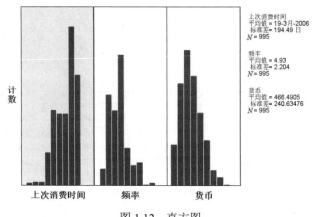

图 1.12　直方图

　　直方图显示了每个指标的均值、标准差和观测数。更为重要的是 SPSS 还给出了对各直方图横轴的注释：每个直方图的水平轴始终采用左侧为较小值、右侧为较大值的排序方法。但对于上次消费时间，图表的解释依赖于上次消费时间测量的类型：日期或时间间隔。对于日期，左侧条代表更"早"的值（即较远日期比较近日期的值更小）；对于时间间隔，左侧条代表更"近"的值（即时间间隔越小，交易离现在越近）。

　　RFM 散点图如图 1.13 所示。

　　图 1.13 显示了上次消费时间、频率、货币之间的两两散点图。对"上次消费时间"的解释依赖于最近一次消费时间的类型：日期或时间间隔。对于日期，越接近原点的点代表离现在越远的日期；对于时间间隔，越接近原点的点代表购买日期离现在越近的值。

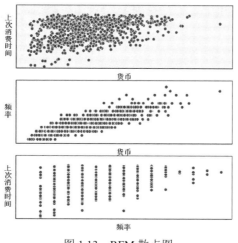

图 1.13 RFM 散点图

1.1.2 客户数据格式

打开 SPSS 自带数据集 rfm_customers.sav，该数据集为客户数据格式，如图 1.14 所示。

ID	TotalAmount	MostRecent	NumberOfPurchases	PurchaseInterval
1	1313.00	05/17/2006	10	229.00
2	1230.00	09/21/2005	11	467.00
3	1194.00	08/11/2006	13	143.00

图 1.14 数据集 rfm_customers.sav

该数据集包含 5 个变量：ID（客户编号）、TotalAmount（客户消费总金额）、MostRecent（最近一次购买日期）、NumberOfPurchases（购买次数）和 PurchaseInterval（最近一次购买时间间隔）。

在图 1.3 中选择"客户数据"选项，打开"客户数据的 RFM 分析"对话框，如图 1.15 所示。

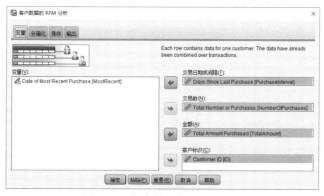

图 1.15 客户数据的 RFM 分析

在图 1.15 "变量"选项卡中将 PurchaseInterval 选入"交易日期或间隔"，NumberOfPurchases 选入"交易数"，TotalAmount 选入"金额"，ID 选入"客户标识"。"分箱化""保存""输出"这 3 个选项卡和交易数据的 RFM 分析基本相同，在此不再介绍。

客户数据的 RFM 分析结果和交易数据的 RFM 分析结果类似，二者主要是数据格式的不同，在此不再赘述。

1.2 客 户 分 类

直销模块中的"将我的联系人分段到聚类"可实现对客户的聚类，即根据客户购买行为及客户人口社会学特征将客户分类。本节使用 SPSS 自带数据集 dmdata.sav，如图 1.16 所示。

名称	类型	宽度	小数	标签	值	缺失	列	对齐	测量	角色
ID	字符串	5	0	Customer ID	无	无	10	右	名义(N)	输入
Responded	数值	8	0	Responded to t...	{0, No}...	无	11	右	名义(N)	输入
Previous	数值	8	0	Responded to p...	{0, No}...	无	10	右	名义(N)	输入
ControlPack...	数值	8	0	Control Package	{0, Control}...	无	16	右	名义(N)	输入
PostalCode	字符串	15	0	Postal Code	无	无	12	左	名义(N)	输入
Age	数值	8	0		无	无	10	右	度量	输入
Income	数值	8	0	Income categor...	{1, <25}...	无	10	右	有序(O)	输入
Education	数值	8	0		{1, Some hi...	无	11	右	有序(O)	输入
Reside	数值	8	0	Years at curren...	无	无	10	右	度量	输入
Gender	数值	8	0		{0, Male}...	无	10	右	名义(N)	输入
Married	数值	8	0		{0, No}...	无	10	右	名义(N)	输入
Children	数值	8	0		无	无	10	右	度量	输入
Region	数值	8	0		{1, North}...	无	10	右	名义(N)	输入
Sequence	数值	8	2		无	无	10	右	度量	输入

图 1.16　数据集 dmdata.sav

该数据集共包括 14 个变量，分别为 ID、Responded（做出响应）、Previous（上一个）、ControlPack（控制包装）、PostalCode（邮政编码）、Age（年龄）、Income（收入）、Education（教育程度）、Reside（目前居住年限）、Gender（性别）、Married(已婚)、Children（子女）、Region（地区）、Sequence（序列）。对于不容易理解的变量名，可以看变量标签。如"Responded"指是否对测试产品做出响应，"Previous"指是否对上一个产品做出响应。

在图 1.1 中选择"了解我的联系人 / 将我的联系人分段到聚类"选项，打开"聚类分析"对话框，如图 1.17 所示。

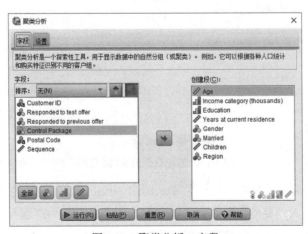

图 1.17　聚类分析：字段

图 1.17 字段选项卡左侧为候选变量集，右侧"创建段"指选择用于聚类分析的变量，ID、Responded、Previous、ControlPack、PostalCode、Sequence 对聚类没有帮助，将其他变量作为聚类变量。

单击"设置"选项卡可设置其他参数，如图 1.18 所示。

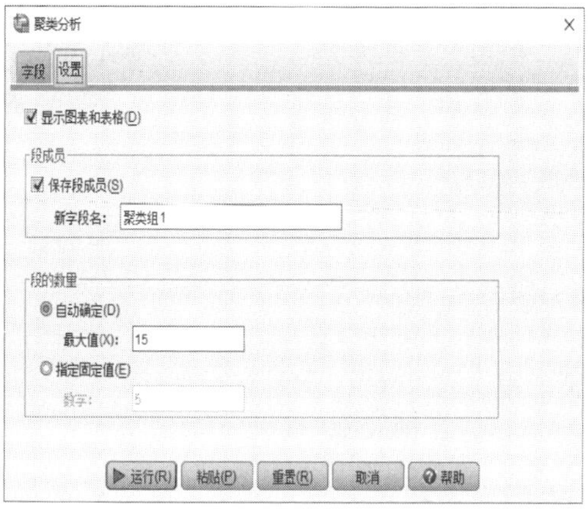

图 1.18　聚类分析：设置

图 1.18 主要包括三部分内容：一是是否显示图表和表格，默认显示；二是"段成员"，应为汉化有误，应翻译为"类成员"，默认保存类成员，默认变量名为"聚类组 1"，读者可自行设置需要的变量名；三是"段的数量"，应翻译为"类的数量"，可以自动确定，也可以指定固定值。如选择自动确定，默认最大值为 15；若选择指定固定值，默认为 5。选择默认设置，单击"运行"按钮可得到输出结果，如图 1.19 所示。

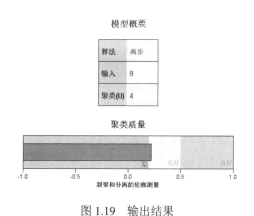

图 1.19　输出结果

图 1.19 显示使用了 8 个变量（输入），将客户分成了 4 类。双击图 1.19 "输出结果"界面，打开"模型查看器"界面，如图 1.20 所示。

图 1.20 模型查看器左侧与图 1.19 相同，右侧显示了聚类大小。从右侧饼状图可以看出，客户群被分成了四类，每类所占比重分别为 29.4%、22.4%、21.8%、26.3%，最小类包含 2182 个客户，最大类包含 2944 个客户。

9

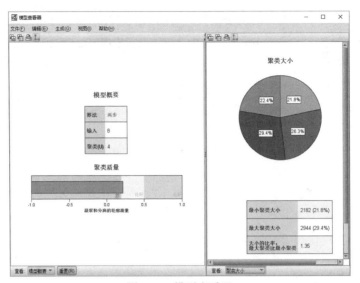

图 1.20　模型查看器

在图 1.20 右侧下方，单击"查看"下拉列表框，除"聚类大小"外，还可以选择"预测变量重要性""单元格分布"和"聚类比较"。首先选择"预测变量重要性"，可得到各个变量的重要性，如图 1.21 所示。

从图 1.21 可知，预测变量重要性从大到小依次为 Children、Age、Married、Gender、Income category（thousa...）、Region、Years at current residence、Education，其中 Years at current residence、Education 基本没有预测力，去掉对聚类结果影响不大。

当选择"单元格分布"，左侧必须同时选择"聚类"，并需选中一个单元格，如图 1.22 所示。

由于在左侧选中了"Age"，右侧显示了年龄的分布，包括总体年龄分布和第 3 类客户群年龄的分布（左侧最上面列出了类序号为 3、2、4、1）。

10

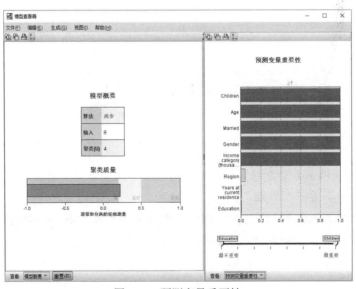

图 1.21　预测变量重要性

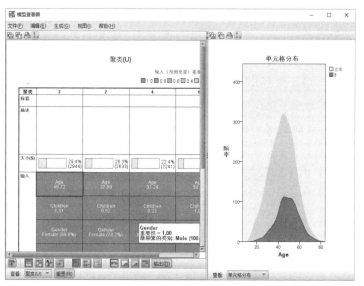

图 1.22　单元格分布

将图 1.22 左侧表格放大显示，如图 1.23 所示。

11

输入（预测变量）重要性
■ 1.0 ■ 0.8 ■ 0.6 ■ 0.4 ■ 0.2 □ 0.0

聚类	3	2	4	1
标签				
描述				
大小(S)	29.4% (2944)	26.3% (2633)	22.4% (2241)	21.8% (2182)
输入	Age 48.72	Age 37.89	Age 37.24	Age 50.91
	Children 1.51	Children 0.52	Children 0.23	Children 1.86
	Gender Female (99.6%)	Gender Female (78.2%)	Gender Male (100.0%)	Gender Male (100.0%)
	Income category (thousands)	Income category (thousands)	Income category (thousands)	Income category (thousands)
	Married Yes (56.1%)	Married No (60.3%)	Married No (100.0%)	Married Yes (100.0%)
	Region East (26.3%)	Region West (28.4%)	Region South (28.5%)	Region West (27.5%)
	Years at current residence	Years at current residence	Years at current residence	Years at current residence
	Education	Education	Education	Education

图 1.23　聚类分布

图 1.23 从左往右依次列出第 3 类、第 2 类、第 4 类、第 1 类客户群在各个预测变量上的特征。根据预测变量在各群的分布可以归纳出各个客户群的特点。如第 1 类客户：男性为主，年龄偏大，已婚且有多个子女，收入较高。第 2 类客户：女性为主，年龄较小，子女较少，收入较低。第 3 类客户：女性为主，年龄偏大，已婚且有多个子女，收入较高。第 4 类客户：男性为主，年龄较小，子女较少，收入较低。

双击图 1.23 中的"描述"右侧的单元格，可以将各个客户群的特点输入。双击"标签"右侧的单元格，可以为各个客户群添加标签。

也可以采用分析菜单中分类菜单项的各种聚类方法进行分类，但即使也分成 4 类，分类结果也不一定和本案例相同。"将我的联系人分段到聚类"像一个"黑箱"，并没有说明聚类的方法。聚类方法不一样，聚类结果就有可能不同。

1.3 生成潜在客户概要文件

潜在客户概要文件指使用先前测试活动的结果创建描述概要文件。该文件常被用于定位未来市场营销活动中的潜在客户特性，以提高公司市场活动的客户响应率。其基本流程是市场部门在客户数据库中随机抽取一定百分比的客户做测试，测试结束后，整理出包含客户响应率及客户信息的数据，以此生成潜在客户的概要文件，指导后续的市场活动。

本节仍然使用 SPSS 自带数据集 dmdata.sav。在图 1.1 中选择"生成对产品做出响应的我的联系人的概要文件"，打开"潜在客户概要文件"对话框，如图 1.24 所示。

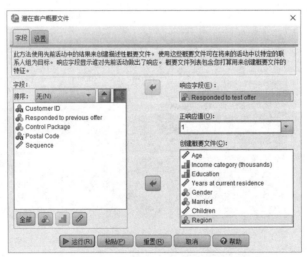

图 1.24　潜在客户概要文件："字段"选项卡

在图 1.24"字段"选项卡中，将 Responded to test offer（对测试产品做出响应）选入"响应字段"，正响应值选择"Yes"（是），此时显示为 1。将尽可能多的描述顾客特征的变量选入"创建概要文件"。单击"设置"选项卡，进一步设置参数，如图 1.25 所示。

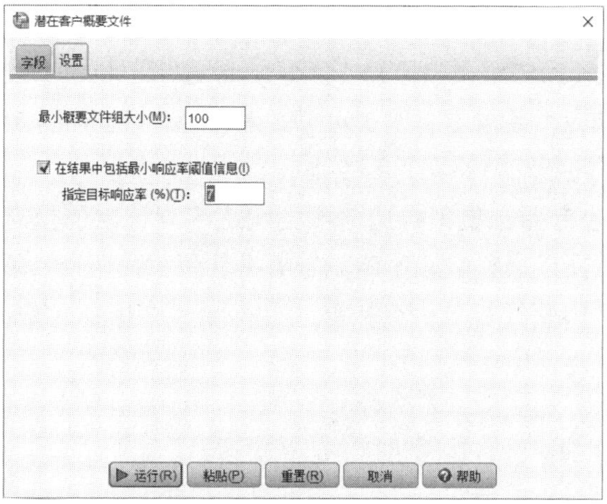

图 1.25　潜在客户概要文件：设置

图 1.25 中"最小概要文件组大小"实际上是指聚类中每一个客户群所包含的最小人数，默认为 100 人。数值越大，划分的组越少；数值越小，划分的组越多。客户群包含的人数越多，结果越可靠；包含的人数越少，越不具有代表性，结果越不可靠。

勾选"在结果中包括最小响应率阈值信息"复选框，可以指定一个目标响应率，本例设为 7%。选择此项后，输出结果中会包含一个响应率表及累计响应率图，在响应率表中通过颜色编码显示哪些概要文件（实际就是目标客户群）超过设定的目标响应率。

单击"运行"按钮后得到输出结果，其中图 1.26 为响应率表。

13

目标类别：Yes

		响应率		
		概要文件		
数字	描述	组大小	响应率	累积响应率
1	Region = "West","South","East" Gender = "Female" Married = "No"	379	9.23%	9.23%
2	Region = "West","South","East" Gender = "Female" Married = "Yes"	299	5.02%	7.37%
3	Region = "West","South","East" Gender = "Male"	722	4.71%	6.00%
4	Region = "North"	517	2.51%	5.06%

绿色（浅色区域）：满足目标响应率
红色（深色区域）：不满足目标响应率

图 1.26　响应率表

图 1.26 响应率表中显示了每个概要文件的信息。概要文件描述中只显示了为模型提供显著贡献的那些变量的特征，不包括那些对模型没有显著贡献的变量。因此在图 1.24 中的"创建概要文件"框中选入无关变量并没有什么影响，多选入变量不比少选入变量要好。概要文件按响应率降序显示，响应率是做出正面响应（购买产品）的客户的百分比。指定的目标响应率为 7.00%。绿色行的累积响应率大于或等于 7.00%，并且红色行的累积响应率小于 7.00%。尽管绿色区域中某些概要文件组可能有个别响应率小于 7.00%，但此处的累积响应率仍然大于或等于 7.00%。

如果针对西部，南部和东部的女性开展后续市场活动，也就是图 1.26 中绿色区域响应率大于 7% 的第一组和第二组类型客户，会得到比预期目标响应率 7.00% 更高的响应率。如果市场部门对目标响应率要求更高，则可以针对西部，南部和东部的未婚女性（第一组类型客户）开展后续市场活动，将会得到 9.23% 的响应率。

图 1.27 为累计响应率图。累积响应率图比响应率表反映的信息较为粗略。概要文件是按响应率降序排列，所以累积响应率随着概要文件增大而下降。累积响应率和目标响应率相交于 2 和 3 之间，因此针对第一组和第二组类型客户开展市场活动可以达到 7% 的目标响应率。

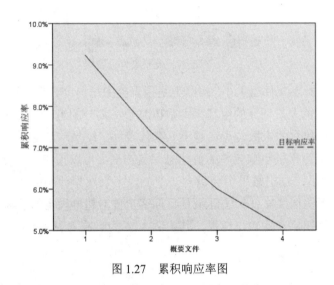

图 1.27　累积响应率图

1.4　基于邮政编码响应率分析的客户选择

当企业计划推出新产品时，向客户发送广告邮件，应用邮政编码响应率分析客户的响应数据，找出对新产品响应最高的客户所在区域，从而定位新产品的重点营销区域。

仍然使用 SPSS 自带数据集 dmdata.sav，选择"直销 / 选择方法 / 改进我的市场营销活动 / 标识最佳响应邮政编码"，打开"邮政编码响应率"对话框，如图 1.28 所示。

图 1.28 相对简单，只需设置"响应字段"和"邮政编码字段"。将 Responded to test offer 选入"响应字段"，正响应值高为"Yes"；将 Postal Code 选入"邮政编码字段"。单击"设置"选项卡，进行相应参数设置，如图 1.29 所示。

图 1.29 分为四个部分。第一部分为邮政编码分组方式，默认根据邮政编码的完整值进行分组，将具有相同邮政编码的数据作为一组计算响应率。也可以选择"前 3 个数字或字符""前 5 个数字或字符"或"前 N 个数字或字符"进行分组，本例选择"前 3 个数字或字符"。

图 1.28　邮政编码响应率：字段

图 1.29　邮政编码响应率：设置

15

如果邮政编码字段为数值型，那么数值基于邮政编码的前 N 个数字进行分组，且需要在第二部分的数值邮政编码格式中指定原始邮政编码是如何记录的，即指定邮政编码原始值的位数。如果各地区邮政编码包含的位数不同，则应该指定为最大可能位数。比如某些地区的邮政编码包含 5 位数字，某些地区的邮政编码包含 9 位数字，则需指定 9 为邮政编码的位数。本例邮政编码为字符型，所以本部分未被激活，呈灰色显示。读者可以试着将邮政编码改为数值型，再进行比较。

第三部分用于设定响应率和容量分析。如果不勾选"响应率和容量分析"，此部分将不会被激活。在最低可接受响应率部分，默认无最小值，也可以选择目标响应率，在其右侧文本框输入相应数据，比如3.5。"通过公式计算收支平衡率"是基于下面公式计算最低累积响应率：

$$最低累积响应率＝（邮寄包装成本／每次响应的净收入）×100$$

最大联系人数量默认为所有联系人，也可以设定联系人百分比或联系人数量。如果指定了最大联系人数量，生成的响应率表将通过颜色编码区分客户数量是否超过累积最大联系人数量，同时响应率图将在指定的最大联系人数量位置画出标线。

当同时指定最低可接受响应率和最大联系人数量时，表格颜色编码将基于二者中先被满足的条件。

第四部分用于设定是否将邮政编码响应率保存至 Excel，默认不保存。

为了显示更多的输出结果，本例将目标响应率设为3.5%，联系人百分比设定为50%。单击"运行"按钮后可得到输出结果。

图1.30为响应率表。响应率表按十分位数的降序排序（前10%、前20%，等等）摘要列出结果。累积响应率是当前和前面所有行中正响应的组合百分比。由于结果以响应率的降序显示，因此这是当前十分位数和前面所有较高响应率的十分位数的组合响应率。由于十分位数排序包含在新的数据集中，因此可以有效地确定满足特定累积响应率要求的邮政编码。在新的数据集中确定十分位数排序的字段称为"排序"，其中 1＝前10%、2＝前20%，等等。

百分位	响应率	联系人	累积响应率	累计 联系人
顶端 10%	22.00%	100	22.00%	100
顶端 20%	13.48%	178	16.55%	278
顶端 30%	10.20%	196	13.92%	474
顶端 40%	7.25%	207	11.89%	681
顶端 50%	5.24%	229	10.22%	910
顶端 60%	3.51%	114	9.47%	1024
顶端 80%	0.00%	893	5.06%	1917

每个邮政编码的响应率列在由过程自动创建的新数据集中。
绿色（浅色区域）：满足目标响应率，且符合容量。
红色（深色区域）：不满足最低响应率和／或超出容量。

图1.30　响应率表

图中的颜色编码基于首先被满足的设定条件达到阈值。绿色区域（浅色区域）显示满足设定的目标响应率和最大联系人数量条件的客户，红色区域（深色区域）显示不满足条件的客户，应重点关注绿色区域客户。表中可以看出对营销活动有响应的客户数量为1917，指定的最大联系人数量为958（1917×0.5）。最大联系人数量在最低目标响应率之前出现（累积联系人 910<958<1024，响应率 0<3.5%<3.51%）。所以绿色和红色分界线画在顶端50%和顶端60%之间。绿色区域表示该部分客户组满足最低目标响应率且累积客户数量小于最大联系人数量。在本例中，绿色行的累积联系人数量小于或等于958，累积响应率均大于或等于3.50%。

在判断目标响应率和最大联系人数量哪个先出现时，一定要注意小于最大联系人数量为满足要求，大于最大联系人数量不符合要求。而目标响应率则是大于最低目标响应率为满足要求，小于最低目标响应率为不符合要求。虽然顶端 60% 部分的客户组已满足目标响应率大于 3.5%，但累积客户数量已大于最大联系人数量，所以被标为红色。

邮政编码响应率图如图 1.31 所示。图 1.30 响应率表按十分位数的降序排序列出累积响应率，因此对于后续十分位数而言累积响应率列始终处于下降趋势。由于累计联系人列代表累积联系人数量，因此它始终处于上升趋势。如果存在指定的最低累积响应率和 / 或最大累积联系人数量，图 1.31 则会显示水平参考线以指示这些值（图 1.31 中的红线）。由图 1.31（b）中可以看出最大联系人数量红色标线和联系人蓝色标线的交点落在顶端 50% 和顶端 60% 之间，这和图 1.30 反映的信息是一致的。实际上根据图 1.31（a）和（b）红色标线和蓝色标线交点的位置，即可判断哪个条件先出现。

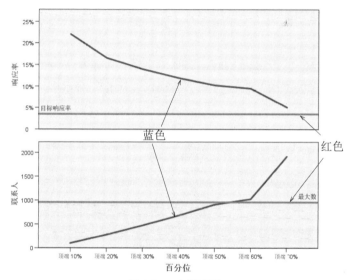

图 1.31　响应率图

图 1.32 为产生的新数据集。该数据集共包含 6 个变量。"PostalCode"显示了邮政编码分组，由于选择了分组方式为前 3 个数字或字符，因此该变量只显示了 3 个数字。"响应率"为每个邮政编码组中正响应客户所占百分比。"响应"为每个邮政编码组中正响应客户数量。"联系人"是每个邮政编码组中做出响应的所有客户数量。"索引"为基于公式 $N \times P \times (1-P)$ 的加权响应。"等级"为按降序排列的邮政编码响应率的十分位排序，该值和响应率表中（图 1.30）的"百分位"列对应，即 1 对应顶端 10%、2 对应顶端 20% 等。

PostalCode	响应率	响应	联系人	索引	等级
957	42.86%	3.00	7	1.71	1
74	33.33%	1.00	3	.67	1
623	28.57%	2.00	7	1.43	1
932	25.00%	1.00	4	.75	1
953	23.08%	3.00	13	2.31	1
762	22.22%	2.00	9	1.56	1

图 1.32　产生的新数据集

结合图1.30和图1.32，根据响应率高低，针对不同邮政编码地区的客户进行营销活动。例如可以选取图1.30中"顶端10%，响应率22.00%"的客户，从生成的新数据集中找到秩为1的客户所在邮政编码地区，进行新产品的促销活动。

1.5　基于控制包装检验的营销效果优化

营销部门试图通过发送邮件的方式测试产品新包装是否比现有包装获得更高的客户响应。测试邮件分别发给控制组和测试组，控制组客户将得到现有包装的产品，测试组客户得到新包装产品。然后对两组响应结果进行比较，检验是否存在显著差异，根据结果选择客户最喜欢的包装。

采用SPSS自带数据集dmdata2.sav，选择"直销/选择方法/改进我的市场营销活动/比较活动效果（控制包装检验）"，打开"控制包装检验"对话框，如图1.33所示。

图1.33　控制包装检验

"控制包装检验"对话框比较简单，将Control Package选入"活动字段"，将Responded to test offer选入"效果响应字段"。效果可被定义为购买金额，也可被定义为回应，默认定义为回应，然后选择正回应值为"Yes"。重新编码的效果响应字段的名称和标签可以设置新字段名和新字段标签，也可以使用默认设置。单击"运行"按钮，可得到输出结果，如图1.34所示。

输出结果很简单，只简单列示了控制组和测试组的正向响应和响应率。如控制组

910 人，其中 35 人正向响应，响应率 3.8%；测试组 1007 人，其中 62 人正向响应，响应率 6.2%。图 1.34 只显示了控制组和测试组在统计方面有显著差异，但并没有列示检验统计量和 p 值。从输出结果可知，产品新包装比现有包装有更高的响应率。

		Control Package			
		Control		Test	
		计数	列 N%	计数	列 N%
效果（1=是 0=否）	0	875	96.2%	945	93.8%
	1	35	3.8%	62	6.2%

Control 与 Test 在统计方面有显著差异。

图 1.34　输出结果

该方法实际等价于独立样本的 T 检验。选择"分析 / 比较平均值 / 独立样本 T 检验"，打开"独立样本 T 检验"对话框，如图 1.35 所示。

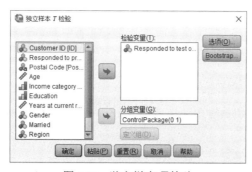

图 1.35　独立样本 T 检验

将 ControlPackage 选入"分组变量"，同时定义组，即输出 0 和 1 两个分类值。将 Responded to test offer 选入"检验变量"，单击"确定"后得到输出结果。

图 1.36 为组统计量，给出控制组 910 人，平均值 0.04，双击"0.04"所在的单元格，进入编辑模式，可见其值为 0.038 46，这就是图 1.34 中的 3.8%。对于二分类变量来说，均值就是取值为 1 的比例。类似的，测试组有 1007 人，平均值 0.06，双击其单元格进入编辑模式后为 0.061 569，等同于图 1.34 中的 6.2%。

	Control Package	数字	平均值(E)	标准偏差	标准误差平均值
Responded to test offer	Control	910	.04	.192	.006
	Test	1007	.06	.240	.008

图 1.36　组统计

图 1.37 为检验结果。由于方差不等，应采用方差不等情况下的 T 检验，T 统计量值为 -2.333，p 值为 0.02，拒绝二者相等的原假设，结合均值，测试组有更高的响应率。

		列文方差相等性检验		平均值和等性的T检验					
								差值的 95% 置信区间	
		F	显著性	T	自由度	显著性（双尾）	平均差	标准误差差值	下限	上限
Responded to test offer	已假设方差齐性	21.571	.000	-2.307	1915	.021	-.023	.010	-.043	-.003
	未假设方差齐性			-2.333	1887.724	.020	-.023	.010	-.043	-.004

图 1.37　独立样本检验

1.6 基于购买倾向分析的客户选择

基于购买倾向分析的客户选择是指根据已有的测试邮件结果或前期已有的少量客户购买信息，构建一个预测模型，然后对剩余客户的购买行为进行预测打分，以区分哪些客户最有可能购买产品。该过程包括两个步骤：第一步选择最有可能购买的联系人，需要使用已知数据集构建购买倾向模型并保存模型文件。第二步应用来自模型文件的得分，即应用模型到其他数据集（该数据集购买倾向未知）以获取预测结果，并对结果分析过滤得出最优的客户群。

本例使用 SPSS 自带数据集 dmdata2.sav，该数据集是从 dmdata.sav 的 1 万名客户中选出的对测试产品做出响应的数据。

选择"直销/选择方法/改进我的市场营销活动/选择最有可能购买的联系人"，打开"购买倾向"对话框，如图 1.38 所示。

图 1.38 购买倾向：字段

在图 1.38 字段选项卡中，将 Responded to test offer 选入"响应字段"，将个人属性特征变量选入"预测倾向"。在保存模型中一定要勾选"将模型信息输出到 XML 文件"，此处将文件名设定为"text"。

单击"设置"选项卡，设置相应参数，如图 1.39 所示。

图 1.39 包括四部分，第一部分用于设置验证样本集，如果不设置验证样本集，容易产生过拟合。在"训练样本分区大小"右侧文本框输入 0 ~ 100 的数值，用于划分训练样本集和验证样本集的比例，图中的"50"表示训练样本集和验证样本集各占一半。因为50% 的划分是随机的，重新运行一次通常不会得到相同的结果，为了使结果重现，可以在"设置种子以复制结果"下侧文本框随意输入一个数，只要种子相同，就可以使结果重现。

图1.39　购买倾向：设置

第二部分为诊断输出，总体模型质量会给出模型的一个整体情况介绍，分类表会以表格形式分别给出训练样本集和验证样本集正负响应的正确预测率。SPSS默认不输出分类表，建议勾选。最小概率是指输入一个概率值，当客户做出正面响应的可能性大于该概率值时，该客户将被指定到分类表中的预测正响应类别。

第三部分用于设定重新编码的响应字段的名称和标签，默认为"响应重新编码1"和"响应重新编码（1=是，0=否）"。第四部分用于设定新得分字段名，默认为"得分1"。"响应重新编码1"的值和原始数据中的Responded to test offer相同，设置这个变量的目的只是为了方便和"得分1"比较（运行后两个变量在数据文件的最右边）。

单击"运行"按钮，可得到输出结果。图1.40为分类表。在训练样本中，对于那些预测为正响应的，实际正响应的正确分类率为7.43%；在样本中，对于那些预测为正响应的，实际正响应的正确分类率为7.61%。均大于设定的5%的最小概率，因此该模型可以用于确定超过5%的响应率的一组客户。

	预测值					
	训练样本			检验样本		
	响应重新编码（1=是，0=否）			响应重新编码（1=是，0=否）		
观测值	否	是	百分比正确	否	是	百分比正确
响应重新编码（1=是，0=否）	651	249	72.33	653	267	70.98
	19	20	51.28	36	22	37.93
总体百分比	2.84	7.43	71.46	5.22	7.61	69.02

图1.40　分类表

图1.41为总体模型质量图。总体模型质量图提供有关模型质量的快速直观指示。作为一般规则，总体模型质量应大于0.5。因为总体模型质量是根据得分1画出来的，而得

分1是对每个客户购买倾向的打分。如果不采用模型预测，采用随机猜测的方式，客户购买倾向的均值为0.5。大于0.5即意味着模型的预测效果至少要比随机猜测好。该总体模型质量为0.56，稍大于0.5。

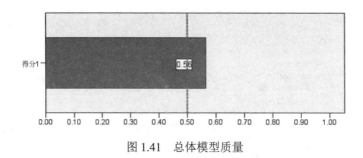

图 1.41　总体模型质量

SPSS 输出结果自带的注释说明，在解释图 1.41 时应该谨慎，因为它只反映了对总体模型质量的大致度量，即使正响应的正确预测率不满足于指定的最小可能性，总体模型质量也可视为良好。要使用分类表检查正确的预测率。

通过邮寄测试客户购买倾向分析产生的模型，可以用来对待确定购买倾向的客户购买行为进行打分，从而选择出最有可能购买产品的客户群。

选择"直销 / 选择方法 / 对我的数据评分 / 应用来自模型文件的得分"选项，打开"评分向导"对话框，如图 1.42 所示。

22　　选择图 1.38 中生成的文件 test.xml 作为评分模型，在模型详细信息中可以看到模型方法、应用程序、目标、预测变量等。

图 1.42　评分向导：选择评分模型

在图 1.42 中单击"下一步"按钮，进行字段（变量）匹配，如图 1.43 所示。

图 1.43 默认自动匹配活动数据集中任何与模型具有相同名称和类别的字段。在模型中所有预测变量和活动数据集中的字段匹配之前，无法对活动数据集进行评分。对于缺失值可以使用值替换，也可以使用系统缺失值。值得注意的是，在对话框顶部给出了模

型类型：二元 Logistic 回归，其实图 1.42 中的 BLR 就是 binary logistic regression 首字母的缩写。

图 1.43 评分向导：字段匹配

在图 1.43 中单击"下一步"按钮，选择创建新字段，如图 1.44 所示。默认可以产生四个新字段：预测值、预测类别的概率、所选类别的概率、置信度，由于我们只对"所选类别的概率"感兴趣，此处只选择"所选类别的概率"。系统运行后包含正响应概率的新字段会被添加到待确定购买倾向数据集的末尾，其取值范围在 0 ～ 1 之间，表示每个客户购买该产品的概率大小。另外需要注意在"所选类别的概率"右侧的"值"处要选择一个类别，单击单元格选择"0"或"1"，本例选择"1"。如果不选择类别，"完成"按钮将无法激活。

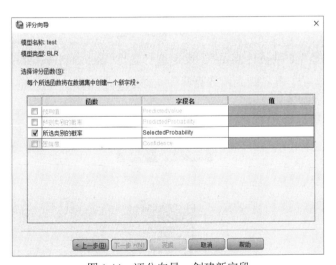

图 1.44 评分向导：创建新字段

在图 1.44 中单击"完成"按钮，即可完成预测，预测结果主要体现在数据集的最后一列，如图 1.45 所示。

Previous	ControlPackage	PostalCode	Age	Income	Education	Reside	Gender	Married	Region	Sequence	SelectedProbability
0	1	96 600	67	3	5	10	1	0	4	26.00	.15
0	1	95 510	53	3	4	9	0	0	4	296.00	.08
0	1	92 590	56	3	2	11	1	0	4	512.00	.08
0	1	92 670	55	2	3	8	1	0	4	531.00	.07
0	1	92 690	56	2	1	6	1	0	4	534.00	.05
0	0	93 410	50	1	1	8	1	0	4	699.00	.03
0	1	93 480	67	4	2	9	1	0	4	719.00	.04
0	0	93 490	47	1	2	10	1	0	4	723.00	.03

图 1.45　预测完成后的数据集

在图 1.45 中，最后一列"SelectedProbablity"即为新产生的预测变量，该变量显示了每个客户购买产品的可能性大小。可以使用该变量选择大于或等于正响应率的指定客户子集，用来开展营销活动。需要注意的是，本例使用了相同数据集建立模型并进行预测，在实际工作中用于预测的数据集应该和建模的数据集不同，尤其预测数据集在反应变量上是没有取值的（否则也就不需要进行预测了）。比如我们选择不低于 5% 的正响应率。

选择"数据 / 选择个案"，打开"选择个案"对话框，如图 1.46 所示。

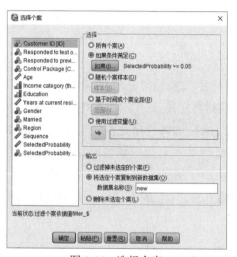

图 1.46　选择个案

在图 1.46 中选择"如果条件满足"，设定选择条件"SelectedProbability>=0.05"，在"输出"部分选择"将选定个案复制到新数据集"，并赋予新数据一个名称，如 new。单击"确定"按钮后，即可得到客户子集。

自　测　题

即测即练

第 2 章
偏相关、部分相关和复相关

虽然简单相关在实际中用的较多，但简单相关并没有考虑变量之间的关系。因此简单相关的结果有时是不可信的，除了会造成虚假相关外，还有可能造成系数的估计偏误。相对而言，部分相关、偏相关和复相关的结果更为可信。

2.1 偏 相 关

偏相关系数是指当两个变量同时受其他变量影响时，控制其他变量不变，研究该两变量之间的相关关系的密切程度所得的数值结果。其中两变量之间的相关关系被称为偏相关关系。

偏相关系数的计算是以多元回归分析为基础的，以三个变量 (x_1, x_2, x_3) 的情形为例，此种情况下的偏相关系数有三个，分别记作 $r_{12.3}$、$r_{13.2}$ 和 $r_{23.1}$。它们的含义如下：$r_{12.3}$ 为 x_3 保持不变时 x_1 与 x_2 之间的相关系数；$r_{13.2}$ 为 x_2 保持不变时 x_1 与 x_3 之间的相关系数；$r_{23.1}$ 为 x_1 保持不变时 x_2 与 x_3 之间的相关系数。它们的计算公式分别为

$$r_{12.3} = \frac{r_{12} - r_{13}r_{23}}{\sqrt{\left(1 - r_{13}^2\right)\left(1 - r_{23}^2\right)}}$$

$$r_{13.2} = \frac{r_{13} - r_{12}r_{23}}{\sqrt{\left(1 - r_{12}^2\right)\left(1 - r_{23}^2\right)}}$$

$$r_{23.1} = \frac{r_{23} - r_{13}r_{21}}{\sqrt{\left(1 - r_{13}^2\right)\left(1 - r_{21}^2\right)}}$$

如果要计算控制多个变量情况下两个变量的偏相关，一般采用线性回归的方法。首先用第一个变量对控制变量作回归，求残差；然后用第二个变量对控制变量作回归，求残差；最后计算两个残差的相关系数，此相关系数即为控制多个变量下两个变量的偏相关系数。

能源是决定一个国家经济增长的重要因素，为了确定各种能源对经济增长的关系，可

以进行偏相关分析。相关数据如表 2.1 所示。

表 2.1　1989—2020 能源消费与 GDP 数据

年份	国内生产总值 （gdp）/ 亿元	煤炭消费量比重 （coal）/%	石油消费量比重 （oil）/%	天然气消费量比重 （gas）/%
2005	187 318.9	72.4	17.8	2.4
2006	219 438.5	72.4	17.5	2.7
2007	270 323.3	72.5	17.0	3.0
2008	319 515.9	71.5	16.7	3.4
2009	349 081.4	71.6	16.4	3.5
2010	413 030.3	69.2	17.4	4.0
2011	489 300.6	70.2	16.8	4.6
2012	540 367.4	68.5	17.0	4.8
1013	595 244.4	67.4	17.1	5.3
2014	643 974.0	65.6	17.4	5.7
2015	689 052.1	63.7	18.3	5.9
2016	744 127.2	62.0	18.3	6.4
2017	832 035.9	60.6	18.9	6.9
2018	919 281.1	59.0	18.9	7.6
2019	986 515.2	57.7	19.0	8.0
2020	1 01 5 986.2	56.8	18.9	8.4

2.1.1　使用菜单计算偏相关

在 SPSS 主菜单选择"分析 / 相关 / 偏相关"，打开"偏相关性"对话框，如图 2.1 所示。

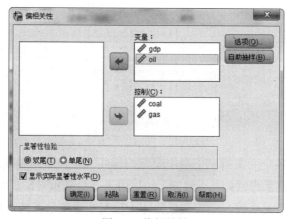

图 2.1　偏相关性

图 2.1 中所示对话框中的主要内容如下：

左上方为候选变量列表框，即所采用数据集中的所有变量。由于所有变量均已选入右侧列表框，所以此框空白。

"变量"用于选入需要进行偏相关分析的变量，此处选入 gdp、oil。

"控制"用于选择控制变量，此处选入 coal、gas。

"显著性检验"单选按钮组用于设定是双尾检验还是单尾检验，默认为双尾检验。

"显示实际显著性水平"为是否显示确切的 p 值，默认状态为显示。

按照默认设置，在图 2.1 中单击"确定"按钮，可得偏相关分析结果，如图 2.2 所示。

控制变量			gdp	oil
coal & gas	gdp	相关性	1.000	.030
		显著性（双侧）	.	.919
		df	0	12
	oil	相关性	.030	1.000
		显著性（双侧）	.919	.
		df	12	0

图 2.2　偏相关

从图 2.2 可知，控制了 coal、gas 后，gdp 与 oil 的偏相关系数为 0.030，p 值为 0.919，偏相关系数不显著。

2.1.2　通过回归方法计算偏相关

27

首先以 gdp 为因变量，coal、gas 为自变量，进行回归分析，求和残差。具体来讲，选择"分析 / 回归 / 线性回归"，打开"线性回归"对话框，如图 2.3 所示。

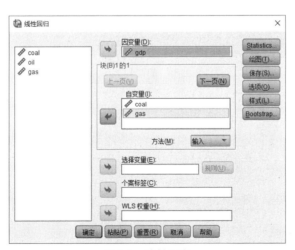

图 2.3　线性回归

在图 2.3 中，将 gdp 选入因变量列表框，coal、gas 选入自变量列表框。单击"确定"按钮，打开"保存"对话框，如图 2.4 所示。

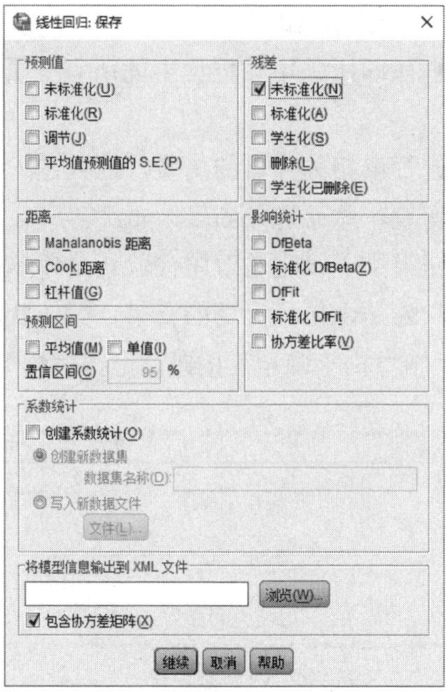

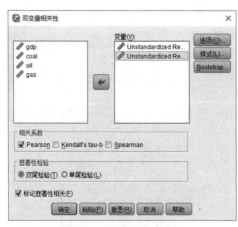

图 2.4　线性回归：保存

在图 2.4 中，在"残差"复选框中选择"未标准化残差"，其余选项不需要选择。在图 2.4 中单击"继续"按钮，然后在图 2.3 中单击"确定"按钮，可得到回归结果。由于回归只是计算偏相关的中间过程，此处没有显示。回归命令执行后在数据窗口产生一个新变量 RES_1，即是保存的未标准化残差。

类似的，以 oil 为因变量，以 coal、gas 为自变量，可以得到另外一个未标准化残差 RES_2。

在主菜单中选择"分析 / 相关 / 双变量"选项，打开"双变量相关性"对话框，如图 2.5 所示。

图 2.5　双变量相关性

在图 2.5 中，将 RES_1 和 RES_2 选入"变量"中，即可得到 RES_1 和 RES_2 的简单相关系数，如图 2.6 所示。

相关性

		Unstandardiz ed Residual	Unstandardiz ed Residual
Unstandardized Residual	Pearson 相关性	1	.030
	显著性（双尾）		.912
	N	16	16
Unstandardized Residual	Pearson 相关性	.030	1
	显著性（双尾）	.912	
	N	16	16

图 2.6　RES_1 和 RES_2 的简单相关系数

由于 SPSS 自动将 RES_1 和 RES_2 的标签均设定为 Unstandardized Residual，所以图 2.6 显示的实际上是 RES_1 和 RES_2 的简单相关系数，也是控制了 coal、gas 后，gdp 与 oil 的偏相关系数。无论是相关系数的数值还是 p 值，结果和图 2.2 中完全一致。

2.2　部 分 相 关

部分相关是指在其他自变量回归的基础上加入一个自变量引起的判定系数增量的平方根，反映的是一个边际贡献。

假定 y 为因变量，x_1、x_2 为两个解释变量，$\mathrm{SSR}(x_1, x_2)$ 为同时包含 x_1、x_2 的回归平方和，$\mathrm{SSR}(x_1)$ 为只包含 x_1 的回归平方和，$\Delta\mathrm{SSR}(x_2) = \mathrm{SSR}(x_1, x_2) - \mathrm{SSR}(x_1)$ 为先引入 x_1 再引入 x_2 时回归平方和的增量，则 y 关于 x_2 的部分相关系数为 $\sqrt{\Delta\mathrm{SSR}(x_2)}$。

增量实际上就是 x_1 和 x_2 不相关的部分对因变量 y 的贡献。因此部分相关的计算还有另外一种方法：x_2 对 x_1 回归求残差，此残差和 y 的简单相关系数就是部分相关系数。

2.2.1　通过菜单直接求部分相关系数

在图 2.3 中，将除 gdp 外的所有变量选入"自变量"，然后单击 Statistics... 按钮，打开"线性回归：统计"对话框，勾选"部分相关和偏相关性"复选框，如图 2.7 所示。

图 2.7　线性回归：统计

运行后即可得到回归分析结果，此处只选择部分相关部分，如图 2.8 所示。

系数^a

模型		非标准化系数 B	非标准化系数 标准错误	标准系数 贝塔	t	显著性	相关性 零阶	相关性 分部	相关性 部件
1	(常量)	-197 562.765	682 431.671		-.289	.777			
	gas	141 624.857	14 097.085	1.003	10.046	.000	.999	.945	.095
	coal	309.660	6246.008	.006	.050	.961	-.983	.014	.000
	oil	1230.780	11 830.333	.004	.104	.919	.790	.030	.001

a. 因变量：gdp

图 2.8　部分相关与偏相关

在图 2.8 中，除了输出非标准化回归系数和标准化回归系数外，还输出了 3 个相关系数。其中零阶相关即简单相关系数，分部（汉化错误，应是偏相关）列出了 3 个偏相关系数，gdp 和 gas 的偏相关系数为 0.945，gdp 和 coal 的偏相关系数为 0.014，gdp 和 oil 的偏相关系数为 0.030，和第一节的结果相同。部件（汉化错误，应是部分相关）列出了 3 个部分相关系数，gdp 和 gas 的部分相关系数为 0.095，gdp 和 coal 的偏相关系数为 0.000，gdp 和 oil 的偏相关系数为 0.001。部分相关系数较小说明解释变量之间的相关性比较小。

2.2.2　通过残差法求部分相关系数

在第 2.1 节，求 gdp 和 oil 的偏相关系数时我们得到了两个未标准化残差 RES_1 和 RES_2，若求 gdp 和 oil 的部分相关系数，只需计算 gdp 和 RES_2 的简单相关系数即可，结果如图 2.9 所示。

		gdp	Unstandardized Residual
gdp	Pearson 相关性	1	.001
	显著性（双尾）		.997
	N	16	16
Unstandardized Residual	Pearson 相关性	.001	1
	显著性（双尾）	.997	
	N	16	16

图 2.9　残差法求部分相关性

由图 2.9 可知，gdp 和 oil 的部分相关系数为 0.001，与图 2.8 的结果相同。按类似方法可以求 gdp 和其他变量的部分相关系数。

残差法求部分相关系数的优点是不仅能求出部分相关系数，还可以对部分相关系数进行检验。而采用菜单法计算出来的只是部分相关系数，没有相关的检验统计量。

2.2.3　通过拟合优度法求部分相关系数

以计算 gdp 和 oil 的部分相关系数为例，首先用 gdp 对 gas、coal 进行回归，求得回归平方和，如图 2.10 所示。

模型摘要

模型	R	R^2	调整后的 R^2	标准估算的错误
1	.999^a	.999	.999	9555.765 65

a. 预测变量：（常量），coal, gas

图 2.10　两变量回归的拟合优度

再用 gdp 对 gas、coal 和 oil 进行回归，求得回归平方和，如图 2.11 所示。

图 2.10 和图 2.11 中的 R^2 即为拟合优度，虽然显示的都是 0.999，但在 SPSS 中双击打开编辑方式，可知三变量的 R^2 为 0.998 937，两变量的 R^2 为 0.998 936，增量仅为 0.000 001，其平方根即为 0.001，此即为部分相关系数。

模型摘要

模型	R	R^2	调整后的 R^2	标准估算的错误
1	.999ᵃ	.999	.999	9941.473 85

a. 预测变量：（常量），oil, gas, coal

图 2.11　三变量回归的拟合优度

有些书籍将部分相关系数定义为 $\sqrt{\Delta SSR(x_2)/SST}$，这是不确切的。

2.3　复　相　关

我们常常希望用一个数值指标来度量一个随机变量和一组随机变量之间的相关性，而感兴趣的是这种相关性可以达到多高程度。复相关定义为一个随机变量和一组随机变量线性组合的最大相关系数，可以证明，最小二乘法得到的随机变量线性组合可以达到最大相关系数，因此可以通过回归方法、以及回归和相关相结合的方法求复相关系数。

31

2.3.1　直接根据回归结果计算复相关

在 SPSS 主菜单选择"分析 / 回归 / 线性"，打开"线性回归"对话框，如图 2.12 所示。

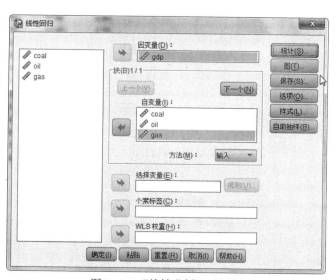

图 2.12　"线性分析"对话框

图 2.12 左侧为变量列表，在变量列表中选择 gdp，将其选入右侧的"因变量"列表，将 coal、oil、gas 选入右侧的"自变量"，单击"确定"按钮，得到回归分析结果，如图 2.13 所示（此处只截取了和复相关有关部分）。

模型摘要

模型	R	R^2	调整后的 R^2	标准估算的错误
1	.999^a	.999	.999	9941.47 385

a. 预测变量：（常量），gas, oil, coal

图 2.13　回归分析部分结果

图 2.13 中，R 即为复相关系数，R^2 为复相关系数的平方，又被称为拟合优度。因此 gdp 和 coal、oil、gas 的复相关系数为 0.999。

2.3.2　回归和相关结合计算复相关

首先用因变量 gdp 对解释变量 coal、oil、gas 做回归，求得 gdp 的拟合值，然后再求 gdp 与其拟合值的简单相关系数，此简单相关系数即为 gdp 和 coal、oil、gas 之间的复相关系数。

在图 2.12 中，单击"保存"按钮，打开"保存"对话框，勾选"预测值"框组中的"未标准化"复选框，如图 2.14 所示。

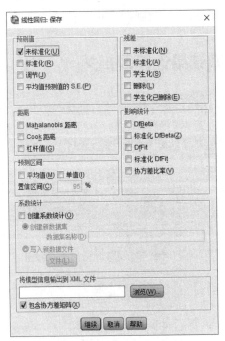

图 2.14　线性回归：保存

在图 2.14 中单击"继续"按钮后，返回如图 2.12 所示对话框，单击"确定"按钮后数据集中会增加一个变量 PRE_1，此变量即为 gdp 的拟合值，求 gdp 和 PRE_1 的简单相关系数，如图 2.15 所示。

相关性

		gdp	Unstandardized Predicted Value
gdp	Pearson 相关性	1	.999**
	显著性（双尾）		.000
	N	16	16
Unstandardized Predicted Value	Pearson 相关性	.999**	1
	显著性（双尾）	.000	
	N	16	16

**. 在置信度（双测）为 0.01 时，相关性是显著的。

图 2.15 相关分析结果

由图 2.15 可知，按此方法计算的简单相关系数和按第一种方法计算的复相关系数完全相同，都是 0.999。

自 测 题

即测即练

第3章
方差分析进阶

除了常用的单因素方差分析和双因素方差分析，在实践中我们还会用到重复测量的方差分析和多元方差分析。此外，方差分析具有适用条件，不是任何数据都可以使用方差分析。同时对于双因素方差分析，当存在交互效应时，应分析单纯主效应而不是主效应。

3.1　单因素方差分析适用条件的检验

单因子方差分析有两个基本假定，一是各总体服从正态分布，二是各总体的方差相等。但在单因素方差分析过程中，很少有人对这两个假定是否成立进行验证。

本节使用 SPSS 自带数据集 cars.sav 说明以上两个假定的检验方法。

3.1.1　各总体正态性的检验

正态性检验包括图示法和统计量法。图示法可以采用直方图、箱线图、PP 图或 QQ 图，统计量法通常采用 K-S 检验。若要检验不同原产地（origin）所生产汽车每加仑（1 加仑 = 3.785412L）汽油行驶里程（mpg）是否相同，首先进行正态性检验。

在正式检验前，先对数据进行拆分：选择"数据 / 拆分文件"，如图 3.1 所示。

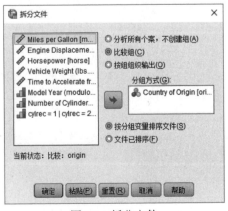

图 3.1　拆分文件

在图 3.1 中，勾选"比较组"单选按钮，将 origin 选入"分组方式"下的选项区域。

然后通过选择 QQ 图或 PP 图进行检验。由于输出图形较多，且 QQ 图或 PP 图属于 SPSS 基础内容（参见本书作者编写的《SPSS 统计分析基础》），此处不再输出图形。通过 PP 图可以判断出三个产地所生产汽车的每加仑行驶里程均不服从正态分布。

选择"分析 / 非参数检验 / 旧对话框 /1 样本 K-S"，打开"单样本 Kolmogorov-Smirnov 检验"对话框，如图 3.2 所示。

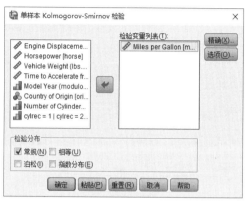

图 3.2　单样本 Kolmogovov-Smirnov 检验

在图 3.2 中可以检验四种分布（SPSS 中文版在翻译一些术语上不是很准确，此处按界面写出，正确术语放到括号里，本书以上章节也如此处理）。常规实际是正态分布，相等实际是均匀分布，勾选"常规"复选框，可得到正态性检验结果。如图 3.3 所示。

单样本 Kolmogorov-Smirnov 检验

Country of Origin			Miles per Gallon
American	数字		248
	正态参数[a,b]	平均值	20.13
		标准偏差	6.377
	最极端差分	绝对	.110
		正	.110
		负	-.083
	检验统计		.110
	渐近显著性（双尾）		.000[c]
European	数字		70
	正态参数[a,b]	平均值	27.89
		标准偏差	6.724
	最极端差分	绝对	.111
		正	.111
		负	-.059
	检验统计		.111
	渐近显著性（双尾）		.033[c]
Japanese	数字		79
	正态参数[a,b]	平均值	30.45
		标准偏差	6.090
	最极端差分	绝对	.118
		正	.075
		负	-.118
	检验统计		.118
	渐近显著性（双尾）		.008[c]

图 3.3　分组正态性检验结果

由图 3.3 中可以看出，American 正态性检验的渐近显著性为 0，European 的渐近显著性为 0.033，Japanese 的渐近显著性为 0.008。若选择 0.05 的显著性水平，三个产地汽车每加仑汽油行驶里程均不服从正态分布。

当数据不服从正态分布时，一种方法是对数据进行变换，如取对数、平方根、box 变换等，但即使变换后的数据服从正态分布，这些的操作也改变了原始数据，所以只能按转换后的数据结果进行解释，也只能按变换后的数据进行方差分析。更常用的方法是采用不以正态性为条件的非参数检验方法。

首先取消"数据拆分"，选择"分析 / 非参数检验 / 旧对话框 /k 个独立样本"选项，打开"多个独立样本检验"对话框，如图 3.4 所示。

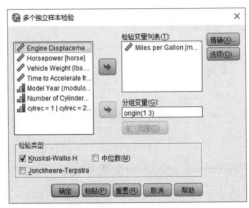

图 3.4　多个独立样本检验

图 3.4 中，将 mpg 选入"检验变量列表"，将 origin 选入"分组变量"，在检验类型中任选一种检验方法，本例选择第一种方法。单击"确定"按钮后得到检验结果，如图 3.5 所示。

Kruskal-Wallis 检验

列组

	Country of Origin	数字	等级平均值
Miles per Gallon	American	248	148.10
	European	70	264.56
	Japanese	79	300.70
	总计	397	

检验统计[a,b]

	Miles per Gallon
卡方	133.793
自由度	2
渐近显著性	.000

a. Kruskal Wallis 检验

b. 分组变量：Country of Origin

图 3.5　Kruskal-Wallis 检验

图 3.5 中检验结果的渐近显著性为 0.000，因此各产地汽车每加仑汽油行驶里程存在显著性差异。

3.1.2 方差齐性检验

方差齐性检验也包括图示法和统计量法。图示法最简单的方式是画分组箱线图。选择"图形 / 旧对话框 / 箱图",打开"箱图"对话框,如图 3.6 所示。

在图 3.6 中,选择"简单"选项,图表中的数据为选择"个案组摘要"单选按钮,单击"定义"按钮,打开"定义简单箱图"对话框,如图 3.7 所示。

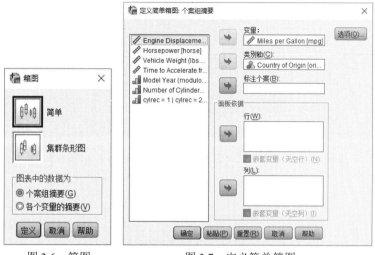

图 3.6　箱图　　　　　　图 3.7　定义简单箱图

在图 3.7 中,将 mpg 选入"变量",将 origin 选入"类别轴",单击"确定"按钮可得到分组箱图,如图 3.8 所示。

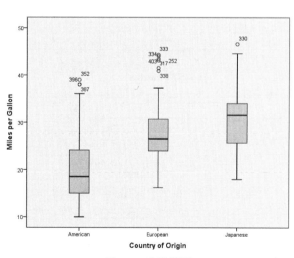

图 3.8　分组箱图

从图 3.8 可以看出,各产地 mpg 的变动幅度并不完全一致,看起来欧洲生产的汽车在 mpg 上的变异较小,可以怀疑同方差并不成立。但需要注意的是,在查看图 3.8 呈现出的箱线图时,不能忽略离群值的影响。

SPSS 单因素方差分析提供了方差齐性检验的方法。选择"分析 / 比较均值 / 单因素方差分析",在弹出的对话框中将 mpg 选入"因变量",将 origin 选入"因子",然后单击"选项"按钮,打开单因素 ANOVA:"选项"对话框,如图 3.9 所示。

图 3.9 单因素 ANOVA:选项

在图 3.9 中,同时勾选"方差同质性检验"和"Welch",Welch 指方差不齐时,应采用 Welch 方法。设定完成后可得到检验结果,如图 3.10 所示。

方差同质性检验

Miles per Gallon

Levene 统计	df1	df2	显著性
.106	2	394	.900

ANOVA

Miles per Gallon

	平方和	df	均方	F	显著性
组之间	7984.957	2	3992.479	97.969	.000
组内	16 056.415	394	40.752		
总计	24 041.372	396			

均数相等性的稳健检验

Miles per Gallon

	统计^a	df1	df2	显著性
Welch(W)	100.525	2	142.740	.000

a. 渐近 F 分布。

图 3.10 检验及分析结果

图 3.10 共输出了 3 个表格,其中第一个表格为方差齐性检验结果,Levene 统计量的值为 0.106,对应的显著性为 0.900,可以接受原假设:各组之间的方差是相等的。图中第二个表格为方差分析结果,F 检验表明各组之间均值存在差异,此时可进一步采用事后多重比较。图中第三个表为 Welch,其显著性为 0.000,同样表明各组之间均值存在差异。Welch 在方差不齐的情况下仍可使用,所以被称为稳健检验。

如果 Levene 检验后方差不齐,除了需要使用 Welch 外,事后多重比较时应采用适合方差不齐的检验方法,比如 Games-Howell 等。

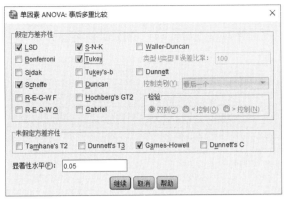

图 3.11 检验及分析结果

图 3.11 中包含了两组事后多重比较方法，第一组假定方差齐性，第二组未假定方差齐性。如果方差齐性，使用方差齐性下的事后多重比较；如果方差不齐，则使用未假定方差齐性的事后多重比较。

最后作为本节的一个总结，除了实验数据，其他数据可能大部分都很难同时符合方差分析的前提条件。实际上方差分析本就是 FISHER 针对实验设计提出的。

3.2 有交互效应时的单纯主效应

在采用双因素方差分析时，除了分析各因素的主效应外，还需要分析两个因素是否存在交互效应。当两因素之间不存在交互效应时，各因素的主效应是可信的；当两因素之间存在交互效应时，各因素的主效应不再有效，应该重新计算各因素的单纯主效应。

仍以数据集 cars.sav 为例，因变量选取 mpg，两个影响因素分别为 origin 和 cylinder。依次选择"分析 / 一般线性模型 / 单变量"，打开"单变量"对话框，如图 3.12 所示。

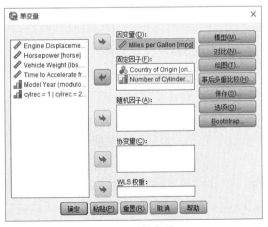

图 3.12 单变量

在图 3.12 中，将 mpg 设为因变量，origin 和 cylinder 设为固定因子，其他选择默认设置。

如果选取因素的所有类别,即为固定因子,如果只是从因素中抽取部分类别,则为随机因子。协变量指连续型变量。单击"确定"按钮后,可得到双因素方差分析结果,如图3.13所示。

主体间效应的检验

因变量: Miles per Gallon

源	III 类平方和	自由度	均方	F	显著性
校正的模型	15 945.139ª	8	1993.142	95.518	.000
截距	27 023.095	1	27 023.095	1295.042	.000
origin	304.969	2	152.485	7.308	.001
cylinder	6267.012	4	1566.753	75.084	.000
origin * cylinder	1.166	2	.583	.028	.972
错误	8096.233	388	20.867		
总计	244 239.760	397			
校正后的总变异	24 041.372	396			

a. R² = .663 (调整后的R²=0.656)

图3.13　mpg双因素方差分析

在图3.13中,校正模型的 F 统计量为95.518,显著性为0.000,表明mpg在各因素之间的差异是显著的。检验origin各类别之间是否有差别的 F 统计量为7.308,显著性为0.001,表明mpg在各国之间的差异是显著的;检验cylinder各类别之间是否有差别的 F 统计量为75.084,显著性为0.000,表明mpg在各气缸数之间的差异是显著的;检验交互项origin*cylinder的 F 统计量为0.028,显著性0.972,表明交互效应不显著,此时两个因素的主效应可信。一般情况下,当两个因素的交互作用不显著时,可进一步做每个因素的单因素方差分析,求取每个因素的主效应。

在图3.12中,将因变量变换为accel,其他选择不变,方差分析结果如图3.14所示。

因变量: Time to Accelerate from 0 to 60 mph (sec)

源	III 类平方和	自由度	均方	F	显著性
校正的模型	1195.536ª	8	149.442	29.913	.000
截距	12 116.179	1	12116.179	2425.218	.000
origin	40.912	2	20.456	4.095	.017
cylinder	899.115	4	224.779	44.993	.000
origin * cylinder	42.260	2	21.130	4.229	.015
错误	1978.382	396	4.996		
总计	100 630.230	405			
校正后的总变异	3173.918	404			

a. R² = .377 (调整后的R²=0.364)

图3.14　accel双因素方差分析

在图3.14中,origin*cylinder的 F 统计量为4.229,显著性0.015,表明交互效应显著,此时虽然两个因素主效应是显著的,但由于两个因素之间存在交互效应,两个因素的主效应不可信,应该计算单纯主效应,即在某个因素的某个类别下,因变量在另一个因素上是否存在显著性差异。

计算单纯主效应有两种方法,一是通过"选择个案",以计算cylinder的单纯主效应为例:先将美国生产的汽车挑选出来,以cylinder为因子进行单因素方差分析;然后将欧洲生产的汽车挑选出来,以cylinder为因子进行单因素方差分析;最后将日本生产的汽车挑选出来,以cylinder为因子进行单因素方差分析。当计算origin的单纯主效应时,先将cylinder的每个类别挑选出来,再以origin为因子进行单因素方差分析。图3.15是将美国生产的汽车挑选出来,以cylinder为因子进行单因素方差分析的结果。

从图 3.15 的方差分析表可知，F 统计量为 94.780，显著性为 0.000，表明美国生产的汽车中，不同汽缸数的汽车在加速时间上存在显著差异。事后检验的结果表明，4 缸和 6 缸汽车在加速时间上没有显著性差异，4 缸和 8 缸汽车在加速时间上存在显著性差异，6 缸和 8 缸汽车在加速时间上存在显著性差异。读者可以自己练习一下其他情况下的主效应。

此种方法计算单纯主效应的缺点主要是比较烦琐，如果因素 A 有 a 个类别，因素 B 有 b 个类别，需要做 $a+b$ 次选择个案，$a+b$ 次单因素方差分析。

另一种较为简洁的方法是先拆分文件，然后再做单因素方差分析。由于有两个因素，需要做两次数据拆分、两次单因素方差分析。

首先以 origin 作为拆分变量，然后以 cylinder 作为因子进行单因素方差分析，输出方差分析表，如图 3.16 所示。

ANOVA

Time to Accelerate from 0 to 60 mph (sec)

	平方和	df	均方	F	显著性
组之间	852.691	2	426.346	94.780	.000
组内	1124.564	250	4.498		
总计	1977.255	252			

事后检验

多重比较

因变量: Time to Accelerate from 0 to 60 mph (sec)
Tukey HSD

(I) Number of Cylinders	(J) Number of Cylinders	平均差 (I-J)	标准 错误	显著性	95% 置信区间	
					下限值	上限
4 Cylinders	6 Cylinders	.052	.351	.988	-.78	.88
	8 Cylinders	3.742*	.323	.000	2.98	4.50
6 Cylinders	4 Cylinders	-.052	.351	.988	-.88	.78
	8 Cylinders	3.690*	.321	.000	2.93	4.45
8 Cylinders	4 Cylinders	-3.742*	.323	.000	-4.50	-2.98
	6 Cylinders	-3.690*	.321	.000	-4.45	-2.93

*. 均值差的显著性水平为 0.05。

图 3.15　美国生产汽车的单因素方差分析

ANOVA

Time to Accelerate from 0 to 60 mph (sec)

Country of Origin		平方和	df	均方	F	显著性
American	组之间	852.691	2	426.346	94.780	.000
	组内	1124.564	250	4.498		
	总计	1977.255	252			
European	组之间	10.698	2	5.349	.583	.561
	组内	642.027	70	9.172		
	总计	652.725	72			
Japanese	组之间	86.308	2	43.154	15.485	.000
	组内	211.791	76	2.787		
	总计	298.099	78			

图 3.16　按原产地拆分后的单因素方差分析

图 3.16 中包含了 3 个方差分析结果：从 F 统计量和显著性上看，对于欧洲生产的汽车，加速时间在不同气缸数之间不存在显著性差异；但对于美国和日本生产的汽车，加速时间在不同气缸数之间存在显著性差异。事后多重比较可以进一步判断不同气缸数之间的具体差异情况，结果如图 3.17 所示。

由于欧洲生产的汽车单因素方差分析不显著，因此事后多重比较中，各气缸数之间在加速时间上没有显著性差异。对于美国生产的汽车，事后比较结果和图 3.15 完全相同，此处不再赘述。对于日本生产的汽车，4 缸和 6 缸、3 缸在加速时间上均存在显著性差异；6 缸和 3 缸在加速时间上不存在显著性差异，和 4 缸存在显著性差异。

以 cylinder 作为拆分变量，然后以 origin 作为因子进行单因素方差分析，留待读者练习。

多重比较

因变量：Time to Accelerate from 0 to 60 mph (sec)
Tukey HSD

Country of Origin	(I) Number of Cylinders	(J) Number of Cylinders	平均差 (I-J)	标准 错误	显著性	95% 置信区间 下限值	上限
American	4 Cylinders	6 Cylinders	.052	.351	.988	-.78	.88
		8 Cylinders	3.742*	.323	.000	2.98	4.50
	6 Cylinders	4 Cylinders	-.052	.351	.988	-.88	.78
		8 Cylinders	3.690*	.321	.000	2.93	4.45
	8 Cylinders	4 Cylinders	-3.742*	.323	.000	-4.50	-2.98
		6 Cylinders	-3.690*	.321	.000	-4.45	-2.93
European	4 Cylinders	6 Cylinders	.339	1.559	.974	-3.40	4.07
		5 Cylinders	-1.870	1.788	.551	-6.15	2.41
	6 Cylinders	4 Cylinders	-.339	1.559	.974	-4.07	3.40
		5 Cylinders	-2.208	2.313	.608	-7.75	3.33
	5 Cylinders	4 Cylinders	1.870	1.788	.551	-2.41	6.15
		6 Cylinders	2.208	2.313	.608	-3.33	7.75
Japanese	4 Cylinders	6 Cylinders	3.020*	.711	.000	1.32	4.72
		3 Cylinders	3.320*	.859	.001	1.27	5.37
	6 Cylinders	4 Cylinders	-3.020*	.711	.000	-4.72	-1.32
		3 Cylinders	.300	1.078	.958	-2.28	2.88
	3 Cylinders	4 Cylinders	-3.320*	.859	.001	-5.37	-1.27
		6 Cylinders	-.300	1.078	.958	-2.88	2.28

*. 均值差的显著性水平为 0.05。

图 3.17　按原产地拆分后的事后多重比较

3.3　多元方差分析

多元方差分析是指有多个因变量的方差分析。相较于一元方差分析，多元方差分析具有三个优点：一是可控制第一类错误的发生概率，二是研究结果的类推更为可靠，三是考虑了各个因变量之间的关系。当因变量之间存在相关关系时，如果分开采用一元方差分析，则没有办法解释或提供任何因变量间相关与否的信息。

多元方差分析需要满足三个基本条件：①观测值必须是独立抽取的；②各总体均服从正态分布；③各组总体的方差—协方差矩阵相等。

与一元方差分析类似，多元方差分析也基于平方和分解，令 SST 为总平方和及交叉乘识和矩阵，SSE 为误差（或组内）平方和及交叉乘积和矩阵，SSTR 为组间平方和及交叉乘积和矩阵。需要注意的是，在多元方差分析的情况下，SST 不仅包含每个变量离差的平方和，也包含各变量离差的乘积和，且 SST 是一个矩阵；但在一元方差分析的情况下，由于只包含一个因变量，SST 只是变量的总离差平方和，只是一个数，而不是一个矩阵。SSTR 和 SSE 也存在类似区别。

由于 SSTR 和 SSE 都是矩阵，此时就不能再使用 F 统计量，而普遍采用 Wilks 统计量，即

$$\Lambda_{p,k-1,n-k} = \frac{|\text{SSE}|}{|\text{SSE}+\text{SSTR}|} = \frac{|\text{SSE}|}{\text{SST}}$$

对于给定的显著性水平，拒绝规则为

$$\Lambda_{p,k-1,n-k} = \Lambda_{p,k-1,n-k,\alpha}$$

虽然在一元方差分析中通常只有一种合适的检验方法，但在多元场合下的检验方法并不唯一，至少还有以下三式：

（1）Pillai 迹统计量，定义为

$$\text{tr}\left[(\text{SST})^{-1}\text{SSTR} = \sum_{i=1}^{p}\frac{\lambda_i}{1+\lambda_i}\right]$$

其中 λ_i 是 $(\text{SSE})^{-1}\text{SSTR}$ 的特征值。

（2）Hotelling-Lawley 迹统计量，定义为

$$\text{tr}\left[(\text{SSE})^{-1}\text{SSTR} = \sum_{i=1}^{p}\lambda_i\right]$$

（3）Roy 最大特征值统计量，定义为

$$\max_{a\neq 0}\frac{a'\text{SSTR}_a}{a'\text{SSE}_a} = \lambda_1$$

以上四个统计量中，只有 wilks Λ 统计量的 p 值是准确的，其余三个统计量的 p 值都可能是近似值。当组数为 2 时，这四个统计量的检验彼此等价，也就有着相同的 p 值。另外需要注意 Roy 最大特征值统计量的 p 值是小于 F 值的概率。

多元方差分析的基本步骤包括三步：首先进行整体检验，即检验不同组别均值向量是否存在显著性差异。当整体检验显著时，表明各组样本至少在一个因变量上的均值差异达到显著。然后用单变量的方差分析检验样本是在哪几个因变量的均值差异达到显著性水平。最后当单变量方差分析显著后，进行事后比较，分析该因变量在分组变量的哪几个类别间存在显著差异。

本节案例采用王学民《应用多元统计分析》中的例子：选择四种商品按三种不同的销售方式进行销售，研究销售方式是否商品销售额产生显著影响。

选择"分析 / 一般线性模型 / 多变量"，打开"多变量"对话框，如图 3.18 所示。

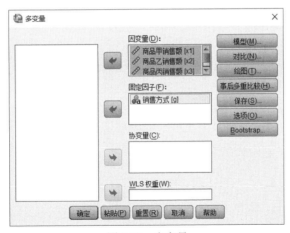

图 3.18　多变量

在图 3.18 中，将四个因变量"商品甲销售额""商品乙销售额""商品丙销售额""商品丁销售额"选入因变量列表框，将"销售方式"选入固定因子列表框。如果固定因子列表框中只有一个因子变量，称为单因素多元方差分析；若固定因子列表框中有两个因子变量，则为双因素多元方差分析。

在图 3.18 中，单击"模型"按钮，可进行模型设计，如图 3.19 所示。

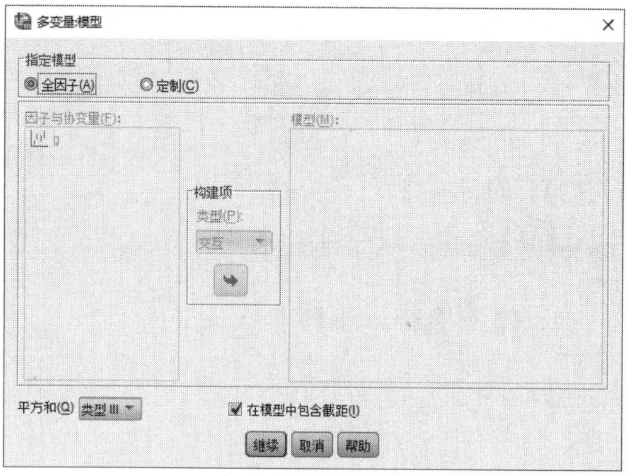

图 3.19　多变量：模型

在图 3.19 中，默认采用全因子模型，也可以选择"定制"，自定义模型形式。由于本例只有一个因子，采用全因子模型还是定制没有区别。当超过两个或两个以上因子时，可以通过"定制"选择模型是否包含主效应或交互效应等。

在图 3.18 中，单击"对比"按钮，可进行模型设计，如图 3.20 所示。

图 3.20　多变量：对比

图 3.20 用于进行单变量组间比较，共包含 7 个选项。"无"代表不进行组间比较；"偏差"表示将每个水平的均值与所有水平的均值进行比较，翻译成"离差"更好；"简单"表示将各个水平的均值与指定水平的均值进行比较；"差值"表示将每一水平的均值与其前一水平的均值进行比较（第一水平除外），在英文版中为"difference"，更容易理解；"Helmert"表示将每一水平的均值与后一水平的均值进行比较（最后一个水平除外）；"重复"表示将每个水平的均值与其后各水平的均值进行比较（最后一个水平除外）；"多项式"表示估计多项式趋势，如线性效应、二次效应、三次效应等。本例选择不进行组间比较。

在图 3.18 中，单击"绘图"按钮，打开"概要图"对话框，如图 3.21 所示。

图 3.21 用于通过图示的方法检验两个因素间是否存在交互效应。当存在两个或两个以上因素时，将一个因素放入"水平轴"，另一个因素放入"单图"。如果画出来的图形中各条线之间是平行的，表明两个因素之间不存在交互效应；若不平行则存在交互效应。由于本例属单因素方差分析，不需要做概略图。

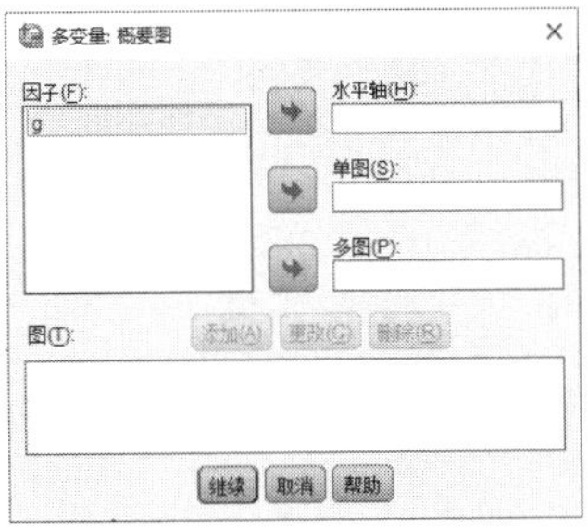

图 3.21 多变量：概要图

在图 3.18 中，单击"事后多重比较"按钮，可选择"事后多重比较"，如图 3.22 所示。

图 3.22 多变量：观察到的平均值的事后多重比较

图 3.22 中的事后多重比较和单因素方差类似，包括方差齐性和方差不齐两种情况。只有当将因子选入右侧的"事后检验"框中时，各种事后多重比较方法才能激活。各种方法的原理请参见作者的另一本书《SPSS 统计分析基础》。本例选择 Scheffe 法。

在图 3.18 中，单击"保存"按钮，可选择保存事项，如图 3.23 所示。

图 3.23 多变量：保存

在图 3.23 中，可选择是否保存预测值和残差，预测值包括未标准化预测值和标准误差（应翻译为标准误），残差包括四种："未标准化""标准化""学生化""删除"。诊断包括"杠杆值"和"Cook 距离"，主要用于判断数据是否存在离群值。之所以方差分析会输出预测值和残差，主要在于方差分析可用一般线性模型表示。比如对于一元单因素方差分析模型，可以用虚拟变量回归等价表示。

在图3.18中，单击"选项"按钮，可设置输出选项，如图3.24所示。

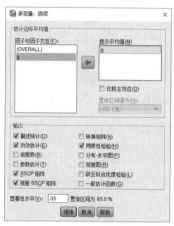

图3.24　多变量：选项

在图3.24中，选择"描述统计""功效估计""SSCP矩阵""残差SSCP矩阵"和"同质性检验"。其中"描述统计"选项会产生单元格的平均数、标准差及个数等；"功效估计"会提供所有效果项和所有参数估计的偏相关的Eta平方值（关联强度系数）；"SSCP矩阵"即方差—协方差矩阵，也称平方和与交叉积矩阵（sum of squares and cross product matrix）；"同质性检验"即方差齐性检验。

选择完成后，单击"确定"按钮，即可得到输出结果。

图3.25是描述统计结果，显示了每个因变量在3种销售方式下的均值、标准差、样本量（表中"数字"属汉化翻译错误）。从每种销售方式下的均值可以初步判断销售方式是否会对销售量产生显著性影响。对商品甲来讲，第2种销售方式下的均值明显低于第1种销售方式和第3种销售方式的均值；对商品丁来讲，第1种销售方式下的均值明显低于第2种销售方式和第3种销售方式均值；对于商品乙和商品丁，各种销售方式下的均值虽有差异，但差异看上去并不显著。当然以上只是主观粗略判断，更精确的判断要依赖于方差分析结果。

描述统计

	销售方式	平均值	标准偏差	数字
商品甲销售额	1	90.800	31.3379	20
	2	72.900	24.3179	20
	3	94.150	27.3135	20
	总计	85.950	28.9039	60
商品乙销售额	1	58.650	12.1060	20
	2	51.450	8.8107	20
	3	55.150	16.0403	20
	总计	55.083	12.8000	60
商品丙销售额	1	404.500	102.5637	20
	2	417.750	69.6668	20
	3	403.750	84.2758	20
	总计	408.667	85.3219	60
商品丁销售额	1	230.650	45.3469	20
	2	253.150	53.0276	20
	3	292.000	48.4594	20
	总计	258.600	54.5621	60

图3.25　描述统计

图 3.26 为方差齐性检验结果，Box's M 值等于 25.587，p 值为 0.291，没有达到显著性水平，表示三种销售方式在 4 种商品销售额的方差没有违反方差齐性假定。

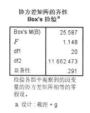

协方差矩阵的齐性 Box's 检验[a]	
Box's M(B)	25.587
F	1.148
df1	20
df2	11 662.473
显著性	.291

检验各组中观察到的因变量的协方差矩阵相等的零假设。
a. 设计：截距 + g

图 3.26　方差齐性检验

图 3.27 为 Bartlett 球形假定检验，原假设是残差的方差—协方差矩阵与单位阵成比例，即假定残差的方差—协方差矩阵为对角矩阵。如果原假设成立，采用一元方差分析结果即可，如果原假设不成立，则需要采用多元方差分析结果。由 p 值等于 0，因此拒绝原假设，应该采用多元方差分析。

Bartlett 的球形度检验[a]

似然比(L)	.000
上次读取的卡方	196.172
自由度	9
显著性	.000

检验残差协方差矩阵与恒等矩阵成比例的零假设。
a. 设计：截距 +g

47

图 3.27　球形假定检验

图 3.28 为单因素多变量显著性检验，表的上半部为截距数据，可省略不看。Pillai's 迹统计量为 0.361，wilks' Lambda 统计量为 0.666，Hotelling's 迹统计量为 0.459，Roy 最大根特征值统计量为 0.336，其 p 值均小于 0.05，达到显著性水平。因而至少有一个因变量的均值存在显著差异，至于是哪个因变量的均值存在显著差异，可进一步由单因素方差分析判断。

多变量检验[a]							
效应		值	F	假设自由度	误差自由度	显著性	偏 Eta 平方
截距	Pillai's 轨迹	.988	1137.064[b]	4.000	54.000	.000	.988
	Wilks' Lambda	.012	1137.064[b]	4.000	54.000	.000	.988
	Hotelling's 轨迹	84.227	1137.064[b]	4.000	54.000	.000	.988
	Roy 最大根	84.227	1137.064[b]	4.000	54.000	.000	.988
g	Pillai's 轨迹	.361	3.031	8.000	110.000	.004	.181
	Wilks' Lambda	.666	3.038[b]	8.000	108.000	.004	.184
	Hotelling's 轨迹	.459	3.043	8.000	106.000	.004	.187
	Roy 最大根	.336	4.621[c]	4.000	55.000	.003	.252

a. 设计：截距 +g
b. 确切的统计
c. 统计量是 F 的上限，F 会生成显著性水平的下限。

图 3.28　球形假定检验

图 3.29 为 Levene's 单变量方差齐性检验，从 p 值可知，在 0.05 的显著性水平下，四个因变量的方差齐性检验都未达到显著性水平。

误差方差的齐性 Levene's 检验[a]

	F	df1	df2	显著性
商品甲销售额	2.382	2	57	.101
商品乙销售额	2.458	2	57	.095
商品丙销售额	1.014	2	57	.369
商品丁销售额	.580	2	57	.563

检验各组中因变量的误差方差相等的零假设。

a. 设计：截距 + g

图 3.29　误差方差的齐性检验

图 3.30 为三种销售方式在 4 种商品销售额上的一元方差分析检验，4 种商品销售额的 F 值分别为 3.377、1.615、0.166、8.008，对应的 p 值分别为 0.041、0.208、0.848、0.001，三种销售方式在甲商品和丁商品上的方差分析显著，而在乙商品和丙商品上方差分析不显著。关联强度指数（调整后的 R^2）分别为 0.075、0.020、0.029、0.192。由于三种销售方式在甲商品和丁商品上的方差分析显著，应在这两种商品上进一步进行事后比较。

源	因变量	III 类平方和	自由度	均方	F	显著性	偏 Eta 平方
校正的模型	商品甲销售额	5221.300[a]	2	2610.650	3.377	.041	.106
	商品乙销售额	518.533[b]	2	259.267	1.615	.208	.054
	商品丙销售额	2480.833[c]	2	1240.417	.166	.848	.006
	商品丁销售额	38 529.300[d]	2	19 264.650	8.008	.001	.219
截距	商品甲销售额	443 244.150	1	443 244.150	573.296	.000	.910
	商品乙销售额	182 050.417	1	182 050.417	1134.326	.000	.952
	商品丙销售额	10 020 506.67	1	10 020 506.67	1337.543	.000	.959
	商品丁销售额	4 012 437.600	1	4 012 437.600	1668.007	.000	.967
g	商品甲销售额	5221.300	2	2610.650	3.377	.041	.106
	商品甲销售额	518.533	2	259.267	1.615	.208	.054
	商品丙销售额	2480.833	2	1240.417	.166	.848	.006
	商品丁销售额	38 529.300	2	19 264.650	8.008	.001	.219
错误	商品甲销售额	44 069.550	57	773.150			
	商品乙销售额	9148.050	57	160.492			
	商品丙销售额	427 028.500	57	7491.728			
	商品丁销售额	137 115.100	57	2405.528			
总计	商品甲销售额	492 535.000	60				
	商品乙销售额	191 717.000	60				
	商品丙销售额	10 450 016.00	60				
	商品丁销售额	41 88 082.000	60				
校正后的总变异	商品甲销售额	49 290.850	59				
	商品乙销售额	9666.583	59				
	商品丙销售额	429 509.333	59				
	商品丁销售额	175 644.400	59				

a. R^2=.106（调整后的 R^2=.075）
b. R^2=.054（调整后的 R^2=.020）
c. R^2=.006（调整后的 R^2=.029）
d. R^2=.219（调整后的 R^2=.192）

图 3.30　主体间效应的检验

从图 3.31 的事后多重比较可以看出：乙商品和丙商品在三种销售方式上差异均不显著；在 0.05 的显著水平下，甲商品在三种销售方式上差异均不显著，但在 0.10 的显著水平下，甲商品在第 2 种和第 3 种销售方式上存在显著差异；丁商品在第 1 种销售方式和第 3 种销售方式上存在显著性差异。

图 3.32 为主体间 SSCP 矩阵，表中共包括三部分：第一部分的截距可以忽略；第二部分为组间 SSCP 矩阵，就是前文的 SSTR；第三部分为组内或误差 SSCP 矩阵（误翻译为错误），即前文的 SSE。此部分的误差 SSCP 矩阵和图 3.24 中选项"残差 SSCP 矩阵"相同，此处不再输出其结果。

多重比较

Scheffe(C)

因变量	(I) 销售方式	(J) 销售方式	平均值差值 (I-J)	标准错误	显著性	95% 的置信区间 下限值	上限
商品甲销售额	1	2	17.900	8.7929	.135	-4.201	40.001
		3	-3.350	8.7929	.930	-25.451	18.751
	2	1	-17.900	8.7929	.135	-40.001	4.201
		3	-21.250	8.7929	.062	-43.351	.851
	3	1	3.350	8.7929	.930	-18.751	25.451
		2	21.250	8.7929	.062	-.851	43.351
商品乙销售额	1	2	7.200	4.0061	.208	-2.869	17.269
		3	3.500	4.0061	.684	-6.569	13.569
	2	1	-7.200	4.0061	.208	-17.269	2.869
		3	-3.700	4.0061	.655	-13.769	6.369
	3	1	-3.500	4.0061	.684	-13.569	6.569
		2	3.700	4.0061	.655	-6.369	13.769
商品丙销售额	1	2	-13.250	27.3710	.890	-82.047	55.547
		3	.750	27.3710	1.000	-68.047	69.547
	2	1	13.250	27.3710	.890	-55.547	82.047
		3	14.000	27.3710	.878	-54.797	82.797
	3	1	-.750	27.3710	1.000	-69.547	68.047
		2	-14.000	27.3710	.878	-82.797	54.797
商品丁销售额	1	2	-22.500	15.5098	.356	-61.484	16.484
		3	-61.350*	15.5098	.001	-100.334	-22.366
	2	1	22.500	15.5098	.356	-16.484	61.484
		3	-38.850	15.5098	.051	-77.834	.134
	3	1	61.350*	15.5098	.001	22.366	100.334
		2	38.850	15.5098	.051	-.134	77.834

基于观察到的平均值。
误差项是均方（误差）= 2405.528。
*. 均值差的显著性水平为 .05。

图 3.31 事后多重比较

主体间 SSCP 矩阵

			商品甲销售额	商品乙销售额	商品丙销售额	商品丁销售额
假设	截距	商品甲销售额	443 244.150	284 064.750	2 107 494.000	1 333 600.200
		商品乙销售额	284 064.750	182 050.417	1 350 643.333	854 673.000
		商品丙销售额	2 107 494.000	1 350 643.333	10 020 506.67	6 340 872.000
		商品丁销售额	1 333 600.200	854 673.000	6 340 872.000	4 012 437.600
	g	商品甲销售额	5221.300	1305.200	-3581.250	4188.900
		商品乙销售额	1305.200	518.533	-963.833	-1553.200
		商品丙销售额	-3581.250	-963.833	2480.833	-1945.250
		商品丁销售额	4188.900	-1553.200	-1945.250	38 529.300
错误		商品甲销售额	44 069.550	7687.050	-32 862.750	24 717.900
		商品乙销售额	7687.050	9148.050	-3694.500	6412.200
		商品丙销售额	-32 862.750	-3694.500	427 028.500	-56 168.750
		商品丁销售额	24 717.900	6412.200	-56 168.750	137 115.100

基于 III 类平方和

图 3.32 平方和及交叉积矩阵

自 测 题

即测即练

第4章
调节效应与中介效应

传统的回归分析通常用以确定变量之间的关系，近些年兴起的因果推断方法用以确定在什么条件下回归分析具有因果效应。为了加深对变量间关系的理解，影响机制的研究得到越来越多的关注。而机制研究通常通过调节效应和中介效应来实现。

4.1 调 节 效 应

如果自变量 x 对因变量 y 影响的大小、符号或强度取决于变量 m，则称 m 为 x 对 y 影响的调节变量。

调节效应有时也被称为交互效应，主要原因在于调节效应是通过自变量和调节变量的交互形式来测度的。交互项的构成主要有三种形式：第一种是两个虚拟变量构造的交互项，由于两个变量都是虚拟变量，交互项也是虚拟变量（两个虚拟变量相乘仍是虚拟变量），此种情况下按虚拟变量回归就即可；第二种是由连续变量和虚拟变量构造的交互项，此种形式相当于虚拟变量模型中的变斜率模型；第三种是由两个连续变量构造的交互项，这是本节分析的重点。

不论是计算调节效应还是中介效应，都应事先画出对应的概念图和统计图。安德鲁•F.海耶斯提出的最简单的调节效应的概念图和统计图如图 4.1 所示。

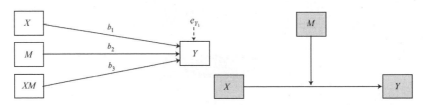

图 4.1　只包含一个调节变量的概念图和统计图

在图 4.1 中，左侧为统计图，右侧为概念图。统计图是进行回归分析的依据。

为了和其他软件结果进行验证，本节采用谢宇教授《回归分析》中的例子。该案例数据来源于 CHIP88，回归模型的构造形式为

$$\log earn = \beta_0 + \beta_1 \exp + \beta_2 grossd + \beta_3 \exp \cdot grossd + u \tag{4.1}$$

式中，因变量 $\log earn$ 为对数收益；$\exp$ 代表劳动者的工作年限；$grossd$ 代表工业总

产值增长率；exp · grossd 是二者的交互项。

由于交互项是两个变量的乘积，其与原变量之间可能存在较强的相关关系，为了减弱多重共线性的影响，通常先对变量进行中心化处理，然后再构造交互项。需要注意的是，因变量并不需要中心化，一些研究将因变量也进行了中心化，这是不适宜的。

4.1.1 通过回归直接计算调节效应

首先对变量 exp 和 grossd 进行描述性统计分析，得到其均值分别为 19.72、0.42，然后在主菜单选择"转换 / 计算变量"选项，打开"计算变量"对话框，如图 4.2 所示。

图 4.2 计算变量

在图 4.2 中，将目标变量设为"zexp"，在"数字表达式"下输入公式"exp-19.72"，单击"确定"按钮，即可以在数据集中增加一个新变量 zexp。按类似方法增加中心化变量 zgrossd，以及二者的交互项 expgrossd。

在主菜单中选择"分析 / 线性回归"选项，在弹出的"线性回归"对话框中，将 logearn 选入"因变量"，将 zexp、zgrossd、expgrossd 选入"自变量"框，单击"确定"按钮后可得到回归结果，此处只选择回归系数部分，如图 4.3 所示。

系数^{a}

模型		非标准化系数		标准系数	t	显著性
		B	标准错误	贝塔		
1	（常量）	7.438	.003		2390.272	.000
	zexp	.016	.000	.371	51.380	.000
	zgrossd	.396	.015	.192	26.679	.000
	expgrossd	-.003	.001	-.014	-1.927	.054

a. 因变量：logearn

图 4.3 回归分析结果

由图 4.3 可知，中心化变量 zexp、zgrossd 的系数分别为 0.016 和 0.396，p 值均为 0.000，交互面的系数为 –0.003，p 值为 0.054，在 0.1 的显著性水平下是显著的。

此种方法虽然能计算调节效应并对调节效应进行显著性检验，但是不能直接得到调节效应图。

4.1.2 通过 process 插件计算调节效应

首先下载 process 插件，以管理员身份运行 SPSS，在主菜单选择"实用程序 / 定制对话框 / 安装自定义对话框"选项，进入"打开对话框指定"对话框，如图 4.4 所示。

图 4.4 打开对话框指定

在图 4.4 中，通过"查找范围"找到已下载的插件 process.spd，单击"打开"按钮，即可安装 process 插件，安装完成后，选择"回归 / 分析"选项，即可看到 process 插件。

选择"回归 / 分析 /process"选项，打开"PROCESSv3.3"对话框，如图 4.5 所示。

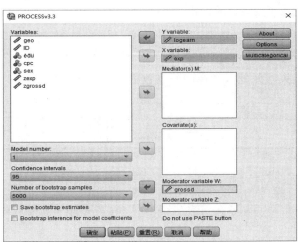

图 4.5 "PROCESSv3.3"

将 logearn 选入 Y variable，将 exp 选入 X variable，如果还有协变量，可选入 Covariate(s)。将 grossd 选入 Moderator variable W，如果只有一个调节变量，默认用 W 表示，如果还有另外一个调节变量，默认用 Z 表示。

"Model number"是指调定模型序号，process 插件的设计者安德鲁·F. 海耶斯教授共提供了 92 个模型，其中前三个模型为纯调节效应模型。模型 1 即为图 4.1 所示情形。

"Confidence intervals"表示置信区间，默认选择 95% 的置信区间。

"Number of bootstrap samples"设定自助法的样本数，默认 5000。

"Save bootstrap estimates"，如果勾选这一选项，将保存自助法估计结果。

"Bootstrap inference for model coefficients"，指对模型系数进行自助法推断。

在图 4.5 中单击"Options"按钮，进行选项设置，如图 4.6 所示。

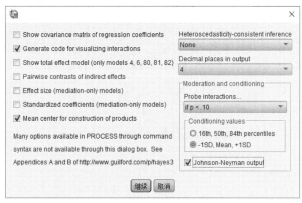

图 4.6　Options

Show covariance matrix of regression coefficients，指是否显示回归系数的方差—协方差矩阵。

"Generate code for visualizing interactions"，指是否产生可视化交互效应的代码。如果选择了该项，将在输出结果窗口输出相应的代码。之所以有这一项，是因为在 process 中不能使用 paste 按钮。

"Show total effect model(only models 4,6,80,81,82)"，指是否显示总效应模型，该选项只对模型 4、6、80、81、82 有效。

"Pairwise contrasts of indirect effects"，指是否输出间接效应的配对比较。

"Effect size(mediation-only models)"，指效应大小，只针对中介模型。

"Standardized coefficients(mediation-only models)"，标准化系数，只针对中介模型。

"Mean center for construction of products"，指对乘积项进行中心化。选择该项后，主效应和交互效应均为中心化变量。

"Heteroscedascitity-consistent inference"，指是否使用异方差一致性推断，默认不使用。

"Decimal places in output"，默认小数点位数为 4。

"Moderation and conditioning"框组包括以下部分：

"Probe interactions"，用于设定交互效应的临界概率（显著性水平），默认为 0.1。

"Conditioning values..."，用于设定画调节效应图时调节变量的三个取值：

16th,50th,80th percentiles，指使用调节变量的第16、50和84百分位数；-1SD,Mean,+1SD
指使用调节变量的均值、小于均值1单位标准差和大于均值1单位标准差的3个数值。

"Johnson-Neyman output"，该选项输出一系列系数值和 p 值，观测调节效应是否存
在转折点（即大于或小于某值时调节效应变得显著或不显著）。

设定完成后，即可得到相应的结果。其中第一部分为模型概览，如图4.7所示。

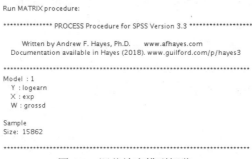

图4.7　调节效应模型概览

图4.7中，首先列明process的版本号、作者、作者主页，因变量为logearn，自变量
为exp，调节变量为grossd，样本容量为15862。

第二部分为模型估计和检验结果，如图4.8所示。

```
**************************************************************
OUTCOME VARIABLE:
logearn

Model Summary
       R     R-sq    MSE     F      df1      df2      p
    .4179   .1747   .1536  1118.6772  3.0000  15858.0000   .0000

Model
          coeff     se       t       p     LLCI    ULCI
constant  7.4386   .0031  2390.7150  .0000  7.4325  7.4447
exp        .0156   .0003    51.3499  .0000   .0150   .0162
grossd     .3964   .0149    26.6792  .0000   .3673   .4255
Int_1     -.0028   .0015    -1.9266  .0541  -.0057   .0000

Product terms key:
Int_1  :    exp     x    grossd

Test(s) of highest order unconditional interaction(s):
       R2-chng    F       df1      df2      p
X*W     .0002   3.7117   1.0000  15858.0000   .0541
----------
   Focal predict: exp    (X)
      Mod var: grossd  (W)
```

图4.8　模型估计和检验结果

图4.8中的估计结果和图4.3相同，只是多了两列：置信下限和置信上限。其中
int_1为交互项。Test(s) of highest order unconditional interaction(s) 指对调节效应的检
验，其中 R^2 的变化为0.0002，F 统计量为3.7117，p 值为0.0541。p 值和 int_1 t 检验
的 p 值相同，由于只有一个调节变量，F 统计量恰好为 t 统计量的平方，即 3.7117=
$-1.9266 \times (-1.9266)$。

第三部分为条件效应估计结果，如图4.9所示：

图4.9中上半部分为调节变量在取均值和上下各一单位标准差时自变量的效应值，由
于变量均进行了中心化，因此均值为0。当调节变量 grossd 取 0.000 时，自变量 exp 的效

应为 0.0156，恰等于图 4.8 中 exp 的系数估计值，grossd 小于 1 单位标准差的值为 -0.2094。当 grossd 取值为 -0.2094 时，自变量 exp 的效应为 0.0162，该值是通过 0.0156-0.2094×(-0.0028) 计算出来的。下半部分为调节变量 grossd 取不同值时自变量 exp 的效应值。所有的效应值均是通过下式计算出来的：

$$0.0156-0.0028\times grossd$$

与手工计算的效应值不同，此处结果不仅得出了效应值，还给出了相应的标准误、t 值、p 值以及效应值的置信区间。

输出结果的最后一部分给出了画调节效应图的代码，如图 4.10 所示。

```
Conditional effects of the focal predictor at values of the moderator(s):

grossd    Effect      se       t          p       LLCI     ULCI
-.2094    .0162     .0004   37.8457    .0000    .0153    .0170
 .0000    .0156     .0003   51.3499    .0000    .0150    .0162
 .2094    .0150     .0004   34.3739    .0000    .0141    .0159

There are no statistical significance transition points within the observed
range of the moderator found using the Johnson-Neyman method.

Conditional effect of focal predictor at values of the moderator:
grossd    Effect      se       t          p       LLCI     ULCI
-.2332    .0162     .0005   35.8798    .0000    .0154    .0171
-.1849    .0161     .0004   39.9750    .0000    .0153    .0169
-.1366    .0160     .0004   44.3296    .0000    .0153    .0167
-.0883    .0158     .0003   48.3418    .0000    .0152    .0165
-.0399    .0157     .0003   50.9765    .0000    .0151    .0163
 .0084    .0156     .0003   51.1880    .0000    .0150    .0162
 .0567    .0154     .0003   48.7636    .0000    .0148    .0161
 .1050    .0153     .0003   44.5539    .0000    .0146    .0160
 .1534    .0152     .0004   39.7241    .0000    .0144    .0159
 .2017    .0150     .0004   35.0737    .0000    .0142    .0159
 .2500    .0149     .0005   30.9494    .0000    .0139    .0158
 .2983    .0147     .0005   27.4227    .0000    .0137    .0158
 .3467    .0146     .0006   24.4467    .0000    .0134    .0158
 .3950    .0145     .0007   21.9396    .0000    .0132    .0158
 .4433    .0143     .0007   19.8190    .0000    .0129    .0158
 .4916    .0142     .0008   18.0134    .0000    .0127    .0157
 .5400    .0141     .0009   16.4642    .0000    .0124    .0157
 .5883    .0139     .0009   15.1246    .0000    .0121    .0157
 .6366    .0138     .0010   13.9573    .0000    .0119    .0157
 .6849    .0137     .0011   12.9329    .0000    .0116    .0157
 .7333    .0135     .0011   12.0276    .0000    .0113    .0157
```

图 4.9　条件效应估计结果

```
Data for visualizing the conditional effect of the focal predictor:
Paste text below into a SPSS syntax window and execute to produce plot.

DATA LIST FREE/
   exp        grossd    logearn  .
BEGIN DATA.
 -10.2505    -.2094     7.1897
    .0000    -.2094     7.3555
  10.2505    -.2094     7.5214
 -10.2505     .0000     7.2788
    .0000     .0000     7.4386
  10.2505     .0000     7.5984
 -10.2505     .2094     7.3678
    .0000     .2094     7.5216
  10.2505     .2094     7.6753
END DATA.
GRAPH/SCATTERPLOT=
  exp    WITH   logearn  BY    grossd  .
```

图 4.10　调节效应图代码

在主菜单中选择"新建 / 语法"，将图 4.10 中的代码复制到 SPSS 程序窗口中，单击"运行"按钮即可得到调节效应图，如图 4.11 所示。

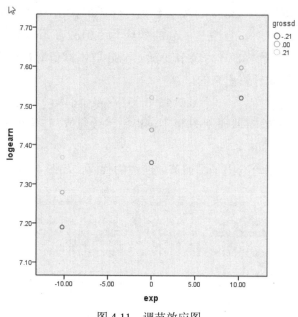

图4.11　调节效应图

　　图4.11默认为散点图，这并不符合我们的要求，应该修改成线图。在SPSS中双击图形，进入编辑模式。在图表编辑器中选择"编辑/属性"选项，打开"属性"对话框，如图4.12所示。

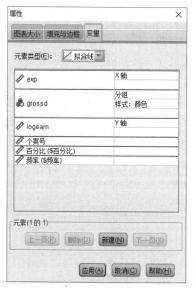

图4.12　属性

　　在图4.12中选择"变量"选项卡，在其中的元素类型中选择"拟合线"选项，单击"应用"按钮后即可得到调节效应线图，如图4.13所示。

　　从图4.13可知，三条线近乎平行。这是可以理解的，因为调节效应在0.1的显著性水平下显著，而在0.05的显著性水平下不显著。

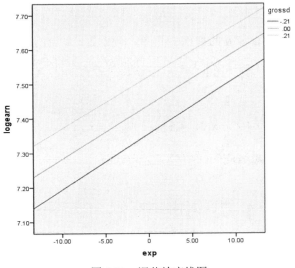

图 4.13　调节效应线图

4.2　中　介　效　应

按安德鲁·F. 海耶斯的定义，当研究者的目标是去探索或检验 X 如何对 Y 产生影响时，常常会假定有一个或多个中间变量 M 位于 X 和 Y 之间，中间变量 M 和变量 X、Y 构成一类模型，此类模型被称为中介效应模型。中介效应模型的最简单形式如图 4.14 所示。

57

图 4.14 包含两个结果变量 M 和 Y，两个前因变量 X 和 M，X 影响 Y 和 M，M 影响 Y。在这个模型中，X 通过两条不同的路径影响 Y。第一条从 X 直接到 Y 而不通过 M，称为 X 对 Y 的直接效应；第二条从 X 经过 M 再到 Y，称为 X 对 Y 的间接效应。在中介模型中，M 常被称为中介变量、代理变量、中间变量或中间端点等。

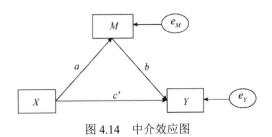

图 4.14　中介效应图

由于在图 4.14 中有两个结果变量，因此需要下列两个线性模型：

$$M = i_M + aX + e_M \tag{4.2}$$

$$Y = i_Y + c'X + bM + e_Y \tag{4.3}$$

式中，i_M、i_Y 是常数项；e_M、e_Y 是随机扰动项。

c' 用以估计 X 对 Y 的直接效应，可由下式表达：

$$c' = \left[\hat{Y} \middle| (X = x, M = m) \right] - \left[\hat{Y} \middle| (X = x-1, M = m) \right]$$

X 对 Y 的间接效应是 a 和 b 的乘积。其中，a 可由下式表达：

$$a = \left[\hat{M} \middle| (X = x) \right] - \left[\hat{M} \middle| (X = x-1) \right]$$

b 可由下式表达：

$$b = \left[\hat{Y} \middle| (X = x, M = m) \right] - \left[\hat{Y} \middle| (X = x, M = m-1) \right]$$

X 对 Y 的总效应是直接效应和间接效应之和，即

$$c = c' + ab$$

其中 c 也可以从式（4.4）中单独估计出来：

$$Y = i_Y + cX + e_Y \tag{4.4}$$

估计式（4.4）后，可以通过检验 c 是否为零来推断是否存在总效应。

直接效应的推断则是检验 c' 是否为零。间接效应的推断则相对复杂，一般采用系数乘积推断法，又叫 Sobel 检验。它基于正态理论，假定 ab 的抽样分布呈正态分布，通过对 ab 标准误的估计，求出 z 值。

$$se_{ab} = \sqrt{a^2 se_b^2 + b^2 se_a^2 + se_a^2 se_b^2}$$

$$z = \frac{ab}{se_{ab}}$$

仍以 CHIP88 数据为例，以 edu 为自变量，以 grossd 为中介变量，分析教育程度是否通过提高经济增长率从而提高人民的收入水平。虽然可以采用理论对三个模型进行回归，然后手动计算间接效应及相应的检验结果，但相对烦琐，所以本节直接采用 process 进行中介效应分析。

选择"回归 / 分析 /process"选项，打开"PROCESSv3.3"对话框，如图 4.15 所示。

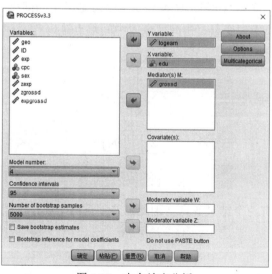

图 4.15　中介效应分析

在图 4.15 中，将 logearn 选入 Y variable，将 edu 选入 X variable，如果还有协变量，

可选入 Covariate(s)。将 grossd 选入 Mediator(s) M，在 Model number 选择 4，模型 4 即对应图 4.14 的最简单的中介效应模型。单击"Options"按钮，进行选项设置，如图 4.16 所示。

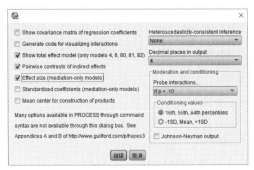

图 4.16　中介效应选项

在图 4.16 中勾选第 3 ～ 5 复选框。图中每个选项的含义在第一节已经解释，此处不再赘述。运行后即可得到中介效应分析结果。第一部分仍为模型概览，如图 4.17 所示。

图 4.17　中介效应模型概览

图 4.17 和图 4.7 类似，只是 process 默认用 M 表示中介变量、用 W 表示调节变量。

第二部分为以结果变量为因变量的两个模型估计结果，如图 4.18 所示。

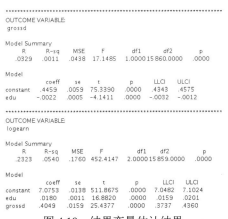

图 4.18　结果变量估计结果

在图 4.18 中，第一个模型为以 grossd 为因变量、以 edu 为自变量的估计结果，即中介变量对自变量的估计结果，由于 edu 系数的 p 值为 0，edu 对 grossd 的影响是显著的。模型可表示为

$$grossd = 0.445\,9 - 0.002\,2edu$$

第二个模型为以 logearn 为因变量、以 grossd 和 edu 为自变量的估计结果，即因变量对中介变量和自变量的估计结果，edu 和 grossd 系数的 p 值均为 0.000，表明 edu 和 grossd 均对 logearn 有显著影响。模型可表示为

$$\log earn = 7.0753 + 0.018edu + 0.4049grossd$$

第三部分为模型的总效应，如图 4.19 所示。

```
********************* TOTAL EFFECT MODEL *************************
OUTCOME VARIABLE:
logearn

Model Summary
       R      R-sq     MSE      F        df1      df2        p
     .1240    .0154   .1832  247.6641  1.0000 15860.0000   .0000

Model
              coeff     se       t        p       LLCI     ULCI
constant    7.2558   .0121  599.5962   .0000    7.2321   7.2795
edu          .0171   .0011   15.7373   .0000     .0150    .0193
```

图 4.19　模型的总效应

总效应实际就是因变量直接对自变量进行回归的结果，从图 4.19 可知，edu 的系数为 0.0171，检验的 p 值为 0，表示 edu 对 logearn 的总效应是显著的。

第三部分为总效应、直接效应和间接效应，如图 4.20 所示。

```
************** TOTAL, DIRECT, AND INDIRECT EFFECTS OF X ON Y **************

Total effect of X on Y
     Effect     se       t        p       LLCI     ULCI    c_ps     c_cs
     .0171    .0011   15.7373   .0000    .0150    .0193    .0397    .1240

Direct effect of X on Y
     Effect     se       t        p       LLCI     ULCI    c'_ps    c'_cs
     .0180    .0011   16.8820   .0000    .0159    .0201    .0418    .1305

Indirect effect(s) of X on Y:
         Effect   BootSE  BootLLCI  BootULCI
grossd   -.0009   .0002   -.0013    -.0005

Partially standardized indirect effect(s) of X on Y:
         Effect   BootSE  BootLLCI  BootULCI
grossd   -.0021   .0005   -.0031    -.0011

Completely standardized indirect effect(s) of X on Y:
         Effect   BootSE  BootLLCI  BootULCI
grossd   -.0065   .0016   -.0096    -.0034
```

图 4.20　总效应、直接效应和间接效应

图 4.20 中包括总效应、直接效应和间接效应。其中总效应部分和图 4.19 完全相同。直接效应为 0.018，实际就是图 4.18 中第二个模型的估计结果。间接效应为 −0.0009，就是图 4.18 中第一个模型 edu 系数和第二个模型中 grossd 的乘积，即 $0.4049 \times (-0.0022) = -0.0009$。图 4.20 同时给出了自助法的置信区间：$(-0.0013, -0.0005)$，由于该区间没有包括 0，因此间接效应是显著的。

自　测　题

即测即练

第5章
多元统计分析进阶

多元统计分析又叫多变量统计分析,涉及多个变量的统计分析均可称为多元统计分析,例如常用的多元回归分析等。只是为了避免各个课程的重复,判别分析、聚类分析、主成分分析、因子分析等才成为多元统计分析大部分教材的主讲内容。

5.1 对 应 分 析

对应分析是用于寻求列联表的行和列之间联系的一种低维图形表示方法。列联表中的数据是相应行、列类别组合的频数,可以视为一个频数矩阵。其基本元素可由 n_{ij} 表示,第 i 行的频数之和为 $n_{i.}$,第 j 列的频数之和为 $n_{.j}$,所有类别组合的频数总和为 n。

用 n 除列联表中的所有元素,得到的矩阵称为对应矩阵,其基本元素为 $p_{ij}=n_{ij}/n$。在对应矩阵中,第 i 行的频率之和为 p_i ,表示第 i 行类别的频率;第 j 列的频率之和为 p_j ,表示第 j 列类别的频率。对应矩阵中的最后一行称为行密度,最后一行称为列密度。

用第 i 行的频率除以第 i 行的频率和 p_i ,得到第 i 行的行轮廓;用第 j 列的频率除以第 j 列的频率和 p_j ,得到第 j 列的列轮廓。各行的行轮廓之和等于 1 ,各列的列轮廓之和也等于 1 。行密度可以表示成各列轮廓的加权平均,列密度可以表示成各行轮廓的加权平均。

在列联表中,衡量数据总变差的度量称为总惯量,总惯量可以看成行轮廓到其中心的卡方距离的加权平均,也可以看成列轮廓到其中心的卡方距离的加权平均。它既度量了行轮廓之间的总变差,也度量了列轮廓之间的总变差。

对应分析的结果通常通过对应分析图显示。在对应分析图中,如果两个行(列)点接近,则表明相应的两个行(列)轮廓是类似的;反之则表明相应的两个行(列)轮廓是非常不同的。如是一个行点和一个列点相近,则表明行、列两个变量的相应类别组合发生的频数会高于这两个变量相互独立情形下的期望值。

对应分析是 Q 型因子分析和 R 型因子分析的结合,又被称为 R-Q 型因子分析。R 型因子分析是对列变量降维,Q 型因子分析是对行样本降维。

本节案例采用一个假想的例子。该例由 1660 个人组成,每个人测量了两个指标:年龄和啤酒偏好。其中啤酒包含 A、B、C、D、E 五个品牌,年龄包括 0(18～34 岁)、1(35～45 岁)、2(46～60 岁)、3(60 岁以上)四个类别。分析年龄和品牌偏好之间的关系在主菜单中选择"分析 / 降维 / 对应分析"，弹出"对应分析"对话框，如图 5.1 所示。

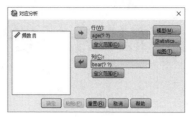

图 5.1　对应分析

在图 5.1 中，将 age 选入"行"，将 bear 选入"列"。哪个变量作为行变量，哪个变量作为列变量并不影响最终的分析结果。

接下来需要对行变量和列变量的范围进行定义，此处以行变量为例，单击"行"列表框下的"定义范围"，打开"定义行范围"对话框，如图 5.2 所示。

图 5.2　对应分析：定义行范围

在图 5.2 中，在"行变量分类全距""最小值"中输入"0"，"最大值"中输入"3"。类别约束默认无约束。单击"更新"按钮后继续。对于本例中列变量范围，应在"最小值"中输入"1"，"最大值"中输入"5"。

在图 5.1 中单击"模型"按钮，打开"对应分析：模型"对话框，如图 5.3 所示。

图 5.3　对应分析：模型

在图 5.3 中，"解的维数"默认选择 2，即画 2 维对应分析图。距离测量包括卡方距离和欧氏（Euclidean）距离，由于行和列均为类别变量，所以采用卡方距离。当选择卡方距离时，标准化方法只能选择"行和列平均值已删除"，指将行轮廓矩阵和列轮廓矩阵进行了中心化。若选择欧氏距离，则标准化方法所有 5 个选项均可使用。最下方的标准化方法应为正态化方法，默认"对称"，当分析目的是考查两变量各类别之间的差异性或相似性时，应选择此方法；当分析目的是考查两个变量之间各类别及同一变量内部各类别之间的差异性时，应当选择"主要"（Principal）；当分析目的是考查不同行或列之间的差异性或相似性时，应当选择"主要行"（Row principal）或"主要列"（Col principal）（另外，principal 翻译为"主要"是不合适的，应该翻译成"主成分"）。关于各种正态化的数学表达，读者可以参阅巴克豪斯的《多元统计分析方法》。

在图 5.1 中单击 Statistics... 按钮，打开"对应分析：统计"对话框，如图 5.4 所示。

图 5.4　对应分析：统计

在图 5.4 中，默认选择"对应表""行点概览""列点概览"，其中"对应表"即列联表，"行点概览"和"列点概览"指 Q 型因子分析和 R 型因子分析的因子得分及相应贡献。（"行概要文件""列概要文件"属翻译错误，应为行轮廓（row profile）和列轮廓（column profile））。

在图 5.1 中单击"绘图"按钮，打开"对应分析：图"对话框，如图 5.5 所示。散点图默认选择"双标图"，即行列散点图，也可以选择单独对行点做散点图或单独对列点做散点图。折线图包括"已转换的行类别"和"已转换的列类别"。图维数默认选择"显示解中的所有维数"，如果选择"限制维数"，则可在下方的"最低维数"和"最高维数"的文本框中输入数字。

图 5.5　对应分析：图

选择默认设置后，运行可得到对应分析的结果。

图 5.6 的对应表即为列联表，所谓"活动页边距"是指行和或列和，如年龄 18 ～ 34 岁的有 307 人，35 ～ 45 岁有 602 人，46 ～ 60 岁有 362 人，60 岁以上 389 人。在总人数 1660 中，喜欢 A、B、C、D、E 产品的分别有 507 人、287 人、384 人、265 人、217 人。

年龄	啤酒品牌					活动页边距
	A	B	C	D	E	
18～34	121	57	72	36	21	307
35～45	188	105	141	97	71	602
46～60	112	65	77	54	54	362
60+	86	60	94	78	71	389
活动页边距	507	287	384	265	217	1660

图 5.6　对应表

图 5.7 为数据偏离和奇异值分解结果。第 1 列为维度，第 2 列为奇异值，奇异值的平方为（主）惯量，如 0.161×0.161=0.026，主惯量的和总惯量为 0.027（双击进入编辑方式后，此值为 0.027 466），而总惯量与样本量的乘积为卡方值，即 0.027 466×1660=45.594。显著性 p 值为 0.000，表示行变量和列变量不是独立的，二者存在相关关系。惯量比例指主惯量占总惯量比例和累积比例，第一个主惯量所占比例为 0.947，第二个主惯量所占比例为 0.050，前两个主惯量的累积贡献为 0.998。

维度	奇异值	惯量	卡方	显著性	惯量的比例		置信度奇异值	相关系数
					占	累积	标准偏差	2
1	.161	.026			.947	.947	.023	-.052
2	.037	.001			.050	.998	.025	
3	.008	.000			.002	1.000		
总计		.027	45.594	.000a	1.000	1.000		

a. 自由度 12

图 5.7　摘要

图 5.8 中，Mass 为密度，在此表中为行密度，即对应矩阵中每一行的行和。维数得分即各行在二维图中的坐标值。此处的惯量指每行轮廓到行轮廓中心的卡方距离与相应行密度的乘积。行点惯量和等于总惯量。点对维数的惯量贡献指行的每一类别对每一维度（实际就是公因子）特征值的贡献，维数对点的惯量贡献指每一维度对行各个类别的特征值的贡献。在第一维度中，在点对维数的惯量部分，18 ～ 34 岁和 60 岁以上年龄段对应的数值最大，分别为 0.479 和 0.507，说明 18 ～ 34 岁和 60 岁以上两个类别对第一维度的贡献最大。在维数对点的惯量部分，除 46 ～ 60 岁外，其余年龄段的特征值的分布大部分集中在第一维度上，说明第一维度反映了年龄段的大部分差异，该部分有点像因子分析中的共同度。由于只使用了两个维度（共三个维度），总计部分除 46 ～ 60 岁外，其余年龄段的总计都略小于 1。

图 5.9 的解释和图 5.8 类似。在第一维度中，在点对维数的惯量部分，A 和 E 对应的数值最大，分别为 0.393 和 0.416，说明 A、E 两个类别对第一维度的贡献最大。在维数对点的惯量部分，除 C 外，其余啤酒品牌的特征值的分布大部分集中在第一维度上，说明第

一维度反映了啤酒品牌的大部分差异，总计部分除 A 和 E 外，B、C、D 的总计都略小于 1。

行点总览表[a]

年龄	Mass	维数得分		惯量	贡献				
		1	2		点对维数的惯量		维数对点的惯量		
					1	2	1	2	总计
18~34	.185	-.646	.069	.013	.479	.024	.996	.003	.998
35~45	.363	-.073	.117	.001	.012	.134	.591	.347	.938
46~60	.218	.035	-.363	.001	.002	.776	.040	.960	1.000
60+	.234	.591	.102	.013	.507	.066	.992	.007	.999
活动总计	1.000			.027	1.000	1.000			

a. 对称规范化

图 5.8　行点总览表

列点总览表[a]

啤酒品牌	Mass	维数得分		惯量	贡献				
		1	2		点对维数的惯量		维数对点的惯量		
					1	2	1	2	总计
A	.305	-.455	-.081	.010	.393	.053	.993	.007	1.000
B	.173	-.147	-.117	.001	.023	.063	.852	.123	.975
C	.231	.022	.220	.000	.001	.301	.040	.909	.949
D	.160	.412	.225	.005	.168	.218	.932	.064	.996
E	.131	.716	-.321	.011	.416	.364	.955	.044	1.000
活动总计	1.000			.027	1.000	1.000			

a. 对称规范化

图 5.9　列点总览表

图 5.10 为对应分析图。彼此靠近的行点和列点有：18～34 和 A，35～45 和 C，35～45 和 B，46～60 和 B，60+ 和 D，60+ 和 E。可以解释为 18～34 岁人群偏好啤酒 A，35～45 岁人群偏好啤酒 C 和 B，46～60 岁人群偏好啤酒 B，60 岁以上人群偏好啤酒 D 和 E。

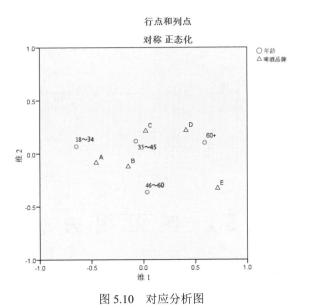

图 5.10　对应分析图

以上是 SPSS 对应分析默认设置的结果，如果在图 5.4 中勾选 "行概要文件" 和 "列概要文件"，可得到行轮廓和列轮廓。以行轮廓为例，如图 5.11 所示。

年龄	啤酒品牌					活动页边距
	A	B	C	D	E	
18～34	.394	.186	.235	.117	.068	1.000
35～45	.312	.174	.234	.161	.118	1.000
46～60	.309	.180	.213	.149	.149	1.000
60+	.221	.154	.242	.201	.183	1.000
Mass	.305	.173	.231	.160	.131	

图 5.11　行概要文件

在行轮廓矩阵中，各行元素之和等于 1；在列轮廓矩阵中，各列元素之和等于 1。
在图 5.11 中，最后一行为列密度，需要注意的是，列密度是对应矩阵中各列的和，而不
是行轮廓矩阵中各列的和。类似的，在列轮廓矩阵中，各列元素之和等于 1，最后一列
为列密度。对比图 5.11 和图 5.9，图 5.11 中的 Mass 行和图 5.9 中的 Mass 列的对应数值
是相等的。

如果在图 5.5 中勾选"行点"和"列点"，可得到分别按行变量和列变量做的散点图，
如图 5.12 所示。图 5.12 中左图为行点图，右图为列点图。无论是行点图还是列点图，均
是根据各行点和列点在两个维度上的坐标绘制的。以行点图为例，18～34 岁在两个维度
的坐标分别为 -0.646 和 0.069，将其在二维坐标轴上描出来，就是图中的位置。图 5.10 其
实就是图 5.12 中行点图和列点图合并到一起的结果。

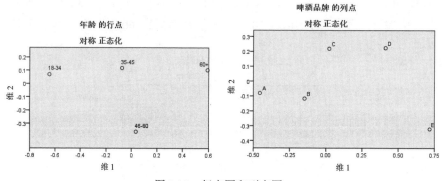

图 5.12　行点图和列点图

5.2　典型相关

典型相关指两组变量之间的相关关系，由哈罗德·霍特林首先提出。典型相关的基本
原理是，采用类似于主成分的分析方法，找出第一组变量的几个线性组合，并找出第二组
变量的几个线性组合，这些线性组合通常被称为典型变量，不同组之间的典型变量间的相
关关系即为典型相关。在典型相关中，同一组的典型变量不相关；不同组同对典型变量相
关，但不同对典型变量之间不相关。

本节案例采用中国环境数据和经济数据进行分析，其中经济数据包括 3 个变量：各地区生产总值（gdp）、工业结构比重（ind）、研发费用（rd），环境数据包括 3 个变量：二氧化硫排放量（SO_2）、工业污染治理投资（idi）、化学需氧量（COD）。

在 SPSS 中，典型相关有两种实现方式，一种是宏方式，另一种是菜单方式。

若采用第一种方式，首先找到 Canonical correlation.sps 所在路径，通常就放在 SPSS 的安装路径之中，然后在程序窗口输入以下命令：

INCLUDE‘SPSS 所在路径\Canonical correlation.sps’.

CANCORR SETl= 第一组变量的列表

/SET2= 第二组变量的列表

运行后即可得到结果。

SPSS 较高版本已经基于 Python 内置了一个典型相关的模块。需要注意的是，在安装 SPSS 时，必须要选择安装 Python 插件，否则看不到典型相关菜单项。

在主菜单中选择"分析 / 相关 / 典型相关"，打开"典型相关"对话框，如图 5.13 所示。

图 5.13　典型相关性

在图 5.13 中，左侧为候选变量列表框，右侧包括两个集合，分别将两组变量选入两个集合中。对话框下侧提示该对话框需要 Python 插件。

在图 5.13 中单击"选项"按钮，可对输出选项进行设置。

在图 5.14 中，左侧用于设置得分变量，包括计算得分、得分变量的根名、限制用于评分的维数等，类似于因子得分，一般不需要设置。右侧默认选择"载荷""方差比例"和"系数"。

采用默认设置，在图 5.15 中单击"确定"按钮后可得到典型相关分析结果。

图 5.15 为"典型相关性设置"，说明有两个集合，第一个集合包括 gdp、ind、rd 共 3 个变量，第二个集合包括 SO_2、idi、COD 共 3 个变量，没有使用评分语法，用于评分的相关性为 3。

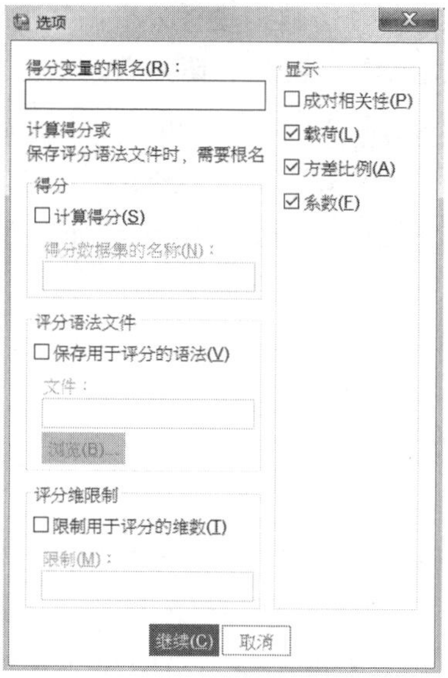

图 5.14　选项对话框

	值
集合 1 变量	gdp ind rd
集合 2 变量	SO_2 idi COD
集中的数据集	无
评分语法	无
用于评分的相关性	3

图 5.15　典型相关设置

从图 5.16 可知，第一对典型相关系数为 0.864，第二对典型相关系数为 0.415，第三对典型相关系数为 0.228。威尔克斯统计量的原假设是当前和后续典型相关系数均为零，如果拒绝了原假设，表明第一个典型相关系数不为零（因为第一对典型相关系数最大），还需要进一检验第二对、第三对典型相关系数是否为零。所以此处的威尔克斯统计量有 3 个。威尔克斯统计量是左尾检验，在一定条件下，威尔克斯统计量与 F 统计量和卡方统计量存在一定关系，也可以通过 F 统计量或卡方统计量进行检验。由检验的 p 值（显著性）可知，只有第一对典型相关系数是显著的，第二对、第三对典型相关系数均不显著。

	相关性	特征值	威尔克统计	F	分子自由度	分母自由度	显著性
1	.864	2.944	.199	6.380	9.000	60.99 4	.000
2	.415	.208	.785	1.675	4.000	52.00 0	.170
3	.228	.055	.948	1.477	1.000	27.00 0	.235

H0 for Wilks 检验是指当前行和后续行中的相关性均为零

图 5.16　典型相关性

图 5.17 是两组变量的标准化典型相关系数，（严格意义上，SPSS 这个翻译并不准确（这个表的英文名称为 unstandardized canonical correlation coefficents），准确的应该叫标准化典型变量系数）。据此可以写出各典型变量的表达式，以第一对典型变量为例：

$$u_1 = 1.084 \times z\text{gdp} + 0.254 \times z\text{ind} - 0.187 \times z\text{rd}$$

$$v_1 = -0.346 \times zSO_2 + 0.802 \times z\text{idi} + 0.551 \times z\text{COD}$$

式中，变量前的 z 表示对变量进行标准化后的标准化变量。

集合 1	标准化典型相关系数			集合 2	标准化典型相关系数		
变量	1	2	3	变量	1	2	3
gdp	1.084	3.180	-1.923	SO_2	-.346	.843	.834
ind	.254	.561	.854	idi	.802	-.484	.569
rd	-.187	-3.587	1.553	COD	.551	.350	-1.076

图 5.17 标准化典型相关系数

由典型变量系数可知，典型变量 u_1 主要代表了 gdp 这个变量，典型变量 v_1 主要代表了 idi 和 COD 两个变量。由于其他两个典型相关不显著，此处不进行分析。

图 5.18 与图 5.17 的解释类似，差别在于图 5.17 是标准化变量，而图 5.18 是非标准化变量。

集合 1	非标准化典型相关系数			集合 2	非标准化典型相关系数		
变量	1	2	3	变量	1	2	3
gdp	.000	.000	.000	SO_2	-.052	.127	.125
ind	.036	.080	.122	idi	.000	.000	.000
rd	.000	.000	.000	COD	.011	.007	-.021

图 5.18 非标准化典型相关系数

5.19 是集合 1 和集合 2 的典型载荷。SPSS 的这个解释实际上是不正确的，应该是相关系数。图中左边是集合 1 的 3 个典型变量和 3 个原始变量的相关系数，如第 1 个典型变量和 gdp 的相关系数为 0.970，和 ind 的相关系数为 0.483，和 rd 的相关系数为 0.936。右边是集合 2 的 3 个典型变量和 3 个原始变量的相关系数，如第 1 个典型变量和 SO_2 的相关系数为 0.241，和 idi 的相关系数为 0.897，和 rd 的相关系数为 0.660。

集合 1	典型载荷			集合 2	典型载荷		
变量	1	2	3	变量	1	2	3
gdp	.970	-.137	-.199	SO_2	.241	.880	.410
ind	.483	.327	.812	idi	.897	-.065	.438
rd	.936	-.349	-.049	COD	.660	.647	-.380

图 5.19 典型载荷

图 5.20 实际上是不同集合的原始变量和典型变量之间的相关系数，如集合 2 的第 1 个典型变量和集合 1 中 3 个原始变量 gdp、ind、rd 的相关系数分别为 0.838、0.417、0.809。如集合 1 的第 1 个典型变量和集合 2 中 3 个原始变量 SO_2、idi、COD 的相关系数分别为 0.208、0.775、0.571。

集合 1	交叉载荷			集合 2	交叉载荷		
变量	1	2	3	变量	1	2	3
gdp	.838	-.057	-.045	SO_2	.208	.365	.093
ind	.417	.136	.185	idi	.775	-.027	.100
rd	.809	-.145	-.011	COD	.571	.269	-.087

图 5.20 交叉载荷

图 5.21 为已解释的方差比例，也叫冗余分析，它说明各典型变量对各变量组方差解释的比例。图中各列标题汉化错误，集合 1* 自身（set1 by self）指集合 1 的变量被该组典型变量解释的方差比例，如集合 1 被该组第 1 个典型变量解释的方差比例为 0.684，被第

2 个典型变量解释的方差比例为 0.082，被第 3 个典型变量解释的方差比例为 0.234，加起来等于 1。类似的，集合 2* 自身（set2 by self）指集合 2 的变量被该组典型变量解释的方差比例。而集合 1* 集合 2（set1 by set2）指集合 1 的变量被集合 2 的典型变量解释的方差比例，如集合 2 的第 1 个典型变量解释了集合 1 的 0.510 的方差比，集合 2 的第 2 个典型变量解释了集合 1 的 0.014 的方差比，集合 2 的第 3 个典型变量解释了集合 1 的 0.012 的方差比。由于是不同组的典型变量对原始变量组的方差贡献，方差比例和并不等于 1。集合 2* 集合 1（set2 by set1）指集合 2 的变量被集合 1 的典型变量解释的方差比例，解释可参照上面内容。

典型变量	集合 1 * 自身	集合 1 * 集合 2	集合 2 * 自身	集合 2 * 集合 1
1	.684	.510	.433	.323
2	.082	.014	.399	.069
3	.234	.012	.168	.009

图 5.21　已解释的方差比例

如果在图 5.14 中选择"成对相关性"，则可以输出两组变量的简单相关矩阵，如图 5.22 所示。

相关性[a]

		gdp	ind	rd	SO_2	idi	COD
gdp	皮尔逊相关性	1	.262	.966	.133	.736	.534
	显著性（双尾）		.154	<.001	.475	<.001	.002
ind	皮尔逊相关性	.262	1	.298	.296	.446	.293
	显著性（双尾）	.154		.103	.107	.012	.110
rd	皮尔逊相关性	.966	.298	1	.063	.730	.444
	显著性（双尾）	<.001	.103		.738	<.001	.012
so	皮尔逊相关性	.133	.296	.063	1	.337	.573
	显著性（双尾）	.475	.107	.738		.063	<.001
idi	皮尔逊相关性	.736	.446	.730	.337	1	.383
	显著性（双尾）	<.001	.012	<.001	.063		.033
COD	皮尔逊相关性	.534	.293	.444	.573	.383	1
	显著性（双尾）	.002	.110	.012	<.001	.033	

a. 成列 N=31

图 5.22　相关矩阵

图 5.22 和一般的相关矩阵并没有本质区别，其对角线元素为变量自身的相关系数，取值为 1。同时可以看出，相关系数是对称的。

在典型相关分析中，如果两组变量都只包含 1 个变量，此时典型相关系数就是简单相关系数；如果一组变量只包含 1 个变量，而另一组变量包含多个变量，此时典型相关系数就是复相关系数。

5.3　多　维　标　度

多维标度法起源于心理测量学，用于理解人们判断的相似性。多维标度法要解决的问题是，当 n 个对象中各对对象之间的相似性（或距离）给定时，确定这些对象在低维空间中的表示（感知图），并使其尽可能与原先的相似性（或距离）大体匹配，使得由降维所引起的任何变形达到最小。

在感知图中，点的距离与对象间的距离高度相关，两个相似的对象由多维空间中两个距离相近的点表示，而两个不相似的对象则由多维空间中两个距离较远的点表示。

5.3.1　根据原始数据进行典型相关分析

此处使用第 5.2 节典型相关的数据，考察各省在经济环境变量上的相似性。

在主菜单中选择"分析 / 度量 / 多维刻度（ALSCAL）"，打开"多维标度"（汉化为"多维刻度"）对话框，如图 5.23 所示。

图 5.23　多维刻度

在图 5.23 中，将用于分析的变量选入"变量"。在左下方的"距离"框组根据数据类型进行相应选择，如果数据是距离矩阵，选择"数据为距离数据"，如果数据是原始数据，则选择"从数据创建距离"。选择"从数据创建距离"，打开"多维刻度：从数据中创建测量"对话框，如图 5.24 所示。

图 5.24　多维刻度：从数据中创建测量

图 5.24 中，"测量"框组用于选择距离测量方法，该部分和聚类分析中测量方法完全相同。由于本例数据均为数值型，应选择"区间"，默认为欧氏距离（Euclidean）。"创

建距离矩阵"用于选择计算变量间距离还是个案间距离，此处应选择"个案间"。

在图 5.23 中单击"模型"按钮，打开"多维刻度：模型"对话框，如图 5.25 所示。

图 5.25　多维刻度：模型

在图 5.25 中，"测量级别"框组列出了 3 种测量尺度：序数、区间和比率。之所以没有包含类别数据，原因很简单，因为类别数据没有高低优劣之分，不能计算距离。"区间"和"比率"测度就是统计学中的定距尺度和定比尺度，二者的区别在于是否存在绝对零点，这也可能是 SPSS 所有方法中唯一区分定距尺度和定比尺度的方法。"条件性"框组包括矩阵、行和无约束。当只有一个距离矩阵或每个距离矩阵代表不同的个体时选择"矩阵"，距离内数值可以相互比较；若选择"行"，表示只对同一行间数据进行比较才有意义，适用于不对称矩阵或长方形矩阵；若选择"无约束"，在对数据比较时不受任何限制。"维数"选择 2 即可，维数过多画出来的图不容易解读。"度量模型"有两个选项，只有一个距离矩阵时，选择"Euclidean 距离"，当存在两个以上距离矩阵时，选择"个别差异 Euclidean 距离"。

在图 5.23 中单击"选项"按钮，打开"多维刻度：选项"对话框，如图 5.26 所示。

图 5.26　多维刻度：选项

在图 5.26 中，"输出"框组包括 4 个选项："组图"指按图 5.25 中确定的维数画图，"个别主体图"指按一维坐标和二维坐标画图。由于在图 5.24 中选择了二维，因此无论选择"组图""个别主体图"还是二者均选，都只会输出二维图，本例选择"组图"。"数据矩阵"用于输出距离矩阵，"模型和选项摘要"用于输出详尽的模型拟合参数汇总表，这两项可以不选择。

根据以上设置，SPSS 给出了系列输出结果，个案处理摘要和语法此处不再介绍。

图 5.27 给出了二维空间的迭代记录，可见迭代一次后模型收敛。

Iteration history for the 2 dimensional solution (in squared distances)

Young's S-stress formula 1 is used.

```
Iteration    S-stress    Improvement

    1        .00000
```

图 5.27　模型迭代记录

图 5.28 给出了模型拟合效果。应力值为 0.000 01，由于应力值小于 0.005，所以迭代终止。RSQ 为总变异中被解释的部分，数值为 1，因此模型拟合效果极佳。应力 (Stress) 是一个测度匹配完美程度的指标。当 Stress=0 时，表示拟合完美；当 0<Stress ≤ 2.5% 时，表示拟合非常好；当 2.5% <Stress ≤ 5% 时，表示拟合好；当 5% <Stress ≤ 10% 时，表示拟合一般；当 10% <Stress ≤ 20% 时，表示拟合差。

Iterations stopped because
S-stress is less than .005000

Stress and squared correlation (RSQ) in distances

RSQ values are the proportion of variance of the scaled data (disparities)
in the partition (row, matrix, or entire data) which
is accounted for by their corresponding distances.
Stress values are Kruskal's stress formula 1.

For matrix
Stress = .00001   RSQ = 1.00000

图 5.28　模型拟合效果

图 5.29 为在当前多维标度分析模型中，纳入分析的中国内地 31 个省（区、市）的坐标值，此坐标值可以在空间坐标图中等价呈现。需要注意的是，SPSS 输出结果把 31 个省（区、市）的坐标按照 31 行输出，此处为了节省空间，在每一行列示了两个省（区、市）的坐标值。

```
Stimulus Coordinates

           Dimension

Stimulus  Stimulus   1       2
Number    Name

    1      VAR1     .4466   -.0246    2   VAR2     .6033   -.0061
    3      VAR3     .0164    .0036    4   VAR4     .7683    .0448
    5      VAR5     .8301    .0161    6   VAR6     .3597   -.0049
    7      VAR7     .9489   -.0154    8   VAR8     .9492   -.0079
    9      VAR9    -.3252   -.0183   10   VAR10  -4.3186    .0137
   11      VAR11  -2.0657    .0464   12   VAR12   -.3359    .0164
   13      VAR13   -.3984   -.0002   14   VAR14    .3352   -.0065
   15      VAR15  -1.9965    .0509   16   VAR16   -.4410   -.0080
   17      VAR17   -.2706    .0072   18   VAR18   -.3924   -.0326
   19      VAR19  -4.5877   -.0585   20   VAR20    .8672   -.0105
   21      VAR21   1.0996   -.0145   22   VAR22    .2748   -.0196
   23      VAR23    .1481    .0250   24   VAR24    .8850    .0171
   25      VAR25    .7941    .0127   26   VAR26   1.1243   -.0137
   27      VAR27    .5122    .0199   28   VAR28   1.0071   -.0085
   29      VAR29   1.1027   -.0139   30   VAR30   1.0225   -.0021
   31      VAR31   1.0365   -.0009
```

图 5.29　中国内地 31 个省（区、市）的空间坐标

图 5.30（a）为中国内地 31 个省（区、市）的空间匹配图，各个省（区、市）的坐标对应的就是图 5.28 中的坐标。图中被划分成 4 个区域，每个区域代表类似的发展类型，以左上角为例，包括 VAR10、VAR11、VAR12、VAR15、VAR17。VAR10、VAR11、VAR12、

VAR15、VAR17分别对应江苏、浙江、安徽、山东、湖北，就所选择的变量来讲，这5个省份存在一定的相似性。图5.30（b）为基于欧氏距离的模型拟合效果图，纵坐标为距离（实际距离），横坐标为差距（拟合距离），由于散点在一条直线上，说明模型拟合效果很好。

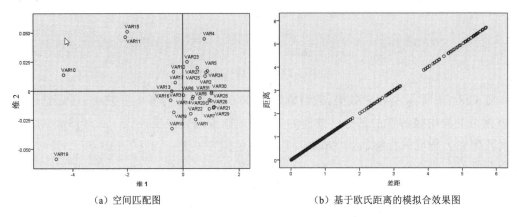

（a）空间匹配图　　　　　　　　　　　（b）基于欧氏距离的模拟合效果图

图5.30　二维空间匹配图和模型拟合效果散点图

为了能在空间匹配图中直接输出各省的名称，可以将数据进行转置，即31个省（区、市）代表31个变量类似图5.23，将代表中国内地31个省（区、市）的31个变量选入"变量"，重新设置距离，如图5.31所示。

	beijing	tianjin	hebei	shangxi	neimenggu	liaoning	jilin
1	36 102.55	14 083.73	36 206.89	17 359.82	17 359.82	25 114.96	12 311.32
2	15.80	34.10	37.60	43.50	39.60	37.40	35.10
3	2 974 157.00	2 287 717.00	4 854 544.00	1 561 790.00	1 293 714.00	3 353 222.00	776 448.00
4	.18	1.02	16.17	16.05	27.39	20.64	6.84
5	5122.00	74 511.00	129 336.00	284 910.00	154 407.00	98 020.00	8063.00
6	5.36	15.63	127.42	61.98	70.88	124.75	56.25

图5.31　转置后数据

图5.32　多维刻度：从数据中创建测量

在图5.32中，创建距离矩阵选择"变量间"。"标准化"要选择"无"，否则得出的结果将与图5.30不同。其他设置与前面相同，此时可得到更容易解读的空间匹配图，如图5.33所示。

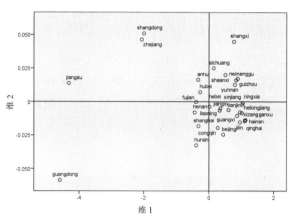

图 5.33　按省份列示的空间匹配图

5.3.2　根据距离矩阵进行典型相关分析

除了直接根据原始数据进行多维标度分析外，也可以直接根据距离矩阵进行分析。当采用距离矩阵时，数据输入格式如图 5.34 所示。

	name	shijiazhuang	baoding	tangshan	qinhuangdao	cangzhou	langfan	handan	xingtai	hengshui	zhangjikou	chengde
1	shijiazh	0										
2	baoding	131	0									
3	tangshan	510	300	0								
4	qinhuang	570	434	154	0							
5	cangzhou	293	353	249	374	0						
6	langfan	334	203	186	310	181	0					
7	handan	165	296	675	727	458	506	0				
8	xingtai	113	244	623	678	406	454	52	0			
9	hengshui	118	249	392	524	175	292	283	231	0		
10	zhangjikou	477	346	347	488	425	236	642	590	446	0	
11	chengde	539	408	397	310	520	320	704	652	695	442	0

图 5.34　距离矩阵

图 5.34 为河北省 11 个设区市铁路里程数据。由于矩阵为对称矩阵，只需输入对角线下面数据即可。

在主菜单中选择"分析 / 度量 / 多维刻度（ALSCAL）"选项，打开"多维标度"对话框，如图 5.35 所示。

图 5.35　多维刻度

与图 5.23 不同，在图 5.35 中的"距离"框组中选中"数据为距离数据"单选按钮，同时将除 name 外的所有变量选入"变量"中。"模型"和"选项"的设置同前文原始数据类似。由于中间结果分析类似，此处只列出空间匹配图和模型拟合效果图，如图 5.35 所示。

图 5.36（a）图可以看出，这 11 个城市的位置和地图上排列并不相同，但相对位置和地图上基本是一致的。这也是多维标度法的特点，只确定对象间的相对位置，并不涉及它们的空间绝对位置。从图 5.36（b）图可以看出，并不是所有点都在一条直线上，说明模型没有达到完全拟合。

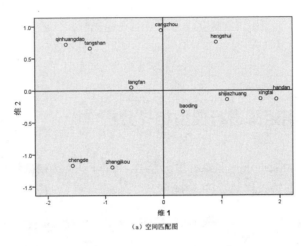

（a）空间匹配图

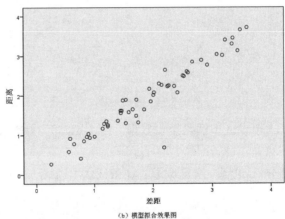

（b）模型拟合效果图

图 5.36　空间匹配图和模型拟合效果图

5.3.3　权重多维标度法

以上讨论都是基于单个距离矩阵出发的，但在实际应用中，往往涉及多个距离矩阵。比如有 10 个消费者对 10 种饮料口感的相似性进行评价，结果就会得到 10 个相似性矩阵。如果按照古典多维标度法，1 个相似矩阵可以得到 1 个感知图，10 个相似矩阵可以得到 10 个感知图。而我们对每个消费者的感知并不感兴趣，感兴趣的是所有消费者的感知。此时就不能使用古典多维标度法，只能使用权重多维标度法，也称为权重个体差异欧氏距离模型。

本节数据集包含 10 个受访者对 10 种饮料口感的差异性评分，分值在 0 ～ 100 之间，分值越高差异性越大。类似于图 5.34，每个受访者的数据为一个距离矩阵，将 10 个受访者的距离矩阵从上到下叠加到一起，即构成分析的数据集。

权重多维标度法的主要区别体现在模型对话框，如图 5.37 所示。

图 5.37　多维刻度：模型

在图 5.37 中，"测量级别"选择"序数"，原因在于受访者评价差异并不是绝对差异，而是相对差异。在"度量模型"框组选择"个体差异 Euclidean 距离"，并勾选"允许负的主体权重"。

其他设置仍采用以上古典多维标度法的设置。权重多维标度法的输出结果与古典多维标度法有所不同。

图 5.38 首先给出了每个距离矩阵的拟合效果。例如第 1 个受访者的模型决定系数为 0.513，第 2 个受访者的模型决定系数为 0.274，第 6 个受访者的模型决定系数为 0.685，各个受访者模型的拟合效果相关较大。对距离矩阵加权后进行模型拟合的决定系数为 0.509 96。

```
Matrix  Stress  RSQ  Matrix  Stress  RSQ  Matrix  Stress  RSQ  Matrix  Stress  RSQ
  1      .297   .513    2     .356   .274    3     .347   .305    4     .251   .647
  5      .262   .654    6     .245   .685    7     .288   .550    8     .277   .561
  9      .306   .475   10     .314   .436

Averaged (rms) over matrices
Stress = .29653   RSQ = .50996
```

图 5.38　模型拟合效果图

由于每种饮料的二维坐标和空间匹配图一致，此处不再给出。

图 5.39 给出了各维度在相应模型中的重要性。两个维度重要性的平方和即为相应模型的决定系数，例如，受访者 1 模型的决定系数为 0.513，恰好等于 $0.6162 \times 0.6162 + 0.3651 \times 0.3651$。Weirdness 直译为"离奇"，实际是指各个个体模型偏离平均水平的程度。两个维度的平均重要性为 0.3045 和 0.2054，表示第一维度体现了 30.45% 的原始信息，第二维度体现了 20.54% 的原始信息，二者之和恰为 0.509 96，即总模型的决定系数。注意，此处每个维度的平均重要性是对每个个体维度重要性的平方进行平均而得到的，例如，维度 1 这一列 10 个数的平方和为 3.045，除以 10 以后恰好为 0.3045。

图 5.40 为每一个受访者模型在总模型中的权重大小。如第一个受访者模型在总模型中的权重为 0.7355。"Subject Number"表示受访者的编号；"Plot Symbol"表示在图形输出时每个受访者对应的符号。本例中受访者对应的符号和受访者编号相同。

Subject Weights

		Dimension	
Subject Weird- Number ness		1	2
1	.2096	.6162	.3651
2	.0567	.3878	.3513
3	.1956	.3653	.4136
4	.1337	.6681	.4480
5	.4342	.7521	.2966
6	.3913	.7607	.3266
7	.4874	.3390	.6596
8	.2599	.4653	.5867
9	.0693	.5534	.4111
10	.3030	.3915	.5321
Overall importance of each dimension:		.3045	.2054

Flattened Subject Weights

		Variable
Subject Plot Number Symbol		1
1	1	.7355
2	2	−.1442
3	3	−.6191
4	4	.4856
5	5	1.4956
6	6	1.3467
7	7	−1.7229
8	8	−.8470
9	9	.2738
10	A	−1.0040

图 5.39　维度重要性　　　　　图 5.40　平均个体权重

图 5.41（a）图为空间定位图，根据空间定位图可对饮料类型进行划分，可以按照象限划分为四种类型，也可以将相邻象限合并划分为两种类型。类型的划分要根据对饮料品牌的深入了解，由于本例为虚拟数据，所以无法进行类型划分。图 5.41（b）图为个体差异图，实际上就是图 5.39 每个受访者二维坐标的图形显示。

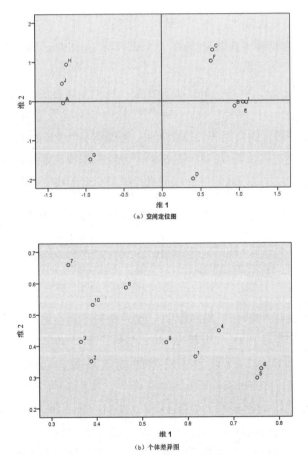

图 5.41　空间定位图和个体差异图

图 5.42（a）图为模型拟合效果散点图，由于综合了 10 个受访者的数据，权重多维标度法的拟合效果一般低于古典多维标度法拟合效果。总的来看，实际距离（纵轴）和预测距离（横轴）的总体趋势仍然是一致的。图 5.42（b）图为个体权重一维图，实际就是图 5.40

各受访者权重的图形表示。

最后，无论是古典多维标度法还是权重多维标度法，如果给出的不是距离矩阵而是相似矩阵，需要将相似矩阵转换为距离矩阵，转换公式为

$$d_{ij} = (c_{ii} + c_{jj} - 2c_{ij})^{1/2}$$

式中，$c_{ii}=c_{jj}=1$，为自身的相似系数；c_{ij} 是 i 和 j 的相似系数。

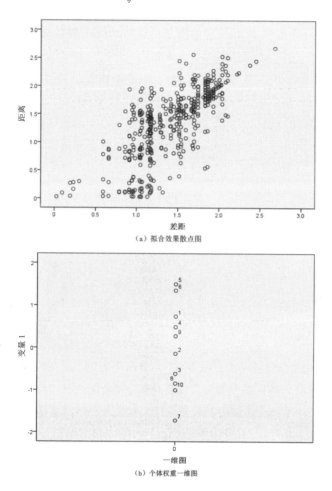

（a）拟合效果散点图

（b）个体权重一维图

图 5.42　拟合效果散点图和个体权重一维图

5.4　逐步判别

传统的判别分析方法，无论是距离判别、贝叶斯判别还是典型判别，都是采用全部变量建立判别函数，对样品进行判别归类的方法。但是在全部变量中，并不是所有变量的区分能力都很强，有些变量的区分能力可能很微弱，如果不加以区分把所有变量都用来建立判别函数，不仅增加计算量，还有可能造成判别精度的降低。

逐步判别的基本思想和逐步回归类似，逐步引入变量，每次把一个判别能力最强的变量引入判别函数，每引入一个新变量，对判别函数中的老变量逐个进行检验，如果某个变量的判别能力因新变量的引入而变得不显著，应把它从判别函数中剔除。这种通过逐步筛选变量使得建立的判别函数仅保留判别能力显著的变量的方法，就是逐步判别。

关于变量差别能力的检验方法和逐步判别的计算方法，高惠璇教授的《应用多元统计分析》中有详细论述，感兴趣的读者可以参考。应该指出，逐步判别主要是在判别变量的选取上"有进有出"，但在具体的判别方法上，仍然采用距离判别、贝叶斯判别或典型判别的方法。

本节案例选用费希尔经典数据集鸢尾花（iris），该数据集是对3种鸢尾花：刚毛鸢尾花（第1组）、变色鸢尾花（第2组）和弗吉尼亚鸢尾花（第3组）分组，每组各抽取一个容量为50的样本，测量其花萼长（x1）、花萼宽（x2）、花瓣长（x3）、花瓣宽（x4）。

选择"分析/分类/判别"菜单项，打开"判别分析"对话框，如图5.43所示。

图5.43　判别分析

图5.43中，将分组变量g选入"分组变量"，单击下方的"定义范围"，最小值输入"1"，最大值输入"3"。将用于判别的变量x1、x2、x3、x4全部选入"自变量"，然后选择"使用步进法"。如果要采用距离判别、贝叶斯判别、典型判别等，需要选择"一起输入自变量"。

单击Statistics按钮，可以得到一些统计量，如图5.44所示。

图5.44　判别分析：统计

图5.44中，"描述性"复选框下有三个选项："平均值"选项主要给出各组均值和标准差；"单变量ANOVA"对所有自变量进行单因素方差分析，看它们在各组间有无差别；Box's M（博克斯M）进行组间协方差齐性检验，看数据资料是否能够进行判别分析。

"函数系数"复选框下有两个选项：Fisher's（费希尔）给出贝叶斯判别准则的判别

函数的系数；未标准化给出的是未标准化的费希尔判别的判别函数的系数。这是初学者最容易混淆的地方，因为在学习判别分析时，典型判别又称为费希尔典型判别。

"矩阵"复选框下的四个选项作用分别是："组内相关"输出组内相关矩阵；"组内协方差"输出组内协方差矩阵；"分组协方差"输出分组协方差矩阵；"总协方差"输出总协方差矩阵。

在图5.43中单击"方法"按钮（只有选择"使用步进法"时，该按钮才能激活），打开"判别分析：步进法"对话框，如图5.45所示。

图 5.45 判别分析：步进法

方法选择进行逐步判别分析的方法，可供选择的判别分析方法有：

Wilks' lambda 选项，每步都选择使 Wilk' lambda 统计量最小的变量进入判别函数。该方法为默认设置。

"未解释方差"选项，每步都选择使各类别间不可解释的方差和最小的变量进入判别函数。

"马氏距离"选项，每步都选择使得最近的两类别间的马氏距离最大的变量进入判别函数

"最小 F 值"选项，每步都选择使任何两类间的 F 值最小的最大变量进入判别函数

Rao's V 选项，每步都会使劳氏统计量 V 产生最大增量的变量进入判别函数。可以对一个要加入到模型中的变量的 V 值指定一个最小增量。选择此种方法后，应该在该项下面的"V 至输入"后的矩形框中输入这个增量的指定值。当某变量导致的 V 值增量大于指定值的变量后进入判别函数。

"标准"栏选择逐步判别停止的判据，可供选择的判据有：

"使用 F 值"选项，为系统默认的选项。当计算的 F 值大于指定的进入值时，该变量保留在函数中。默认值是 3.84；当该变量使计算的 F 值小于指定的删除值时，该变量从函数中剔除。默认值是 2.71。即当被加入的变量 F 值大于 3.84 时才把该变量加入到模型中，否则变量不能进入模型；或者，当要从模型中移出的变量 F 值小于 2.71 时，该变量才被移出模型，否则模型中的变量不会被移出。设置这两个值时应该注意进入值大于删除值。

"使用 F 的概率"选项，用 F 检验的概率决定变量是否加入函数或被剔除而不是用 F 值。加入变量的 F 值概率的默认值是 0.05(5%)；移出变量的 F 值概率是 0.10(10%)。移出变量的 F 值概率大于加入变量的 F 值概率。

"输出"栏显示选择的内容，对于逐步选择变量的过程和最后结果的显示可以通过"输出"栏中的两项进行选择：

"步进摘要"复选项，要求在逐步选择变量过程中的每一步之后显示每个变量的统计量。

"两两组间距离的 F 值"复选项，要求显示两两类之间的两两 F 比率矩阵。

图 5.43"分类"按钮用于对计算时所用的先验概率和所用协方差矩阵进行选择，以及输出结果时的一些设置，打开后的子对话框如图 5.46 所示。

图 5.46　判别分析：分类

"先验概率"用来设定判别函数的先验概率，默认值为所有组相等。另一选项是根据组大小计算，即按照各组规模大小来设定先验概率。当选择"所有组相等"时，贝叶斯判别等同于距离判别；如果选择"根据组大小计算"，则为贝叶斯判别。此处选择默认设置。

"使用协方差矩阵"用于设定计算时所用的协方差矩阵，默认方式是用"在组内"协方差矩阵，也可用"分组"协方差矩阵来计算，常用默认值方式。

"输出"用于设定输出指标。"个案结果"输出每个单位判别后的类别，选中该选项后，"将个案限制在"前变黑，表示可以按填写的自然数输出前面的若干条记录的判别结果；"摘要表"输出判别符合率汇总表；"留一分类"指用交互验证法对判别结果进行验证。本例中选择输出判别符合率汇总表。

"图"用于选择输出的判别图。"合并组"表示各组在同一张图中输出；"分组"表示分别输出统计图；"面积图"（应翻译为领域图）指要输出领域地图。本例中选择输出"领域图"。

单击"保存"按钮后出现如图 5.47 所示的对话框。

图 5.47　判别分析：保存

"预测组成员"（Predicted group membership）：将判别的结果另存为新的变量。

"判别分数"（Discriminant scores—）：输出各记录的判别分数。

"组成员概率"（Probabilities of group membership）：输出观察单位属于某一类的概率。96

设定完成后，在主对话框图 5.43 单击"确定"按钮，即可得到逐步判别分析结果。

首先给出分析个案处理摘要，主要包括有效样本数等，此处不再进行列示。

图 5.48 为组平均值的同等检验，实际上就是变量判别能力的检验。变量判别能力的检验即可以使用 Wilks' Lambda 统计量，也可以使用 F 统计量，二者之间存在一定关系。如果拒绝原假设，表明变量在各种之间差异是显著的，变量对 k 个总体的判别能力是显著的；否则，变量对 k 个总体的区分不能提供附加信息，这个变量应该删除。从图中可知，4 个变量显著性检验的 p 值均为 0.000，判别能力显著。

	Wilks' Lambda	F	df1	df2	显著性
花萼长	.381	119.265	2	147	.000
花萼宽	.599	49.160	2	147	.000
花瓣长	.059	1 180.161	2	147	.000
花瓣宽	.071	960.007	2	147	.000

图 5.48 组平均值的同等检验

图 5.49 为共享的组内矩阵（应该翻译为组内联合协方差矩阵），该矩阵中元素乘以自由度，被称为组内平方和及交叉积矩阵。

	Wilks' Lambda	F	df1	df2	显著性
花萼长	.381	119.265	2	147	.000
花萼宽	.599	49.160	2	147	.000
花瓣长	.059	1180.161	2	147	.000
花瓣宽	.071	960.007	2	147	.000

图 5.49 共享的组内矩阵

图 5.50 为协方差矩阵，分别输出了第一组各变量间的方差—协方差矩阵、第二组各变量间的方差—协方差矩阵、第三组各变量间的方差—协方差矩阵以及总的方差—协方差矩阵。

组别		花萼长	花萼宽	花瓣长	花瓣宽
1	花萼长	12.425	9.922	1.636	1.033
	花萼宽	9.922	14.369	1.170	.930
	花瓣长	1.636	1.170	3.016	.607
	花瓣宽	1.033	.930	.607	1.111
2	花萼长	26.643	8.518	18.290	5.578
	花萼宽	8.518	9.847	8.265	4.120
	花瓣长	18.290	8.265	22.082	7.310
	花瓣宽	5.578	4.120	7.310	3.911
3	花萼长	40.434	9.376	30.329	4.909
	花萼宽	9.376	10.400	7.138	4.763
	花瓣长	30.329	7.138	30.459	4.882
	花瓣宽	4.909	4.763	4.882	7.543
总计	花萼长	68.569	-4.243	127.432	51.627
	花萼宽	-4.243	18.998	-32.966	-12.164
	花瓣长	127.432	-32.966	311.628	129.561
	花瓣宽	51.627	-12.164	129.561	58.101

a. 总协方差矩阵具有 149 个自由度。

图 5.50 协方差矩阵

图 5.51 为各组及总的组内协方差矩阵的秩和行列式的对数值（翻译成对数决定因子是不确切的），据此可以计算 Box'm 统计量。

$$M = (n-k)\ln|S_p|\sum_{i=1}^{k}(n_i-1)\ln|S_i|$$

将图 5.51 中的数据代入得

$$M = (150-3)\times 8.462 - (50-1)\times 5.353 - (50-1)\times 7.546 - (50-1)\times 9.494 = 146.657$$

组别	等级	对数决定因子
1	4	5.353
2	4	7.546
3	4	9.494
共享的组内	4	8.462

打印决定因子的等级和自然对数为那些
组协方差矩阵。

图 5.51　对数决定因子

图 5.52 是对各总体协方差矩阵是否相等做的检验，从 F 值或显著性水平值来看，各组协方差矩阵相等的假设未能够通过。

Box's M(B)		146.663
F	上次读取的	7.045
	df1	20
	df2	77 566.751
	显著性	.000

图 5.52　协方差阵检验结果

以上部分是图 5.44 中各种选择（除判别函数外）所对应的输出结果。

图 5.53 为每步输入变量情况，如第一步选择变量花瓣长、第二步为变量花萼宽、第三步为变量花瓣宽、第四步为变量花萼长。每一步都给出了相应的 Wilks' Iambda 统计量和 F 统计量，从显著性 p 值可以看出，每步输入的变量都是显著的。

		Wilks' Lambda				精确 F			
步长(T)	已输入	统计	df1	df2	df3	统计	df1	df2	显著性
1	花瓣长	.059	1	2	147.000	1180.161	2	147.000	.000
2	花萼宽	.037	2	2	147.000	307.105	4	292.000	.000
3	花瓣宽	.025	3	2	147.000	257.503	6	290.000	.000
4	花萼长	.023	4	2	147.000	199.145	8	288.000	.000

在每个步骤中，输入最小化总体 Wilks' Lambda 的变量。

图 5.53　已输入 / 除去变量检验

图 5.54（a）列示了每一步在分析中的变量，而图 5.54（b）则列示了每一步不在分析中的变量。例如，第一步中，在分析中的变量为花瓣长，而不在分析中的变量为花萼长、花萼宽、花瓣宽。在图 5.54（a）的第 4 步可以看出，所有变量均在分析过程中。

图 5.55 为每一步变量判别显著性的检验。在本例中，该图和图 5.53 的结果完全相同。原因在于该例中所有变量都进入了判别函数，只有进入的变量没有剔除的变量。如果在逐步判别中既有输入变量又有剔除变量，图 5.55 和图 5.53 将会有所差别。

步长(T)		容许	要卸去的 F	Wilks' Lambda
1	花瓣长	1.000	1180.161	
2	花瓣长	.857	1112.954	.599
	花萼宽	.857	43.035	.059
3	花瓣长	.736	38.724	.038
	花萼宽	.749	54.577	.044
	花瓣宽	.669	34.569	.037
4	花瓣长	.365	35.590	.035
	花萼宽	.609	21.936	.031
	花瓣宽	.649	24.904	.032
	花萼长	.348	4.721	.025

（a）分析中的变量

步长(T)		容许	最小容许	要输入的 F	Wilks' Lambda
0	花萼长	1.000	1.000	119.265	.381
	花萼宽	1.000	1.000	49.160	.599
	花瓣长	1.000	1.000	1180.161	.059
	花瓣宽	1.000	1.000	960.007	.071
1	花萼长	.428	.428	34.323	.040
	花萼宽	.857	.857	43.035	.037
	花瓣宽	.765	.765	24.766	.044
2	花萼长	.358	.358	12.268	.032
	花瓣宽	.669	.669	34.569	.025
3	花萼长	.348	.348	4.721	.023

（b）变量没有位于分析中

图 5.54　分析中变量、不在分析中变量

						精确 F			
步长(T)	变量数	Lambda(L)	df1	df2	df3	统计	df1	df2	显著性
1	1	.059	1	2	147	1180.161	2	147.000	.000
2	2	.037	2	2	147	307.105	4	292.000	.000
3	3	.025	3	2	147	257.503	6	290.000	.000
4	4	.023	4	2	147	199.145	8	288.000	.000

图 5.55　Wilks'Lambda 检验

图 5.53 ～图 5.55 为逐步判别所特有的输出结果。

图 5.56 反映的是判别函数建立时所依据的特征值、解释方差的比例和典型相关系数。本例只提取了一个特征值，该特征值的方差贡献为 99.1%，因此典型判别只需要一个判别函数即可。

函数	特征值	方差自分比	累积 %	规范相关性
1	32.192[a]	99.1	99.1	.985
2	.285[a]	.9	100.0	.471

图 5.56　特征值

图 5.57 为 Wilks' Lambda 统计量，该统计量为检验多元方差分析的统计量，拒绝域在左侧。由 p 值可知，拒绝原假设，表明判别函数（即判别变量）在各组均值之间有差异，适合做判别分析。

函数检验	Wilks' Lambda	卡方	自由度	显著性
1 通过 2	.023	546.115	8	.000
2	.778	36.530	3	.000

图 5.57　Wilks' Lambda 统计量

图 5.58 给出的是标准化的典型判别函数的系数，其实就是给出了标准化的判别函数，只不过此时判别函数中的自变量要求带入的是标准化后的数值。

	函数	
	1	2
花萼长	-.427	.012
花萼宽	-.521	.735
花瓣长	.947	-.401
花瓣宽	.575	.581

图 5.58　标准化典型判别函数系数

根据图 5.58 可以写出判别函数，以第一个典型判别函数为例有

$$y = -0.427x_1^* - 0.521x_2^* + 0.947x_3^* + 0.575x_4^*$$

图 5.59 给出的是结构矩阵，给出了判别变量和标准化判别函数之间的相关性数据，可以用来判断各个判别函数受哪些判别变量的影响较大。比如第一个判别函数受花瓣长和花瓣宽的影响最大。

	函数	
	1	2
花瓣长	.706*	.168
花萼宽	-.119	.864*
花瓣宽	.633	.737*
花萼长	.223	.311*

图 5.59　结构矩阵

图 5.60 给出了判别函数每一组的质中心。如第一组在第一个判别函数上的均值为 -7.608，第二组在第一个判别函数上的均值为 1.825，第三组在第一个判别函数上的均值为 5.783。

	函数	
组别	1	2
1	-7.608	.215
2	1.825	-.728
3	5.783	.513

图 5.60　判别函数的质中心

图 5.56 ～ 5.60 属于典型判别分析的输出结果。

图 5.61 为各组先验概率，由于选择了所有组相等，每组的先验概率为 0.333。如果选择根据组大小计算，由于每组样本数相等，每组的先验概率也是 0.333。

		已在分析中使用的个案	
组别	先验	未加权	加权
1	.333	50	50.000
2	.333	50	50.000
3	.333	50	50.000
总计	1.000	150	150.000

图 5.61　各组先验概率

图 5.62 为贝叶斯判别函数系数。由于先验概率相等时，贝叶斯判别等价于距离判别，图 5.62 也可视为距离判别函数系数。

	组别		
	1	2	3
花萼长	2.354	1.570	1.245
花萼宽	2.359	.707	.369
花瓣长	-1.643	.521	1.277
花瓣宽	-1.740	.643	2.108
（常量）	-86.308	-72.853	-104.368

图 5.62　判别函数系数

三个判别函数即距离函数分别为

$$-86.308 + 2.354x_1 + 2.359x_2 - 1.643x_3 - 1.740x_4$$

$$-72.853 + 1.570x_1 + 0.707x_2 + 0.521x_3 + 0.643x_4$$

$$-104.368 + 1.245x_1 + 0.369x_2 + 1.277x_3 + 2.108x_4$$

其中第一个式子为到第一组的距离函数，第二个式子为到第二组的距离函数，第三个式子为到第三组的距离函数，将各个样品在每个指标上的取值分别代入到三个函数中，哪个数值小，说明该样品到哪组的距离近。即将样品判别为数值小的那一组。

输出结果还包括领域图，反映了各个组别的分布情况以及是否存在误判，由于领域图太大，此处不再进行介绍。

图 5.63 为逐步判别分类结果。"原始"表示的是各单位原来所属的组别。"预测组成员资格"是经判别分析得出的所属组别。"计数"（Count）显示的是单位数，"%"显示的是所占百分比。从图中数据可以看出：第 1 组判别正确率为 100%；第 2 组有两个样品被误判为第 3 组，判别正确率为 96%；第 3 组有 1 个样品被误判为第 2 组，判别正确率为 98%。

		组别	预测组成员资格			总计
			1	2	3	
原始	计数	1	50	0	0	50
		2	0	48	2	50
		3	0	1	49	50
	%	1	100.0	.0	.0	100.0
		2	.0	96.0	4.0	100.0
		3	.0	2.0	98.0	100.0

图 5.63　分类结果

由于在图 5.47 中选择输出"预测组成员""判别分数"和"组成员概率"，在数据文件中产生相应新变量，如图 5.64 所示。

x1	x2	x3	x4	g	Dis_1	Dis1_1	Dis2_1	Dis1_2	Dis2_2	Dis3_2
50	33	14	2	1	1	-7.671 97	-.134 89	1.000 00	.000 00	.000 00
46	34	14	3	1	1	-7.212 62	.355 84	1.000 00	.000 00	.000 00
46	36	10	2	1	1	-8.681 04	.877 59	1.000 00	.000 00	.000 00
51	33	17	5	1	1	-6.251 40	.439 70	1.000 00	.000 00	.000 00
55	35	13	2	1	1	-8.613 67	.403 25	1.000 00	.000 00	.000 00
48	31	16	2	1	1	-6.758 95	-.759 00	1.000 00	.000 00	.000 00
52	34	14	2	1	1	-7.991 29	.086 38	1.000 00	.000 00	.000 00
49	36	14	1	1	1	-8.330 42	.228 13	1.000 00	.000 00	.000 00
44	32	13	2	1	1	-7.241 01	-.272 62	1.000 00	.000 00	.000 00

图 5.64　数据文件窗口

在图 5.64 中，Dis_1 为预测结果变量，对前 9 条记录来讲，预测结果均属于第 1 组。Dis1_1 和 Dis2_1 为两个判别函数得分，即各记录分别在两个判别变量上的取值。距离判别和贝叶斯判别都是采用原始变量进行判别，而典型判别则是先对原始变量降维，得到典型变量（典型判别函数），然后再采用距离判别或贝叶斯判别进行判别分析，可以说典型判别是使用典型变量进行的距离判别或贝叶斯判别。逐步判别没有使用降维的思想，而是使用具有判别效果的变量进行的距离判别或贝叶斯判别。根据 Dis1_1 和 Dis2_1 这两列无法直接判断每条记录属于哪一组，需要依据这两个变量进一步采用距离判别或贝叶斯判别才能得到分析结果。Dis1_1、Dis2_2 和 Dis3_2 分别为属于第 1 组、第 2 组、第 3 组的概率，例如对于第 1 条记录，属于第 1 组的概率为 1、属于第 2 组的概率为 0、属于第 3 组的概率为 0，所以第 1 条记录应判为属于第 1 组（即 Dis_1 取值为 1）。

5.5 两 步 聚 类

两步聚类很少出现在多元统计分析教材中，更多出现在机器学习或数据挖掘类教材中。该方法是基乌等人于 2001 年在基于层次结构的平衡迭代聚类方法（balanced iterative reducing and clustering using hierarchies，BIRCH）算法基础上提出的。

之所以被称为两步聚类，是因为该方法需经过两个步骤，第一个步骤是预聚类，即采用"贯序"方式将样本粗略划分成若干个子类，预聚类过程是聚类数目不断增加的过程。第二个步骤是聚类，即在预聚类的基础上，再根据亲疏程度决定哪些子类可以合并，该步是聚类数目不断减少的过程。

关于两步聚类的数学表达，读者可以参阅薛薇的《基于 SPSS Modeler 的数据挖掘》。

本节案例采用中国内地 31 个省（区、市）的消费支出结构数据，共包括 8 个变量：x1 代表食品烟酒消费支出，x2 代表衣着消费支出，x3 代表居住支出，x4 代表生活用品及服务支出，x5 代表交通通信支出，x6 代表教育文化娱乐支出，x7 代表医疗保健支出，x8 代表其他用品及服务支出。

在主菜单中选择"分析/分类/两步聚类"，打开"二阶聚类分析"对话框，如图 5.65 所示。

图 5.65　二阶聚类分析

两步聚类的一大特点是聚类变量既可以是连续变量也可以是分类变量。在图 5.65 中，将 x1 ～ x8 选入"连续变量"。在"距离测量"框组，有"对数相似值"和"Euclidean"两个选项，当聚类变量只有连续变量时，应选择"Euclidean"（欧氏）距离，如果聚类变量既包括连续变量也包括分类变量时，应选择"对数相似值"。所谓对数相似值，更标准的叫法应该是对数似然距离，其定义为两类合并之前的对数似然值与合并后的对数似然值的差。如果对数似然距离比较小，说明两类合并不会引起类内部的差异性显著增加。

"连续变量计数"列出了要标准化的变量的个数，其对应"连续变量"中所选入的连续变量个数。"聚类数量"可以由计算过程自动确定，默认最大为 15，读者可以根据需要调整，也可以自己指定固定聚类数目。如果选择"指定固定值"，默认输出 5 个类别，当然也可以自己重新设定。

"聚类准则"包括施瓦兹贝叶斯准则和 Akaike 信息标准（AIC 信息准则）。此处的聚类准则是指确定聚类数目的准则。在两步聚类中，聚类数目的确定在两个步骤中完成，第一阶段仅给出一个粗略估计，第二阶段给出一个恰当的最终聚类数目。在第一阶段以贝叶斯准则作为判定标准，在第二阶段采用以下公式：

$$R(J) = \frac{d_{\min}(C_J)}{d_{\min}(C_{J+1})}$$

式中，$d_{\min}(C_J)$ 是聚类数目为 J 类时，两两类间对数似然距离的最小值。

$R(J)$ 是类合并过程中类间差异性最小值变化的相对指标，是一个大于 1 的数。值较大，表明相对于 $J+1$ 类，J 类较合理，不应再继续合并。依次计算 $R(J-1)$、$R(J-2)$ 至 $R(2)$ 的值，找到其中的最大值和次大值。如果最大值是次大值的 1.5 倍以上，则最大值所对应的 J 为最终聚类数；否则，最终聚类数 J 为最大值对应的聚类数目和次大值对应的聚类数目中的较大值。

在图 5.65 中单击"选项"按钮，打开"二阶聚类：选项"对话框，如图 5.66 所示。

图 5.66　二阶聚类：选项

图 5.66 中，可以选择离群值处理方式，以及内存分配，这两项选择默认设置即可。对于连续变量，由于量纲不同，一般需要进行标准化。（注意图中的"要标准化的计数"

应为"要标准化的变量")。

在图5.64中单击"输出"按钮，打开"二阶聚类：输出"对话框，如图5.67所示。图5.67默认只输出"图表和表格"。如果选择输出"透视表"，将会输出聚类过程、聚类分布和聚类概要文件。若在工作数据文件中选择"创建聚类成员变量"，则会在数据窗口生成一个新变量，该变量的取值标名每个观测属于哪一类。"XML文件"框组可以选择是否"导出最终模型"或"导出CF树"（聚类特征树）。本例选择输出"透视表"及创建聚类成员变量。

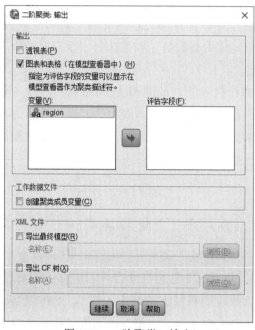

图5.67　二阶聚类：输出

在两步聚类中，首先输出的是自动聚类过程，如图5.68所示。

聚类数	施瓦兹贝叶斯准则 (BIC)	BIC 更改[a]	BIC 更改比率[b]	距离度量比率[c]
1	222.812			
2	195.979	-26.833	1.000	1.910
3	238.523	42.544	-1.586	1.300
4	283.992	45.469	-1.695	1.365
5	335.199	51.207	-1.908	1.047
6	385.921	50.722	-1.890	1.330
7	431.893	45.972	-1.713	1.406
8	484.762	52.869	-1.970	1.013
9	522.502	37.741	-1.407	1.241
10	574.631	52.128	-1.943	.977
11	626.883	52.252	-1.947	1.240
12	679.715	52.832	-1.969	1.382
13	729.880	50.165	-1.870	1.033
14	782.979	53.100	-1.979	1.214
15	834.213	51.234	-1.909	1.063

图5.68　自动聚类

图 5.68 中，第 1 列为聚类数，列出了 $1 \sim 15$。第 2 列为施瓦兹贝叶斯准则，即 BIC 准则。聚类数为 2 时 BIC 最小，所以聚为两类较好。第 3 列为 BIC 的变化量，其计算公式为

$$BIC 更改 = BIC(J) - BIC(J-1)$$

该列取值由第 2 列计算而来，如 -26.833=195.979-222.812。通常 BIC 变化量为负值时，迭代终止，后续算法不再执行。第 4 列的 BIC 更改比率则由第 3 列计算而来，如 -1.586=42.544/-26.833，-1.695=45.469/-26.833。最后一列为距离度量比例。

图 5.69 给出了聚类分布。聚为第一类的有 6 个省（区、市），占总数的百分比为 19.4%；聚为第二类的有 25 个省（区、市），占总数的百分比为 80.6%；总计有 31 个省（区、市）。

		数字	占组合的百分比	占总数的百分比
聚类	1	6	19.4%	19.4%
	2	25	80.6%	80.6%
	混合	31	100.0%	100.0%
总计		31		100.0%

图 5.69　聚类分布

图 5.70 为每个变量在两类上的质心和标准差。如第一类 6 个省（区、市）在食品烟酒变量上的均值为 8987.4，标准差为 1342.3749；第二类 25 个省（区、市）在食品烟酒变量上的均值为 6539.508，标准差为 1028.4795。最后一行为每个变量未分类时的均值和标准差，如 31 个省（区、市）食品烟酒的均值为 6287.487，标准差为 1718.8216。

		食品烟酒		衣着		居住		生活用品及服务		交通通信		教育文化娱乐		医疗保健		其他用品及服务	
		平均值(E)	标准偏差	平均值(E)	标准偏差	平均值(E)	标准偏差	平均值(E)	标准偏差	平均值(E)	标准偏差	平均值(E)	标准偏差	平均值(E)	标准偏差	平均值(E)	标准偏差
聚类	1	8987.400	1342.3749	1567.917	282.1887	10 373.517	4010.9359	1796.550	266.6518	3970.733	372.9219	2718.850	527.6363	2474.183	711.6528	762.967	167.5665
	2	5639.508	1028.4795	1173.312	223.9890	3985.696	848.0804	1082.412	188.3770	2437.440	380.1821	1770.744	351.6955	1727.212	350.2304	402.492	92.9707
	混合	6287.487	1718.8216	1249.687	280.2206	5222.048	3136.5572	1220.632	349.9945	2734.206	719.7228	1954.248	538.8288	1871.787	522.0459	472.261	180.4244

图 5.70　质心

最后输出的为模型概要和聚类质量，如图 5.71 所示。从模型概要可知，算法为两步聚类，有 8 个输入变量，最终聚类数为 2。从聚类质量来看，从左往右由差变为良好，图中直条落于良好域，表示聚类质量良好。

模型概要

算法	两步
输入	8
聚类(U)	2

聚类质量

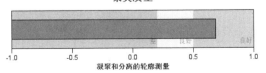

图 5.71　模型概要和聚类质量

但此时并不是结果解读的结束。从输出结果来看，两步聚类结果不同于传统的多元统计分析，而是类同于机器学习。双击5.71所示图形，打开"模型查看器"，如图5.72所示。图5.72分为左右两个部分，左侧左下角"查看"默认为"模型概要"，此时左侧和图5.70完全相同。右侧左下角"查看"默认为"聚类大小"，包括两个部分，其中饼状图表明可聚为两类，第一类样本所占比例为19.4%，第二类所占比例为80.6%。表中则直接表明最小聚类样本为6（19.4%），最大聚类样本为25（80.6%），最大聚类是最小聚类的4.17倍（25/6）。

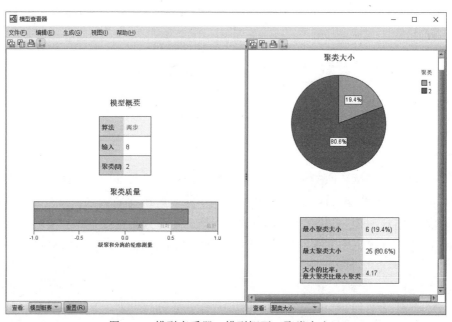

图5.72　模型查看器：模型概要（聚类大小）

在图5.72右侧部分的"查看"中选择"预测变量重要性"，可得到各个变量的重要性，如图5.73所示。

由图5.73可知，预测变量按重要性排序分别为：交通通信、生活用品及服务、居住、其他用品及服务、食品烟酒、教育文化娱乐、医疗保健、衣着。

在左侧部分的"查看"中选择"聚类"，同时在右侧部分的"查看"中选择"单元格分布"，可查看聚类的单元格分布，如图5.74所示。

图5.74左侧显示了聚类结果，可以看出共聚为两类。输入变量按重要性排序，即先显示最重要的变量交通通信，最后显示最不重要的变量"衣着"，同时显示了每个变量在两类的类中心。如交通通信在第一类的类中心为3970.73，在第二类的类中心为2437.44，此处结果和图5.69中完全相同。右侧为单元格分布，需要注意的是，只有在左侧选中相应单元格后，右侧才能显示单元格分布。本例选中的为交通通信左侧单元格，颜色较深的为交通通信在第二类样本的分布，颜色较浅的是交通通信在总体的分布。若选中的为交通通信右侧单元格，颜色较深的为交通通信在第1类样本的分布，颜色较浅的是交通通信在总体的分布。

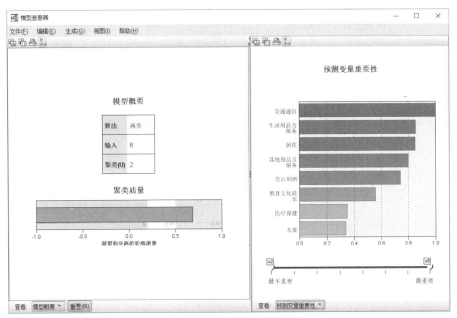

图 5.73　模型查看器：模型概要（预测变量重要性）

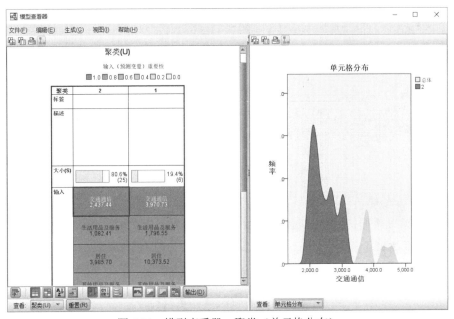

图 5.74　模型查看器：聚类（单元格分布）

在左侧将某一类整体选中，然后在右侧部分的"查看"中选择"聚类比较"，可查看该类与总体分布的差异，如图 5.74 所示。

由于在图 5.75 中选中了第二类样本，右侧显示了每个变量在第二类的分布和总体的分布。图中白色方框为相应变量的总体分布，中间的竖线为中位数；蓝色线段为相应变量在第二类的分布，线上的蓝色小方框为该变量在第二类的中位数。从图上显示的前 4 个变量来看，该 4 个变量在第二类的中位数均小于在总体的中位数。

图 5.75　模型查看器：聚类（聚类比较）

最后在数据窗口中会增加一列，显示每个观测所属的类别，如图 5.76 所示。

region	x1	x2	x3	x4	x5	x6	x7	x8	TSC_2118
北 京	8373.9	1803.5	15 710.5	2145.8	3789.5	2766.0	3513.3	800.7	1
天 津	8516.0	1711.8	7035.3	1669.4	3778.7	2253.7	2646.0	850.5	1
河 北	4992.5	1249.7	4394.5	1171.2	2356.9	1799.1	1692.0	381.2	2
山 西	4362.4	1235.8	3460.4	863.9	1980.9	1608.4	1854.0	366.9	2
内蒙古	5686.1	1568.3	4148.6	1119.2	3099.2	1835.9	1891.5	445.8	2
辽 宁	6110.1	1378.2	4473.8	1091.8	2660.0	1950.8	2303.2	704.1	2
吉 林	5021.6	1293.9	3448.2	906.7	2386.0	1742.0	2031.3	488.1	2
黑龙江	5287.2	1300.6	3450.7	895.4	2122.2	1602.9	2023.2	374.4	2
上 海	11 224.7	1694.0	15 247.3	2091.2	4557.5	3662.9	3033.4	1025.3	1
江 苏	7258.4	1450.5	7505.9	1523.0	3588.8	2298.2	2018.6	581.8	1
浙 江	8922.1	1703.2	9009.1	1789.3	4301.2	2889.4	1955.9	724.4	1
安 徽	6280.4	1210.4	4375.9	1108.4	2172.1	1855.3	1548.0	326.8	2
福 建	8385.1	1182.4	7304.8	1274.8	2972.0	1895.9	1583.2	527.5	2
江 西	5780.6	987.2	4454.9	966.5	2146.4	1879.0	1437.3	303.3	2
山 东	5757.3	1438.0	4437.0	1571.0	3004.1	2373.7	1914.0	444.8	2
河 南	4417.9	1221.8	3807.6	1077.6	1917.2	1685.4	1621.9	393.2	2
湖 北	5897.7	1173.0	4659.6	1088.9	2559.5	1755.9	1764.9	346.4	2
湖 南	6251.7	1236.9	4436.2	1289.0	2745.5	2587.3	2034.7	416.3	2
广 东	9629.3	1044.5	7733.0	1560.6	3808.7	2442.9	1677.9	595.1	1

图 5.76　数据窗口

从图 5.76 可以看出，北京、天津、上海、江苏、浙江、广东被聚为第一类，其他省（区、市）被聚为第二类。

自 测 题

即测即练

第6章
微观计量模型

微观计量模型包括离散被解释变量模型和受限被解释变量模型。离散被解释变量模型包括二值选择模型、多值选择模型、排序模型和计数模型；受限被解释变量模型包括断尾回归、截取回归（归并回归）和样本选择模型。SPSS 主要包括二值逻辑回归、二值概率单位回归、多值回归和排序模型。

6.1　二值选择模型

6.1.1　二值选择模型的基本方程

某些经济行为作为因变量时，其测量结果并不一定是连续的数值变量。例如，女性是否外出工作、家庭是否购买某种奢侈品、家庭是否买房、学生是否考研、学生是否出国、学生的贷款申请是否被批准等，因变量只能在两个可能的结果中取值，要么"是"或"发生"，要么"否"或"未发生"。当因变量取值只能在两个可能的结果之间进行选择时，称为二分因变量或二值因变量，其对应的模型称为二分因变量模型或二值选择模型。

对于二值选择模型，最简单的形式是线性概率模型，即

$$y_i = \beta_0 + \sum_{i=0}^{k} \beta_k x_{ki} + u_i \tag{6.1}$$

式（6.1）中，因变量 y_i 的条件期望可解释为第 i 个个体发生情况下的概率，p_i 的数值必介于 0 和 1 之间，y_i 的条件期望也介于 0 和 1 之间。由于 y_i 的条件期望具有概率含义，所以模型（6.1）称为线性概率模型。

线性概率模型中被解释变量的取值非 0 即 1，但根据线性概率模型所做的预测值可能会出现 $y_i > 1$ 或 $y_i < 0$ 的情况，因此在实际应用中一般不使用线性概率模型。为了保证预测值处于 0～1 之间，通常采用两种非线性模型：logit 模型和 probit 模型。

logit 模型的累积分布函数为

$$p_i = E(y_i = 1 | x_{1i}, x_{2i}, \cdots x_{ki}) = \frac{1}{1 + \exp[-(\beta_0 + \beta_1 x_{1i} + \beta_2 x_{2i} + \cdots + \beta_k x_{ki})]} \tag{6.2}$$

或

$$p_i = E(y_i = 1 | x_{1i}, x_{2i}, \cdots x_{ki}) = \frac{\exp(\beta_0 + \beta_1 x_{1i} + \beta_2 x_{2i} + \cdots + \beta_k x_{ki})}{1 + \exp[(\beta_0 + \beta_1 x_{1i} + \beta_2 x_{2i} + \cdots + \beta_k x_{ki})]} \tag{6.3}$$

进一步可得

$$\frac{p_i}{1 - p_i} = e^{(\beta_0 + \beta_1 x_{1i} + \beta_2 x_{2i} + \cdots + \beta_k x_{ki})} \tag{6.4}$$

式中，$\dfrac{p_i}{1 - p_i}$ 称为对数发生机会比，在 SPSS 中也被称为 Odds，将 Odds 取对数称为 logit 转换，即

$$\text{logit}(p_i) = \ln\left(\frac{p_i}{1 - p_i}\right) = \beta_0 + \beta_1 x_{1i} + \beta_2 x_{2i} + \cdots + \beta_k x_{ki} \tag{6.5}$$

上述模型被称为二值逻辑模型。

不失一般性，根据式（6.1），$y_i = 1$ 的条件概率可表示为（此处省略了条件）

$$p(y_i = 1) = p\left(\sum_{j=0}^{k} \beta_j x_{ji} + u_i > 0\right) = p\left(u_i > -\sum_{j=0}^{k} \beta_j x_{ji}\right) \tag{6.6}$$

假设 u_i 的分布是对称的，于是可以得到

$$p(y_i = 1) = p\left(\sum_{j=0}^{k} \beta_j x_{ji} + u_i > 0\right) = p\left(u_i < \sum_{j=0}^{k} \beta_j x_{ji}\right) = F\left(\sum_{j=0}^{k} \beta_j x_{ji}\right) \tag{6.7}$$

若假定 u_i 服从标准正态分布且满足独立同分布，则式（6.7）可改写为

$$p(y_i = 1) = F\left(\sum_{j=0}^{k} \beta_j x_{ji}\right) = \Phi\left(\sum_{j=0}^{k} \beta_j x_{ji}\right) \tag{6.8}$$

求标准正态分布函数的反函数，就得到 probit 转换，即

$$F^{-1}(p_i) = \beta_0 + \beta_1 x_{1i} + \cdots + \beta_k x_{ki} \tag{6.9}$$

对式（6.7），若假定 u_i 服从标准 Logistic 分布且满足独立同分布，那么就得到 logit 模型，即

$$p(y_i = 1) = F\left(\sum_{j=0}^{k} \beta_j x_{ji}\right) = \Lambda\left(\sum_{j=0}^{k} \beta_j x_{ji}\right) = \frac{\exp\left(\sum_{j=0}^{k} \beta_j x_{ji}\right)}{1 + \exp\left(\sum_{j=0}^{k} \beta_j x_{ji}\right)} \tag{6.10}$$

相对于 probit 模型，logit 模型更容易解释，在实际中应用更广。

6.1.2　二值 logit 模型回归系数的含义

对于线性模型，回归系数 $\hat{\beta}_k$ 的经济含义十分明显，就是解释变量 x_k 对被解释变量 y 的边际效应；对于非线性模型，估计量 $\hat{\beta}_{MLE}$ 一般并非边际效应。

在式（6.5）中，$\dfrac{p_i}{1-p_i}$ 称为"对数发生机会比"（log-odds)，而式（6.5）右边是线性函数。回归系数 $\hat{\beta}_j$ 表示解释变量 x_j 增加 1 个单位引起对数发生机会比变化的百分比，如 $\hat{\beta}_j = 0.18$，表示解释变量 x_j 增加 1 个单位引起的概率比增加 18%。

若比较某一群体相对于另一群体发生机会比的变化，可以用发生比率比（SPSS 中称为优势比 OR 值）来解释。假定有一组大学生毕业出国的数据，其中男生出国的概率为 p1，女生出国的概率为 p2。以女生为参照组，将性别转换为虚拟变量并以此建模，可得到

$$\text{logit}(p_i) = \beta_0 + \beta_1\text{sex} \tag{6.11}$$

则男生相对于女生出国事件的发生比率为

$$\frac{p_1/(1-p_1)}{p_2/(1-p_2)} = \frac{\exp(\beta_0+\beta_1)}{\exp(\beta_0)} = \exp(\beta_1) \tag{6.12}$$

在该例中，若发生比率小于 1，则表示男生出国的发生比率小于女生；若发生比率大于 1，则表示男生出国的发生比率大于女生。因此，发生比率揭示了关注组的发生机会比与参照组的发生机会比之间的倍数关系。对于连续型变量，发生比率可解释为该变量每上升一个单位所带来的发生机会比的倍数变化。

6.1.3　二值 logit 模型回归的检验

二值 logit 模型一般采用极大似然法进行估计，即求使极大似然函数达到最大的参数估计量。为了数学上的处理，通常将极大似然函数取对数，得到对数似然函数。当极大似然函数取最大值 1 时，对数似然函数取最大值 0。

1. 回归方程整体的显著性检验

将解释变量未引入模型前的对数似然函数记为 LL_0，解释变量引入模型后的对数似然函数记为 LL_x，则对数似然比为 LL_0/LL_x。一般来说，无约束对数似然函数的最大值要比有约束对数似然函数的最大值大，由于对数似然函数一般取负值（最大值为 0），无约束对数似然函数的绝对值小于有约束对数似然函数的绝对值，LL_0/LL_x 通常大于等于 1。如果对数似然比与 1 无显著性差异，则说明引入解释变量后对 logit(p) 的线性解释无显著改善；如果对数似然比远大于 1，则说明全体解释变量与 logit(p) 的线性关系显著。

但对数似然比的分布是未知的，通常采用 $-\log\left(\dfrac{L_0}{L_x}\right)^2$。在原假设成立的条件下该统计

量服从卡方分布，也称为似然比卡方。

$$-\log\left(\frac{L_0}{L_x}\right)^2 = -2\log\left(\frac{L_0}{L_x}\right) = 2(LL_x - LL_0) \tag{6.13}$$

如果似然比卡方的 p 值小于给定的显著性水平，则应拒绝所有回归系数同时为零的原
假设。

2. 回归系数的显著性检验

在大样本的情况下，我们可以直接用 Z 检验作为个别自变量参数估计值的统计检验。
也可以采用 Wald 统计量，即

$$\text{Wald}_i = \left(\frac{\hat{\beta}_i}{S_{\hat{\beta}_i}}\right) \sim \chi^2 \tag{6.14}$$

如果某个解释变量系数 Wald_i 的 p 值小于给定的显著性水平，则认为该解释变量系数
与零有显著性差异，应该保留在方程中。

3. 回归方程的拟合优度检验

由于不存在平方和的分解公式，二值选择模型的拟合优度无法计算 K^2。有些软件汇
报一个 "伪 R^2"（PseudoR^2），由丹尼尔·麦克法登（Daniel L. McFadden）于 1974 年提出。
这与 R^2 在线性回归中所扮演的角色类似，其计算公式为

$$\text{Pseudo } R^2 = \frac{(LL_0 - LL_x)}{LL_0} \tag{6.15}$$

PseudoR^2 只是模拟线性回归构造的一个相对数值，在判断模型的好坏时，它无法为模
型的判别提供有效的信息，因此不能用该指标来反映模型拟合得好坏。

Cox&Snell 构造了一个类似统计量，其计算公式为

$$\text{Cox \& Snell } R^2 = 1 - \left(\frac{LL_0}{LL_x}\right)^{\frac{2}{n}} \tag{6.16}$$

式中，n 为样本容量。

Cox & Snell R^2 取值范围不易确定，在实际中不常用。

Nagelkerke R^2 是对 Cox & Snell R^2 的修正，其数学定义为

$$\text{Nagelker}ke\ R^2 = \frac{\text{Cox \& Snell } R^2}{1 - (LL_0)^{\frac{2}{n}}} \tag{6.17}$$

Nagelkerke R^2 的取值范围在 $0 \sim 1$ 之间。越接近于 1，说明方程的拟合程度越高；越
接近于 0，说明方程的拟合程度越差。

在 SPSS 中常用 Hosmer-Lemeshow 检验。该检验的基本思想是：逻辑回归给出的是给定解释变量取值下被解释变量取 1 的概率预测值。如果模型拟合效果较好，则实际值为 1 的观测会有较高的概率预测值，而实际值为 0 的观测会有较低的概率预测值。对概率预测值进行分位数分组，生成交叉列联表，见表 6.1。

表 6.1　交叉列联表

0		被解释变量的实际值		
		1	合计	
预测值分组	1			
	2			
	3			
	...			
	k			
	合计			

表 6-1 中，每个单元格都有两个频数，分别为观测频数和期望频数。观测频数是指落入相应组里的样本（或观测、个案），被解释变量实际取 0（或 1）的样本数；期望频数是这些样本（或观测、个案）的被解释变量被预测为 0（或 1）的样本数。在观测频数和期望频数的基础上计算卡方统计量，即 Hosmer-Lemeshow 卡方统计量，其服从 $k-2$ 个自由度的卡方分布。

Hosmer-Lemeshow 卡方统计量越小，表明样本实际值和预测值的整体差异越小，拟合效果越好；反之，则拟合效果不好。

6.1.4　二值 logit 模型回归的实例

本部分我们采用 SPSS 软件自带数据集 bankloan.sav，该数据集包含 850 条记录，其中 701 ～ 850 号记录在变量 default（是否违约）上，中间存在缺失值。其余 8 个变量包括 age（年龄）、ed（受教育程度）、employ（从事当前职业的年数）、address（在当前居民地居住的时间）、income（家庭收入）、debtinc（负债与收入比）、creddebt（信用卡负债）、othbebt（其他负债）。

首先通过"数据 / 选择个案"，将样本限定在 1 ～ 700，然后在主菜单中选择"分析 / 回归 / 二元 logistic"，打开二元"Logistic 回归"对话框，如图 6.1 所示。

在图 6.1 中，将 default 选入"因变量"，将其他变量（不包括以 Pre 开头的三个预测变量）选入"协变量"。当同时选中两个以上变量时，"＞a*b＞"被激活，表示产生两个变量的交乘项。"方法"下拉列表框用于选择估计方法，SPSS 提供了七种估计方法，分别是：

"输入"，表示将所选择的变量全部强行纳入方程。这虽是 SPSS 默认的方法，但是不建议采纳，因为有可能会把很多不显著的变量纳入方程。

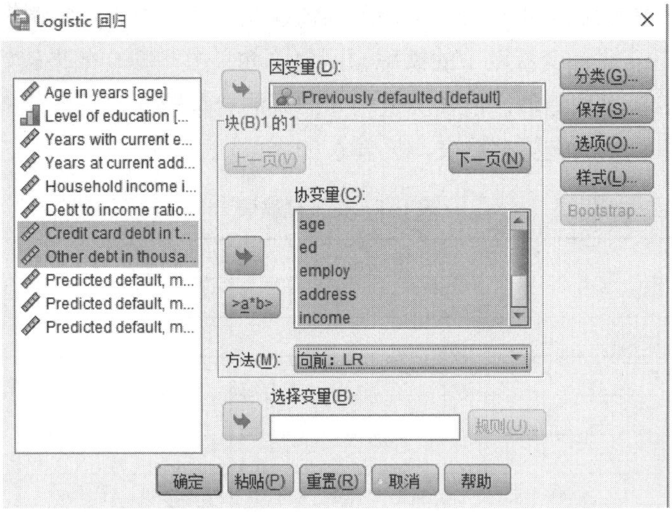

图 6.1　logistic 回归

"向前：条件"，为逐步筛选策略，根据得分统计量（拉格朗日乘子统计量）确定变量是否进入方程，根据条件参数估计原则下的似然比卡方确定是否剔除变量。条件参数估计原则是计算分别剔除各解释变量后对数似然比卡方的模型变化量，首先选择使变化量变化最小的解释变量剔除出方程。

"向前：LR"，为逐步筛选策略，根据得分统计量确定变量是否进入方程，根据似然比卡方确定是否将变量剔除出方程。

"向前：Wald"，为逐步筛选策略，变量进入方程或剔除出方程的依据都是 Wald 统计量。

"向后：条件"，为向后筛选策略，变量剔除出方程的依据是条件参数估计原则下的似然比卡方。

"向后：LR"，为向后筛选策略，变量剔除出方程的依据是极大似然原则下的似然比卡方。

"向后：Wald"，为向后筛选策略，变量剔除出方程的依据是 Wald 统计量。

图 6.1 最下方的"选择变量"是指可以选择一个变量作为条件变量，然后单击"规则"按钮设定条件。只有变量值符合条件的观测才参与回归分析。

在图 6.1 中单击"分类"按钮，可以定义分类变量，如图 6.2 所示。

在本例中，只有 ed 为分类变量，该对话框是将分类变量转换成虚拟变量。"更改对比"框组中的"对比"用于选择参照类别，主要包括以下几个选项：

"指示灯"，默认虚拟变量的取值为 0 或 1，且在"参考类别"中设定第一个为参考类别或最后一个为参考类别。按照虚拟变量设置原则，为避免多重共线性的影响，当一个分类变量存在 m 个类别时，只需设置 $m-1$ 个虚拟变量，所以需要设置参考类别，此时虚拟变量的系数代表与参考类别的差异。该选项一般为默认选项。注意最好将参考类别设定为第一个，这样编码的结果和我们习惯的编码方法类似；如果将参考类别设定为最后一个，编码结果将异于我们习惯的结果，读者可以尝试。

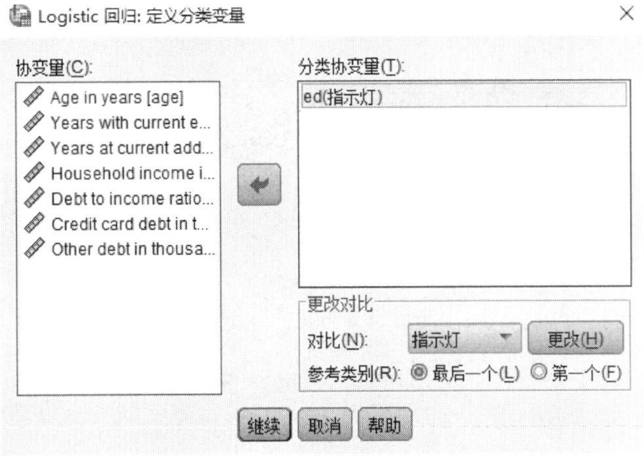

图 6.2　logistic 回归：定义分类变量

"简单"，该选项同"指示灯"类似，主要区别在于常数项的解释。如果不考虑其他定量解释变量，这里常数项反映的是分类变量的所有类别对 logitP 的平均影响（其余几个选项同此）。而"指示灯"中的常数项反映的是参照类别对 logitP 的影响。

"差值"，除第一个类别外，均以前几个类别对 logitP 影响的平均水平作为参照水平。此时"参考类别"选项无效。

"Helmert"，除最后一个类别外，均以后几个类别对 logitP 影响的平均水平作为参照水平。此时"参考类别"选项无效。

"重复"，以前几个类别对 logitP 影响的平均水平作为参照水平。此时"参考类别"选项无效。

在图 6.1 中单击"保存"按钮，可以定义保存选项，如图 6.3 所示。

图 6.3　logistic 回归：保存

图 6.3 用于设置需保存的变量，该变量在运行后会出现在数据编辑器窗口。保存选项包括"预测值""残差"和"影响"（指强影响点）。本例在"预测值"勾选"概率"和"组成员"复选框，其中"概率"指被解释变量取值为 1 的概率预测值，"组成员"指每个观测被预测为哪一组。在"残差"框组选择"学生化"，在"影响"框组选择"Cook 距离"。

在图 6.1 中单击"选项"按钮，可以设置参数，如图 6.4 所示。

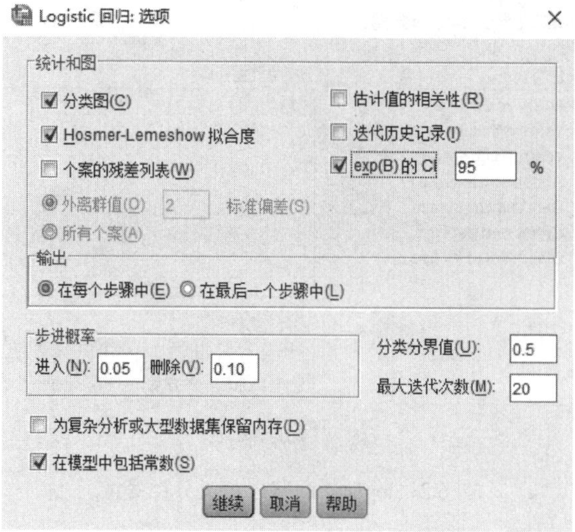

图 6.4   logistic 回归：选项

在图 6.4 中，"分类图"指绘制各个观测分类结果的图形，"Hosmer-Lemeshow 拟合度"输出 Hosmer-Lemeshow 拟合度值，"个案的残差列表"用于设置所有个案的残差列表，还是大于 2 倍标准差的离群值，"估计值的相关性"用于输出估计值的相关系数矩阵，"迭代历史记录"用于输出迭代过程，"exp(B) 的 CI"默认为 95% 的置信区间。"输出"框组中，"在每个步骤中"指列出每个步骤的估计结果，"在最后一个步骤中"指只列出最后一个步骤的估计结果。"步进概率"框组适用于逐步回归，用于设置变量进入和剔除的概率，其中进入概率默认为 0.05（小于 0.05 进入）、剔除概率默认为 0.1（大于 0.1 剔除）。"分类分界值"默认为 0.5，即概率预测值大于 0.5 时预测为取值为 1 的类别，小于 0.5 时预测为取值为 0 的类别。"最大迭代次数"默认为 20，如果迭代次数到 20 时仍不收敛，则强行结束程序运行。另外，在模型中默认包括常数项。

图 6.1 中的"样式"按钮用于设置条件样式的报告，"Bootstrap"按钮用于设置是否执行自助法抽样。

分析结果首先给出了分类解释变量的取值编码及分布情况，如图 6.5 所示。

变量 ed 有 5 个类型，所以设置了 4 个虚拟变量。对分类变量派生出的虚拟变量，SPSS 自动命名为原变量名（编码）。例如 ed 派生出的 4 个虚拟变量分别命名为 ed(1)、ed(2)、ed(3)、ed(4)，依次表示"是否高中学历""是否上了大学""是否大专学历""是否有本科学位"。

		频率	参数编码			
			(1)	(2)	(3)	(4)
Level of education	Did not complete high school	372	.000	.000	.000	.000
	High school degree	198	1.000	.000	.000	.000
	Some college	87	.000	1.000	.000	.000
	College degree	38	.000	.000	1.000	.000
	Post-undergraduate degree	5	.000	.000	.000	1.000

图 6.5   分类变量编码

SPSS 先是给出了第 0 步的结果，即模型中只有常数项，没有其他解释变量的结果。结果共有三部分，分别如图 6.6（a）、（b）、（c）所示。

			预测值		
			Previously defaulted		百分比正确
观测值			No	Yes	
步骤 0	Previously defaulted	No	517	0	100.0
		Yes	183	0	.0
	总体百分比				73.9

a. 模型中包括常量。

b. 分界值为 .500

（a）分类表

		B	S.E.	Wald	自由度	显著性	Exp(B)
步骤 0	常量	-1.039	.086	145.782	1	.000	.354

（b）方程中的变量

			得分	自由度	显著性
步骤 0	变量	age	13.265	1	.000
		ed	11.492	4	.022
		ed(1)	1.910	1	.167
		ed(2)	3.579	1	.059
		ed(3)	2.382	1	.123
		ed(4)	.098	1	.754
		employ	56.054	1	.000
		address	18.931	1	.000
		income	3.526	1	.060
		debtinc	106.238	1	.000
		creddebt	41.928	1	.000
		othdebt	14.863	1	.000
	整体统计信息		203.867	11	.000

（c）方程中没有的变量

图 6.6　第 0 步的分析结果

图 6.6（a）为分类表，也被称为混淆矩阵。517 人没有违约且预测为没有违约，预测正确率为 100%；183 人违约但全部被预测为违约，预测正确率为 0%。模型总的预测正确率为 73.9%。

图 6.6（b）中，分别列示了常数项的系数、标准误、Wald 统计量、自由度、检验的 p 值（显著性）和优势比（Exp(B)）。

图 6.6（c）为方程中没有包含的变量，以及得分统计量（拉格朗日乘子统计量）、自由度和 p 值。以 age 为例，得分统计量为 13.265，p 值为 0.000，所以下一步可以进入到方程中，但 ed(1) 的得分统计量为 1.910，p 值为 0.167，所以下一步不会进入方程。

图 6.7 为模型系数的综合检验，包括似然比卡方、自由度和 p 值。该图需要结合图 6.8 共同分析。

		卡方	自由度	显著性
步骤 1	步长(T)	102.935	1	.000
	块	102.935	1	.000
	模型	102.935	1	.000
步骤 2	步长(T)	70.346	1	.000
	块	173.282	2	.000
	模型	173.282	2	.000
步骤 3	步长(T)	55.446	1	.000
	块	228.728	3	.000
	模型	228.728	3	.000
步骤 4	步长(T)	18.905	1	.000
	块	247.633	4	.000
	模型	247.633	4	.000

图 6.7　模型系数的综合检验

变量		模型对数似然	−2 对数似然中的更改	自由度	此更改的显著性
步骤 1	debtinc	-402.182	102.935	1	.000
步骤 2	employ	-350.714	70.346	1	.000
	debtinc	-369.708	108.332	1	.000
步骤 3	employ	-349.577	123.518	1	.000
	debtinc	-299.710	23.783	1	.000
	creddebt	-315.541	55.446	1	.000
步骤 4	employ	-333.611	110.490	1	.000
	address	-287.818	18.905	1	.000
	debtinc	-290.006	23.281	1	.000
	creddebt	-311.176	65.621	1	.000

图 6.8　如果移去项的模型

在步骤 1 中，模型包含常数项和 debtinc，如果此时剔除 debtinc，则 −2 倍的对数似然函数将增大 102.935（似然比卡方值），所以 102.935 是 debtinc 进入模型而减少的，−402.182 即为第 0 步的对数似然。在步骤 2 中，模型包含常数项、debtinc、employ，如果此时剔除 employ，则 −2 倍的对数似然函数将增大 70.346，而 70.346 是在模型 1 的基础上 employ 进入模型而减少的，−350.714 即为步骤 1 模型的对数似然。102.935 对应图 6.7 中步骤 1 步长 102.935，而 70.346 对应步骤 2 中步长 70.346。类似地，图 6.8 步骤 3 中 creddebt 对应的 55.446，就是图 6.7 中步骤 3 中步长 55.446，图 6.8 中步骤 4 中 address 对应的 18.905，就是图 6.7 中步骤 4 中步长 18.905。图 6.7 中块和模型对应的卡方是相等的，本步模型卡方等于上步模型卡方加上本步步长，如 173.281=102.935+70.346。

图 6.9 显示了模型拟合优度方面的测度指标。最终模型的 −2 倍的对数似然为 556.732，Cox&Snell R^2 为 0.298，Nagelkerke R^2 为 0.436，说明模型拟合优度尚可。

步长(T)	−2 对数似然	Cox & Snell R^2	Nagelkerke R^2
1	701.429[a]	.137	.200
2	631.083[b]	.219	.321
3	575.636[b]	.279	.408
4	556.732[c]	.298	.436

图 6.9　模型摘要

图 6.10 为 Hosmer 和 Lemeshow 检验结果。最终模型的卡方值为 8.556，p 值（显著性）为 0.381，不应拒绝原假设，即认为被解释变量实际类别值的分布与预测类别值的分布无显著差异，模型预测效果较好。

步长(T)	卡方	自由度	显著性(p值)
1	3.160	8	.924
2	4.158	8	.843
3	6.418	8	.600
4	8.556	8	.381

图 6.10 Hosmer 和 Lemeshow 的检验

图 6.11 显示了每一步的 Hosmer 和 Lemeshow 检验列联表。以步骤 4 为例，第 1 列为预测值按十分位分成 10 组，第 2 列为 default=0 时落入每一组的观测数，第 3 列为 default=0 时被解释变量被预测为 0 的观测数，第 4 列为 default=1 时落入每一组的观测数，第 5 列为 default=1 时被解释变量被预测为 1 的观测数。第 6 列总计是指落入每一组的观测总数，等于第 2 列和第 4 列的和。卡方值可以根据图 6.11 按公式计算出来。

		Previously defaulted = No		Previously defaulted = Yes		
		观测值	期望值(E)	观测值	期望值(E)	总计
步骤 1	1	63	62.601	6	6.399	69
	2	64	61.089	5	7.911	69
	3	59	60.586	11	9.414	70
	4	55	57.408	13	10.592	68
	5	60	58.165	11	12.835	71
	6	56	55.508	15	15.492	71
	7	50	50.506	19	18.494	69
	8	46	46.589	24	23.411	70
	9	37	39.481	33	30.519	70
	10	27	25.068	46	47.932	73
步骤 2	1	69	68.271	1	1.729	70
	2	66	66.069	4	3.931	70
	3	67	63.578	3	6.422	70
	4	60	61.155	10	8.845	70
	5	56	58.013	14	11.987	70
	6	53	54.104	17	15.896	70
	7	49	49.476	21	20.524	70
	8	46	43.488	24	26.512	70
	9	31	34.262	39	35.738	70
	10	20	18.584	50	51.416	70
步骤 3	1	70	69.418	0	.582	70
	2	68	67.984	2	2.016	70
	3	67	65.841	3	4.159	70
	4	62	63.111	8	6.889	70
	5	58	58.937	12	11.063	70
	6	55	54.644	15	15.356	70
	7	43	49.462	27	20.538	70
	8	47	41.555	23	28.445	70
	9	34	31.532	36	38.468	70
	10	13	14.517	57	55.483	70
步骤 4	1	70	69.669	0	.331	70
	2	69	68.554	1	1.446	70
	3	64	66.539	6	3.461	70
	4	64	63.521	6	6.479	70
	5	65	59.692	5	10.308	70
	6	50	55.141	20	14.859	70
	7	48	49.016	22	20.984	70
	8	43	41.000	27	29.000	70
	9	32	30.470	38	39.530	70
	10	12	13.397	58	56.603	70

Hosmer 和 Lemeshow 检验的列联表

图 6.11 Hosmer 和 Lemeshow 检验的列联表

105

图 6.12 为分类表。由于分界值为 0.5，当概率预测值大于 0.5 时，被解释变量的类别值将预测为 1；当概率预测值小于 0.5 时，则被解释变量的类别值将预测为 0。步骤 4 为最终的分类表，行为实际类别，列为预测类别。在实际没有违约的 517 人中，模型正确识别了 478 人，错误识别 39 人，预测正确率为 92.5%；在实际违约的 183 人中，模型正确识别了 92 人，错误识别 91 人，预测正确率为 50.3%。模型总的预测正确率为 81.4%。

	观测值		预测值		
			Previously defaulted		百分比正确
			No	Yes	
步骤 1	Previously defaulted	No	490	27	94.8
		Yes	137	46	25.1
	总体百分比				76.6
步骤 2	Previously defaulted	No	481	36	93.0
		Yes	110	73	39.9
	总体百分比				79.1
步骤 3	Previously defaulted	No	477	40	92.3
		Yes	99	84	45.9
	总体百分比				80.1
步骤 4	Previously defaulted	No	478	39	92.5
		Yes	91	92	50.3
	总体百分比				81.4

a. 分界值为 .500

图 6.12　分类表

图 6.13 为模型估计结果，其中步骤 4 是最终估计结果。最终模型共纳入了 4 个变量：debtinc、employ、creddebt、address，系数值分别为 -0.243、-0.081、0.088、0.573，且 p 值均小于显著性水平，意味着它们与 logitP 的线性关系显著。-0.243 指当 employ 每增加一年时，违约概率与不违约概率之比的对数下降 0.243，其他系数值也可以做相应解释。当然在 logistic 模型中，有意义的还是 EXP(B)，即解释变量变化一个单位导致的优势比，以 employ 为例，EXP(B)=0.785，表示 employ 每增加 1 年时违约发生机会比是原来的 0.785 倍。

		B	S.E.	Wald	自由度	显著性	Exp(B)	95% C.I.用于 EXP(B)	
								下限	上限
步骤 1ª	debtinc	.132	.014	85.377	1	.000	1.141	1.109	1.173
	常量	-2.531	.195	168.524	1	.000	.080		
步骤 2ᵇ	employ	-.141	.019	53.755	1	.000	.868	.836	.902
	debtinc	.145	.016	87.231	1	.000	1.156	1.122	1.192
	常量	-1.693	.219	59.771	1	.000	.184		
步骤 3ᶜ	employ	-.244	.027	80.262	1	.000	.783	.743	.826
	debtinc	.088	.018	23.328	1	.000	1.092	1.053	1.131
	creddebt	.503	.081	38.652	1	.000	1.653	1.411	1.937
	常量	-1.227	.231	28.144	1	.000	.293		
步骤 4ᵈ	employ	-.243	.028	74.761	1	.000	.785	.743	.829
	address	-.081	.020	17.183	1	.000	.922	.887	.958
	debtinc	.088	.019	22.659	1	.000	1.092	1.053	1.133
	creddebt	.573	.087	43.109	1	.000	1.774	1.495	2.104
	常量	-.791	.252	9.890	1	.002	.453		

a. 步骤 1：debtinc 输入的变量。

b. 步骤 2：employ 输入的变量。

c. 步骤 3：creddebt 输入的变量。

d. 步骤 4：address 输入的变量。

图 6.13　模型估计结果

另外，输出结果还包括不在模型中的变量信息，涉及每个变量的得分统计量、自由度和 p 值，通常在模型的最后步骤中，各个变量得分统计量的 p 值都大于设定的显著性水平。由于表格较大，基于篇幅没有列示。

6.1.5 二值 probit 模型回归的实例

在进行 probit 回归时，SPSS 默认使用频数表数据进行分析，也就是说对数据形式有一定限制，这也是它的一个缺点。本部分我们采用 SPSS 软件自带数据集 offer.sav，该数据集是一家零售公司进行的一项试验。这项试验以测试不同的促销（零售价格的一定百分比）对在线、目录（类似超市发放的宣传彩页、报纸或杂志的品牌宣传页等）和店内销售的影响为目的。向随机选择的顾客提供促销优惠，并记录销售数量。该数据集包含 5 个变量：stratum(分层)、site(报价场景)、value(报价价值)、nsubj(科目数)、response(反应数)。其中 site 取值为 "1" 时代表线上、取值为 "2" 时代表宣传目录、取值为 "3" 时代表店内。

选择 "分析 / 回归 /probit"，打开 probit 分析对话框，如图 6.14 所示。

在图 6.14 中，将 response 选入 "响应频率"，将 nsubj 选入 "观测值汇总"，将 site 选入 "因子"，并单击下方的 "定义范围"，"最小值" 输入 "1"，"最大值" 输入 "3"，将 value 选入 "协变量"。"转换" 包括无、自然对数、以 10 为底的对数，此处选择 "自然对数" 变换。对话框左下角默认选择 "概率" 模型，即 probit 模型。

在图 6.14 中单击 "选项" 按钮，对 probit 分析进行选项设置，如图 6.15 所示。

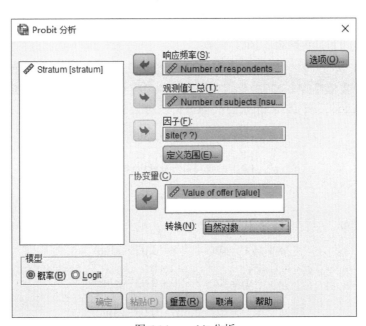

图 6.14　probit 分析

在图 6.15 中，"Statistics" 框组中，"频率（应翻译为频数）" 表示输出观测频数、期望频数和残差，"相对中位数（应翻译为相对中位数效力）"输出因子变量各个水平下半数效力及置信区间，"平行检验"对因子变量各个水平是否具有共同斜率进行检验，"信仰置信区间（应翻译为基准置信区间）"输出指定响应比例的刺激剂量（即解释变量取值）的置信区间。"自然响应频率"指在没有解释变量的情况下，是否有一个自然响应频率，"无"表示没有，"从数据中计算"指从样本数据中估算自然响应率，"值"指输入指定的自然响应率，该值必须在 $0 \sim 1$ 之间。"标准"框组用于设定最大迭代次数和步长限制。

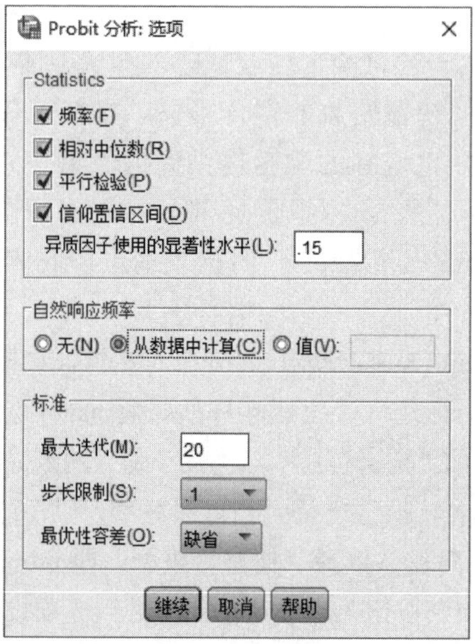

图 6.15　probit 分析：选项

运行后可得到 probit 模型的估计结果。

图 6.16 为参数估计值。促销价格的系数为 0.039，表示促销价格每提高 1 元，顾客反映的概率密度函数值增加 0.039。分组变量 site，对应 Online、Catalog、In-Store 的截距分别为 −1.978、−2.329、−2.621。相对应的模型可以表示为

$$F^{-1}(p_i) = -1.978 + 0.039\text{value}$$

$$F^{-1}(p_i) = -2.329 + 0.039\text{value}$$

$$F^{-1}(p_i) = -2.621 + 0.039\text{value}$$

也可以表示为

$$p(y_i = 1) = \Phi(-1.978 + 0.039\text{value})$$

$$p(y_i = 1) = \Phi(-2.329 + 0.039\text{value})$$

$$p(y_i = 1) = \Phi(-2.621 + 0.039\text{value})$$

参数估计值

	参数	估算	标准错误	Z	显著性	95% 置信区间 下限	上限
PROBIT[a]	Value of offer	.039	.005	8.333	.000	.030	.048
截距[b]	Online	-1.978	.281	-7.033	.000	-2.259	-1.697
	Catalog	-2.329	.318	-7.321	.000	-2.648	-2.011
	In-Store	-2.621	.394	-6.656	.000	-3.014	-2.227

a. PROBIT 模型：PROBIT(p) = 截距 + BX

b. 对应于分组变量 site。

图 6.16　参数估计值

图 6.17 表明，根据样本数据计算的自然响应率估计值为 0.015。

	估计	标准错误
PROBIT	.015	.031

a. 未提供控制组。

图 6.17　自然响应率估计值

图 6.18 包括两个卡方检验。第一个为拟合优度的卡方检验，卡方值为 13.954，p 值为 0.602，表明拟合效度很好；第二个为因子水平间的并行性检验，卡方为 3.947，p 值为 0.139，表明因子不同水平间的斜率相等。

		卡方(i)	自由度[b]	显著性
PROBIT	Pearson 拟合度检验	13.954	16	.602[a]
	并行性检验	3.947	2	.139

a. 由于显著性水平大于 .150，因此在置信限度的计算中没有使用异质因子。

b. 基于单个个案的统计量与基于分类汇总个案的统计量不同。

图 6.18　卡方检验

图 6.19 为单元格计数和残差。其中前 5 列实际上就是数据集中的原始数据，观测的实际响应和预期响应之差即为残差，此表为卡方计算的基础。

	数字	site	Value of offer	主体数	观测的响应	预期响应	残差	概率
PROBIT	1	1	15.000	36	2	3.458	-1.458	.096
	2	1	20.000	37	2	4.792	-2.792	.130
	3	1	25.000	39	7	6.700	.300	.172
	4	1	33.000	36	9	9.297	-.297	.258
	5	1	50.000	33	19	16.520	2.480	.501
	6	1	66.000	45	34	32.988	1.012	.733
	7	1	75.000	48	41	40.064	.936	.835
	8	2	15.000	45	1	2.484	-1.484	.055
	9	2	20.000	37	3	2.783	.217	.075
	10	2	25.000	38	2	3.888	-1.888	.102
	11	2	33.000	40	10	6.519	3.481	.163
	12	2	50.000	44	20	16.093	3.907	.366
	13	2	66.000	33	16	20.062	-4.062	.608
	14	2	75.000	37	27	27.142	-.142	.734
	15	3	15.000	43	2	1.537	.463	.036
	16	3	20.000	37	2	1.763	.237	.048
	17	3	25.000	48	5	3.106	1.894	.065
	18	3	33.000	45	5	4.766	.234	.106
	19	3	50.000	33	10	8.770	1.230	.266
	20	3	66.000	51	22	25.226	-3.226	.495
	21	3	75.000	38	23	23.985	-.985	.631

图 6.19　单元格计数和残差

图 6.20 为不同销售地点下的响应概率（只截取了一部分）。响应概率等于 0.5 时，促销价格半数响应值：线上为 50.448，宣传目录为 59.409，店铺为 66.836。

	Site of offer	概率	Value of offer 的 95% 置信限度		
			估计	下限	上限
PROBIT	Online	.010	-8.882	-29.620	4.245
		.020	-1.930	-20.615	9.959
		.030	2.481	-14.912	13.595
		.040	5.799	-10.629	16.337
		.050	8.498	-7.150	18.572
		.060	10.796	-4.193	20.479
		.070	12.810	-1.604	22.154
		.080	14.614	.711	23.658
		.090	16.254	2.813	25.028
		.100	17.764	4.746	26.292
		.150	24.015	12.715	31.558
		.200	28.983	18.997	35.794
		.250	33.246	24.336	39.480
		.300	37.074	29.075	42.844
		.350	40.621	33.405	46.024
		.400	43.986	37.442	49.113
		.450	47.243	41.263	52.185
		.500	50.448	44.926	55.307
		.550	53.652	48.476	58.542

图 6.20　置信区间

110

图 6.21 为因子不同水平下相对中位数效应估计值。水平 1 和水平 2 的相对中位数效应估计值为 -8.961，此数值可根据图 6.20 计算出来，即 50.448-59.409=-8.961；水平 1 和水平 3 的相对中位数效应估计值为 -16.388，即 50.448-66.836=-16.388。其他数值以此类推。需要注意的是，水平 2 和水平 3 相对中位数效应估计值的 95% 置信区间包含 0，说明二者差异不显著。

	(I) Site of offer	(J) Site of offer	95% 置信限度		
			估计	下限值	上限
PROBIT	1	2	-8.961	-17.924	-1.920
		3	-16.388	-30.963	-6.416
	2	1	8.961	1.920	17.924
		3	-7.427	-18.063	.528
	3	2	7.427	-.528	18.063
		1	16.388	6.416	30.963

图 6.21　相对中位数强度估计值

图 6.22 为促销价格和响应概率关系图，此图进一步印证了不同销售地点的斜率相同，且每种销售地点下促销价格和转换后的概率响应基本呈线性关系。

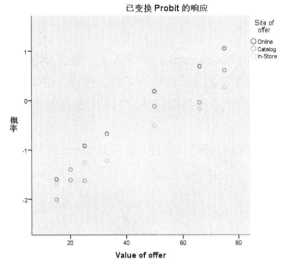

图 6.22　促销价格和响应概率关系图

6.2　多值 logistic 回归

6.2.1　模型简介

当被解释变量为多个类别且无顺序时，应该采用多值 logistic 回归模型。多值 logistic 回归模型与二值 logistic 回归模型的分析思路类似，它是用被解释变量的各个类别与参照类别进行对比（SPSS 默认取值大的类别为参照类别），即

$$\ln\left(\frac{p_j}{p_J}\right) = \beta_0 + \sum_{i=1}^{p}\beta_i x_i \tag{6.18}$$

式中，P_j 为被解释变量为第 j 类的概率；P_J 为被解释变量为参照类别（$j \neq J$）的概率；$\ln\left(\frac{p_j}{p_J}\right)$ 称为广义 logitp，是两个概率比的自然对数。

当被解释变量有 k 个类别时，需要建立 k-1 个模型。以 3 个类别为例：

$$\ln\left(\frac{p_1}{p_3}\right) = \beta_0^1 + \sum_{i=1}^{p}\beta_i^1 x_i \tag{6.19}$$

$$\ln\left(\frac{p_2}{p_3}\right) = \beta_0^2 + \sum_{i=1}^{p}\beta_i^2 x_i \tag{6.20}$$

如果希望比较类别 1 和类别 2，则直接将 $\ln\left(\frac{p_1}{p_3}\right)$ 和 $\ln\left(\frac{p_2}{p_3}\right)$ 相减即可。

6.2.2 案例实现

本例使用 SPSS 自带数据集 cereal.sav。作为改善早餐选择营销的一部分，一家消费品公司对 880 人进行了民意调查，记录了他们的年龄、性别、婚姻状况，以及他们是否有积极的生活方式（基于他们是否至少一周锻炼两次）。每位参与者品尝了 3 种早餐食品，并被问及最喜欢哪一种。

选择"分析 / 回归 / 多项 Logistic"，打开"多项 Logistic 回归"对话框，如图 6.23 所示。

图 6.23　多项 Logistic 回归

在图 6.23 中，将 bfast 选入"因变量"，将 active、agecat、gender 选入"因子"。如果有连续性解释变量，可以选入"协变量"。从图 6.23 可以看出，参考类别为"bafast（最后一个）"。单击"参考类别"，可以对参考类别重新设置，如图 6.24 所示。

图 6.24　参考类别设置

图 6.24 中，"参考类别"框组可将参考类别设定为最后类别、第一类别或定制。"类别顺序"框组用于设定因变量类别是按"升序"排列还是"降序"排列，默认为"升序"排列。

在图 6.23 中，单击"模型"按钮，可以对模型进行设置，如图 6.25 所示。

图 6.25 中，默认模型为"主效应"，即模型只包含解释变量自身。"全因子"模型又被称为饱和模型，即模型中不仅包含解释变量本身，还包含解释变量之间的交乘项（交互效应）。"定制 / 步进式"指用户自行设定参与模型建立的解释变量、交互项及解释变

量筛选策略。将必须进入的解释变量选入"强制输入项"，将非强行进入的解释变量选入
"步进项"，并在"步进法"下选择筛选策略，系统默认为"向前进入"，此外还可以选
择"向后去除""向前步进""向后步进"。

图 6.25 多项 Logistic 回归：模型

在图 6.23 中，单击"Statistics..."按钮，可以设定输出的统计量，如图 6.26 所示。 113

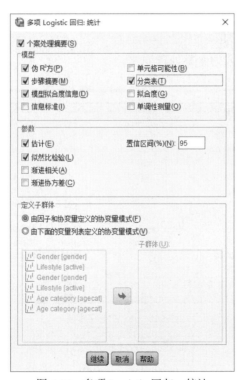

图 6.26 多项 Logistic 回归：统计

图 6.26 中,"个案处理摘要"指输出各个变量的分布表。"模型"框组包括"伪 R^2""步骤摘要""模型拟合度信息""信息标准""单元格可能性""分类表""拟合度""单调度测量",除"步骤摘要"和"单调度测量"外,其他基本为模型拟合程度测度指标。"参数"框组包括"估计""似然比检验""渐进相关""渐进协方差"和"置信区间(%)"。

图 6.23 中的"条件"按钮主要用于设定收敛标准;"选项"按钮主要用于设定步进法时的 p 值。这两个功能此处不再详述。单击"保存"按钮,选择需保存的变量,如图 6.27 所示。

图 6.27　多项 Logistic 回归:保存

114 图 6.27 中,保存变量有 4 个:"估计响应概率"指保存取各个类别的概率预测值,"预测类别"指保存预测类别,"预测类别概率"指保存预测类别的概率值,"实际类别概率"指保存样本实际类别的概率值。

在输出结果中,图 6.28 为个案处理摘要。

		数字	边缘百分比
Preferred breakfast	Breakfast Bar	231	26.3%
	Oatmeal	310	35.2%
	Cereal	339	38.5%
Lifestyle	Inactive	474	53.9%
	Active	406	46.1%
Age category	Under 31	181	20.6%
	31-45	206	23.4%
	46-60	231	26.3%
	Over 60	262	29.8%
Gender	Male	424	48.2%
	Female	456	51.8%
有效		880	100.0%
缺失		0	
总计		880	
子群体		16	

图 6.28　个案处理摘要

从图 6.28 可知:偏好 3 种早餐的人数分别为 231、310、339,占比分别为 26.3%、35.2%、38.5%;2 种生活方式人数分别为 474、406,占比分别为 53.9%、46.1%;4 种不同年龄人数分别为 181、206、231、262,占比分别为 20.6%、23.4%、26.3%、29.8%;男

性和女性人数分别为 424、456，占比分别为 48.2%、51.8%。

图 6.29 为模型拟合信息。零模型（仅有截距）的 -2 倍的对数似然为 511.637，最终模型 -2 倍的对数似然为 134.999，似然比卡方为 376.638（511.637-134.999=376.638），p 值为 0.000，说明解释变量全体与广义 logitP 之间的线性关系显著，模型选择正确。

模型	模型拟合条件	似然比检验		
	-2 对数似然	卡方	自由度	显著性
仅有截距	511.637			
与前面连写	134.999	376.638	10	.000

图 6.29　模型拟合信息

图 6.30 显示了 3 种伪 R^2，这 3 种伪 R^2 在第一节均有解释。通常伪 R^2 取值 0.3 ~ 0.5 比较理想。综合 3 种伪 R^2，该模型的拟合效果良好。

考克斯-斯奈尔	.348
Nagelkerke	.393
McFadden	.197

图 6.30　伪 R^2

图 6.31 为似然比检验，用于分析各解释变量对回归模型的效应。图中简化模型是指将当前模型中的某个解释变量删除后的模型。当前模型的 -2 倍的对数似然为 134.999。删除 active 后的 -2 倍的对数似然为 159.942，与当前模型（即最终模型）相比，似然比卡方为 24.942（159.642-134.999=24.943），24.942 是 active 进入模型带来的，active 对模型的效应为 24.942；删除 agecat 后的 -2 倍的对数似然为 450.191，与最终模型相比，似然比卡方为 315.192（450.191-134.999=315.192），315.192 是 agecat 进入模型带来的，agecat 对模型的效应为 315.192；gender 的效应可做类似分析。另外，对连续解释变量而言，自由度等于拟合的方程个数；对于类别自变量而言，自由度等于类别数减 1 再乘以方程个数。例如 gender 有两个类别，方程有 2 个（被解释变量有 k 个类别时，需要建立 k-1 个模型），所以自由度为 2。SPSS 在拟合多值 logistic 回归模型时，解释变量必须同时进入或被剔除出每一个方程。如果某个解释变量只在一个方程中显著，而在其他方程中不显著，也必须进入所有方程。原因在于在估计多值 logistic 回归模型时，并不是每个方程单独进行估计，其估计策略是先列出个体 i 的似然函数，即

$$L_i(\beta_1,\cdots,\beta_J) = \prod_{j=1}^{J}\left[p(y_i = j|\boldsymbol{x}_i)\right]^{\mathbf{1}(y_i=j)} \tag{6.21}$$

其对数似然函数为

$$\ln L_i(\beta_1,\cdots,\beta_J) = \sum_{j=1}^{J}1(y_i = j)\cdot\ln p(y_i = j|\boldsymbol{x}_i) \tag{6.22}$$

将所有个体的对数似然函数加总，即得到整个样本的对数似然函数，将其最大化即可得到估计值。

效应	模型拟合条件	似然比检验		
	简化模型的 -2 对数似然	卡方	自由度	显著性
截距	134.999[a]	.000	0	
active	159.942	24.942	2	.000
agecat	450.191	315.192	6	.000
gender	135.915	.916	2	.633

最终模型与简化模型的 -2 对数似然的卡方统计不同。 简化模型是由忽略最终模型中的效应形成的。 原假设是该效应的所有参数均为 0。

a. 此简化模型相当于最终模型，因为忽略效应不会增加自由度。

图 6.31　似然比检验

对于类别解释变量多值 logistic 模型在估计时直接转换为虚拟变量，m 个类别设置 $m-1$ 个虚拟变量，SPSS 均将类别取值大的作为比较基础，比如 gender=0 时，性别虚拟变量取值为 1，所以 gender=1 时的系数设置为 0。图 6.32 依次列出了回归系数的估计值、标准误、Wald 统计量、自由度、显著性、EXP（B）及 95% 置信区间。据此可列出两个广义 logit 方程，第一个方程为

$$\text{Logit}p_1 = \ln\left(\frac{p(y=1|\boldsymbol{x}_i)}{p(y=3|\boldsymbol{x}_i)}\right) = -0.68 - 0.786 \times (\text{active}=0) + 0.943 \times (\text{agecat}=1) +$$

$$1.051 \times (\text{agecat}=2) + 0.27 \times (\text{agecat}=3) - 0.146 \times (\text{gender}=0)$$

该式是选择早餐 1 与选择早餐 3 的概率比的自然对数模型。在性别和年龄不变的情况下，选择早餐 1 的概率的自然对数比选择早餐 3 的概率的自然对数平均减少 0.786 个单位，早餐 1 的概率比是早餐 3 的概率比的 0.456 倍，该差异在统计上是显著的。其他系数可做类似解释。

第二个方程为

$$\text{Logit}p_{21} = \ln\left(\frac{p(y=2|\boldsymbol{x}_i)}{p(y=3|\boldsymbol{x}_i)}\right) = 1.005 + 0.175 \times (\text{active}=0) - 4.256 \times (\text{agecat}=1) -$$

$$2.461 \times (\text{agecat}=2) - 1.115 \times (\text{agecat}=3) + 0.04 \times (\text{gender}=0)$$

该式是选择早餐 2 与选择早餐 3 的概率比的自然对数模型。在性别和年龄不变的情况下，选择早餐 2 的概率的自然对数比选择早餐 3 的概率的自然对数平均增加 0.175 单位，早餐 1 的概率比是早餐 3 的概率比的 1.191 倍，但该差异在统计上不显著。其他系数可做类似解释。

由于 active=0 在第一个方程中显著，虽然它在第二个方程中不显著，在估计模型时也不能将 active 从模型中剔除。注意到 gender=0 在两个方程中均不显著，可以考虑在建模时将 gender 从模型中剔除。

图 6.33 为分类表，或混淆矩阵。实际选择早餐 1（Breakfast Bar）且正确预测的人数为 118，正确率为 51.1%；实际选择早餐 2（Oatmeal）且正确预测的人数为 251，预测正确率为 81.0%；实际选择早餐 3（Cereal）且正确预测的人数为 127，预测正确率为 37.5%；模型总体预测正确率为 56.4%。

Preferred breakfast[a]		B	标准错误	Wald	自由度	显著性	Exp(B)	Exp(B) 的 95% 置信区间	
								下限	上限
Breakfast Bar	截距	-.680	.298	5.220	1	.022			
	[active=0]	-.786	.181	18.939	1	.000	.456	.320	.649
	[active=1]	0[b]	.	.	0	.	.	.	.
	[agecat=1]	.943	.313	9.065	1	.003	2.567	1.390	4.743
	[agecat=2]	1.051	.311	11.412	1	.001	2.861	1.555	5.265
	[agecat=3]	.270	.332	.662	1	.416	1.310	.683	2.512
	[agecat=4]	0[b]	.	.	0	.	.	.	.
	[gender=0]	-.146	.177	.683	1	.409	.864	.611	1.222
	[gender=1]	0[b]	.	.	0	.	.	.	.
Oatmeal	截距	1.005	.212	22.372	1	.000			
	[active=0]	.175	.187	.872	1	.350	1.191	.825	1.719
	[active=1]	0[b]	.	.	0	.	.	.	.
	[agecat=1]	-4.256	.533	63.769	1	.000	.014	.005	.040
	[agecat=2]	-2.461	.275	80.185	1	.000	.085	.050	.146
	[agecat=3]	-1.115	.208	28.724	1	.000	.328	.218	.493
	[agecat=4]	0[b]	.	.	0	.	.	.	.
	[gender=0]	.040	.180	.050	1	.824	1.041	.731	1.482
	[gender=1]	0[b]	.	.	0	.	.	.	.

a. 引用类别为：Cereal。

b. 此参数设置为零，因为它是冗余的。

图 6.32　参数估计值

观测值	预测值			
	Breakfast Bar	Oatmeal	Cereal	正确百分比
Breakfast Bar	118	34	79	51.1%
Oatmeal	14	251	45	81.0%
Cereal	96	116	127	37.5%
总体百分比	25.9%	45.6%	28.5%	56.4%

图 6.33　分类表

图 6.34 数据编辑窗口显示了新增加的几个变量，其中 EST1_1、EST2_1、EST3_1 分别为被解释变量取值为 1、2、3 的预测概率，PRE_1 为预测类别，PCP_1 为预测类别的概率，ACP_1 为实际类别的概率。以第一条记录为例，该被访者选择早餐 1 的概率为 0.52、选择早餐 2 的概率为 0.02、选择早餐 3 的概率为 0.46，由于选择早餐 1 的概率最大，因此预测类别为 1（PRE_1=1）。PCP_1 为预测类别的概率，对于第一个被访者就是被预测为类别 1 的概率；而第一个被访者实际选择的是早餐 3（bfast=3），所以实际类别的概率即选择早餐 3 的概率 ACP_1=0.46。

agecat	gender	marital	active	bfast	EST1_1	EST2_1	EST3_1	PRE_1	PCP_1	ACP_1
1	0	1	1	3	.52	.02	.46	1	.52	.46
3	0	1	0	1	.11	.47	.42	2	.47	.11
4	0	1	0	2	.04	.74	.22	2	.74	.74
2	1	1	1	2	.54	.09	.37	1	.54	.09
3	0	1	0	1	.11	.47	.42	2	.47	.47
4	0	1	0	3	.04	.74	.22	2	.74	.22
2	1	1	0	1	.34	.14	.52	3	.52	.34
4	1	0	0	2	.05	.73	.22	2	.73	.73

图 6.34　数据编辑窗口

6.3　Ordinal 回归

当多分类被解释变量的各个类别之间存在顺序时，则不宜采用多值 logistic 回归，因为会损失数据中所包含的定序信息。

令 γ_k 为被解释变量前 k 个类别的累计概率，则有序回归模型的一般形式可以表示为

$$\text{link}(\gamma_k) = \beta_0^k + \sum_{j=1}^{J} \beta_j x_{ji} \quad (k=1,2,\cdots,K-1) \tag{6.23}$$

其中 $\text{link}(\gamma_k)$ 为连接函数，具体形式有以下四种：

Logit 连接函数：$\ln\left(\dfrac{\gamma_k}{1-\gamma_k}\right)$，适用于各类别的概率分布大致均匀。

补充 log-log 连接函数：$\ln(-\ln(1-\gamma_k))$，适用于高类别的概率较高。

负 log-log 连接函数：$-\ln(-\ln(\gamma_k))$，适用于低类别的概率较高。

Probit 连接函数：$\Phi^{-1}\gamma_k$，适用于潜变量服从正态分布。

Logit 连接函数类似于多值 logistic 模型，假设被解释变量有 K 个类别，相应的取值按顺序记为 $y=1$，$y=2$，$\cdots$，$y=K$，则定序 logistic 模型的一般形式可以表示为

$$\ln\left[\frac{p(y_i \leq k)}{1-p(y_i \leq k)}\right] = \beta_0^k + \sum_{j=1}^{J} \beta_j x_{ji} \ (k=1,2,\cdots,K-1) \tag{6.24}$$

定序 logistic 模型包含 $K-1$ 个二值 logistic 回归模型，每个 logistic 回归模型的截距不相等，但解释变量的回归系数是完全相同的，这就是所谓的比例发生比假设（proportional odds assumption）。正是由于这种比例性假设，定序 logistic 模型又被称为比例发生比模型。

将式（6.24）变形为

$$p(y_i \leq k) = \frac{\exp\left(\beta_0^k + \sum_{j=1}^{J} \beta_j x_j\right)}{1 + \exp\left(\beta_0^k + \sum_{j=1}^{J} \beta_j x_j\right)} \tag{6.25}$$

一旦求得累积概率 $p(y_i \leq k)$，则被解释变量的取值等于某个特定类别的概率可以如下计算：

$$p(y_i = 1) = p(y_i \leq 1)$$

$$p(y_i = 2) = p(y_i \leq 2) - p(y_i \leq 1)$$

$$\vdots$$

$$p(y_i = K) = 1 - p(y_i \leq K-1)$$

从而可以写出似然函数：

$$L = \prod_{i=1}^{n}\prod_{k=1}^{K} p\big(y_i = k\big)^{1(y_i=k)} \tag{6.26}$$

在式（6.26）极大化的条件下就可以求得定序 logistic 模型的参数估计值。

本节使用交通事故数据，数据来源孟生旺教授《回归模型》第六章的练习。该数据集包括 5 个变量：驾驶人年龄 agecat（7 个类别），汽车类型 carcat（4 个类别），驾驶人性别 sex(2 个类别)，交通事故的严重程度 degree（3 个类别），以及交通事故的次数 number。

选择"分析 / 回归 / 有序"，打开"Ordinal 回归"对话框，如图 6.35 所示。

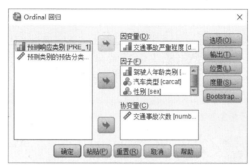

图 6.35 Ordinal 回归

在图 6.35 中，将 degree 选入"因变量"，将 agecat、carcat、sex 选入"因子"，将 number 选入"协变量"。单击"选项"按钮，打开"Ordinal 回归：选项"对话框，如图 6.36 所示。

119

图 6.36 Ordinal 回归：选项

图 6.36 中，"迭代"框组："最大迭代"次数默认为 100，"最大步骤对分"默认为 5，"对数似然性收敛性"默认为 0，"参数收敛"标准默认为 0.000 001（当参数估计值两次迭代之差小于 0.000 001 时，迭代终止）。参数估计值的"置信区间"默认为 95%。"Delta"默认为 0，设定该值是为了当被解释变量和解释变量交叉列联表中的观测频数为 0 时，用 Delta 值（该值在 0 ~ 1 之间）进行修正，以避免对 0 取对数。检查奇异值的容许范围（"奇异性容差"）为 0.000 000 01。"链接"用于选择链接函数，默认为"概率"，也可以选择其他链接函数。

在图 6.35 中，单击"输出"按钮，打开"输出"对话框，如图 6.37 所示。

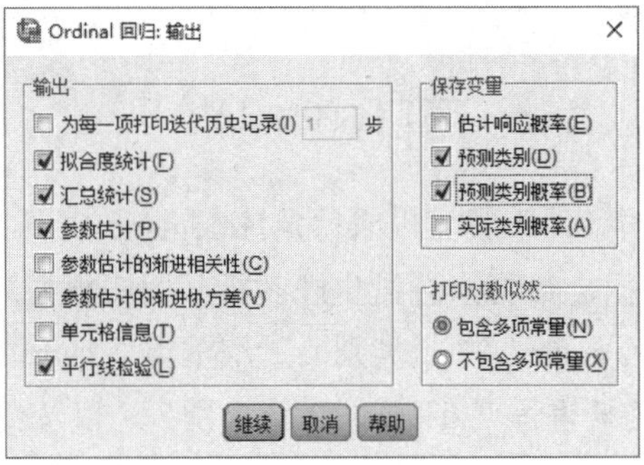

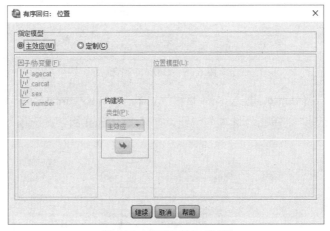

图 6.37　ordinal 回归：输出

　　图 6.37 指定输出分析结果，以及将分析结果以变量形式保存到数据编辑窗口中。其中"输出"框组和"保存变量"框组中的内容在多值 logistic 回归中出现过，此处不再解释。"打印对数似然"框组用于选择是否输出多项常量。

　　在图 6.35 中，单击"位置"按钮，打开"有序回归：位置"对话框，如图 6.38 所示。

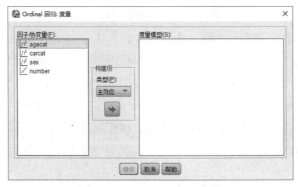

图 6.38　有序回归：位置

　　图 6.38 的位置对话框主要用于指定模型，包括主效应模型及定制模型，类似于多值 logistic 回归。本例只建立主效应模型。

　　在图 6.35 中，单击"度量"按钮，打开"Ordinal 回归：度量"对话框，如图 6.39 所示。

图 6.39　Ordinal 回归：度量

图 6.39 用于指定尺度模型中包含的解释变量以及它们的交互项。本例不建立尺度模型。运行后得到 ordinal 回归结果，很多结果和多值 logistic 回归类似。

在图 6.40 个案处理摘要中：非伤亡（non-casualty）77 人，占比 36.8%；受伤（injury）79 人，占比 37.8%；致命（fatal）53 人，占比 25.4%。

		N	边缘百分比
交通事故严重程度	non-casualty	77	36.8%
	injury	79	37.8%
	fatal	53	25.4%
驾驶人年龄类别	17~20岁	21	10.0%
	21~25岁	25	12.0%
	26~29岁	28	13.4%
	40~49岁	30	14.4%
	50~59岁	30	14.4%
	60+岁	46	22.0%
	10	29	13.9%
汽车类型	lighttruck	42	20.1%
	motorcycle	81	38.8%
	6	38	18.2%
	10	48	23.0%
性别	M	133	63.6%
	F	76	36.4%
有效		209	100.0%
缺失		0	
总计		209	

图 6.40　个案处理摘要

图 6.41 为 3 个伪 R^2 统计量，该模型的整体拟合效果一般。

考克斯 - 斯奈尔	.282
Nagelkerke	.318
McFadden	.153

联接函数：Logit。

图 6.41　伪 R^2

图 6.42 显示了模型整体显著性检验结果，最终模型的卡方值为 69.222，p 值为 0.000，表明所有解释变量与连接函数之间的线性关系显著。

模型	-2 对数似然	卡方(i)	df	显著性
仅有截距	448.767			
与前面连写	379.545	69.222	11	.000

联接函数：Logit。

图 6.42　模型拟合信息

图 6.43 为参数估计结果。参数估计值为 0.000 的属于参照类别。由于被解释变量有 3 个类别，可以建立两个定序 logistic 模型，这两个模型只在截距上有差异，即

$$\ln\left[\frac{p(y_i=1)}{1-p(y_i=1)}\right] = -4.164 + \sum_{j=1}^{J}\beta_j x_{ji}$$

$$\ln\left\{\frac{p(y_i=1)+p(y_i=2)}{1-[p(y_i=1)+p(y_i=2)]}\right\} = -2.132 + \sum_{j=1}^{J}\beta_j x_{ji}$$

		估算(E)	标准 错误	Wald	df	显著性	95% 的置信区间	
							下限	上限
Threshold	[degree = 1]	-4.164	.808	26.570	1	.000	-5.747	-2.581
	[degree = 2]	-2.132	.775	7.566	1	.006	-3.652	-.613
位置	number	-.003	.000	31.897	1	.000	-.003	-.002
	[agecat=1]	-.764	.596	1.645	1	.200	-1.932	.404
	[agecat=2]	-.471	.559	.709	1	.400	-1.565	.624
	[agecat=3]	-.604	.537	1.262	1	.261	-1.657	.450
	[agecat=5]	.169	.530	.101	1	.750	-.870	1.208
	[agecat=6]	.054	.523	.010	1	.918	-.972	1.079
	[agecat=7]	-.878	.504	3.035	1	.081	-1.865	.110
	[agecat=10]	0[a]	.	.	0	.	.	.
	[carcat=2]	-3.386	.691	23.985	1	.000	-4.741	-2.031
	[carcat=4]	-4.134	.734	31.703	1	.000	-5.572	-2.695
	[carcat=6]	-3.390	.734	21.310	1	.000	-4.830	-1.951
	[carcat=10]	0[a]	.	.	0	.	.	.
	[sex=0]	1.196	.321	13.903	1	.000	.567	1.825
	[sex=1]	0[a]	.	.	0	.	.	.

联接函数: Logit。

a. 此参数设置为零, 因为它是冗余的。

图 6.43　参数估计

图 6.44 为平行线检验, 即各模型的斜率系数是否相等。379.545 是约束各斜率系数相等时模型的 -2 倍对数似然函数值, 140.973 为最终模型的对数似然函数值, 二者的差值为238.572, 对应的 p 值为 0.000, 应该拒绝原假设, 表明各模型的斜率存在显著性差异, 意味着选择 logit 连续函数不恰当。

平行线检验[a]

模型	-2 对数似然	卡方(i)	df	显著性
原假设	379.545			
常规	140.973[b]	238.572[c]	11	.000

零假设规定位置参数（斜率系数）在各响应类别中都是相同的。

图 6.44　平行线检验

当平行线假定不成立时, 可以尝试其他连接函数。如果在所有连接函数下平行性假定都不成立, 可以考虑采用非限制广义定序 logistic 模型（允许所有回归系数都随被解释变量次序而变化）或偏比例发生模型（部分回归系数随被解释变量的次序而变化）。只是这两种模型都无法通过 SPSS 估计, 有兴趣的读者可以参考 STATA 软件估计该类模型的方法。

6.4　广义线性模型

广义线性模型是对线性回归模型的推广。该类模型的因变量可以服从指数族分布中的任意一个分布, 如正态分布、二项分布、泊松分布、伽马分布、逆高斯分布或 Tweedie 分布等。

指数族分布密度函数的一般形式为

$$f(y_i, \theta_i, \phi) = \exp\{[y_i\theta_i - b(\theta_i)]/a(\phi) + h(y_i, \phi)\}$$

式中, $b(\theta_i)$ 和 $h(y_i, \phi)$ 是已知函数, 对于指数分布中的不同分布, 它们具有不同的形式, 换言之, 这两个函数的不同形式决定了具体的分布类型, 事实上, $b(\theta_i)$ 就能唯一确定分布的具体形式，$h(y_i, \phi)$ 仅起到标准化的作用；θ_i 为自然位置参数，与分布的均值 μ 有关；ϕ 为尺度参数，与分布的均值无关，仅与方差有关。

广义线性模型的一般形式为

$$\eta_i = g(E(y_i)) = g(\mu_i) = \mathbf{x}_i'\hat{\mathbf{a}} \tag{6.27}$$

因变量的期望为

$$E(y_i) = g^{-1}(\eta_i) = g^{-1}(\mathbf{x}_i'\hat{\mathbf{a}}) \tag{6.28}$$

广义线性模型包括三个基本构成部分：

（1）随机成分。观测值 y_i 是相互独立的随机变量，且服从指数族分布。指数族分布的方差可随均值的变化而变化。

（2）系统成分。广义线性模型的线性预测值仍为 $\eta_i = \mathbf{x}_i'\beta$，与线性回归模型完全相同。

（3）连接函数。因变量的拟合值通过连接函数变换之后等于线性预测值，即 $g(\mu_i) = \mathbf{x}_i'\hat{\mathbf{a}}$。连接函数 g 是一个严格单调且可导的函数。

正态分布的连接函数为

$$\eta_i = \mu_i \text{（恒等连接函数）}$$

二项分布的连接函数为

$$\eta_i = \ln\frac{\mu_i}{1-\mu_i} = \ln\frac{p_i}{1-p_i} \text{（逻辑斯蒂连接函数）}$$

Probit 的连接函数为

$$\eta_i = \Phi^{-1}(\mu_i) \text{（标准正态分布连接函数）}$$

泊松分布的连接函数为

$$\eta_i = \ln(\lambda) \text{（对数连接函数）}$$

指数分布的连接函数为

$$\eta_i = \frac{1}{\lambda_i} \text{（倒数连接函数）}$$

伽马分布的连接函数为

$$\eta_i = \frac{1}{\lambda_i} \text{（倒数连接函数）}$$

逆高斯分布的连接函数为

$$\eta_i = \mu_i^{-2}$$

此外，双对数连接函数 $\eta_i = -\ln[-\ln(\mu_i)]$，互补双对数连接函数 $\eta_i = \ln[-\ln(1-\mu_i)]$，幂族连接函数 $\eta_i \begin{cases} \ln\mu_i^{\lambda} & \lambda \neq 0 \\ \ln\mu_i & \lambda = 0 \end{cases}$。

6.4.1 被解释变量为数值变量情形

为了研究对外开放对经济增长的影响，选择国内生产总值（groos domestic prodnct，GDP，单位：亿元）作为经济增长的指标，外商直接投资（foreign direct investments，FDI，单位：亿美元）和出口（Export，单位：亿美元）作为开放指标，文件名为regr.sav，研究外商直接投资和出口对经济增长的影响是否显著。

选择"分析/广义线性模型/广义线性模型"，打开"广义线性模型"对话框，如图6.45所示。

图6.45　广义线性模型：模型类型

在图6.45中，第一个选项卡为"模型类型"，用于选择一种模型类型或指定分布和连接（不是链接）函数的自定义组合。若因变量为数值型（刻度响应），可以选择线性模型或具有对数连接的伽马（不是伽马）模型；若因变量为顺序数据（有序响应），可以选择有序logistic或有序probit；若因变量为计数数据，可以选择具有对数连接函数的泊松回归或负二项回归；若因变量为二元响应，可以选择二元logistic或二元probit；如果是混合数据，可选具有对数连接函数的Tweedie回归或具有恒等式连接函数的Tweedie回归。如果选择"定制"，可以自行确定分布类型和连接函数。本例被解释变量为数值型，因此选择"线性"。

图6.46为"响应"选项卡，将lngdp选入"因变量"。由于"因变量"是数值型，"变量代表"框组没有激活，只有在"模型类型"选项卡中选择"二元响应或事件/实验数据"，该框组才能激活。"刻度权重"用于选择权重变量，通常只有频数数据才需要选择权重变量。

图 6.46　广义线性模型：响应

图 6.47 为"预测变量"选项卡，如果有类别变量，可选入"因子"，并通过下方的"选项"设置类别变量各个类别的顺序，数值型变量选入"协变量"。本例将 lnfdi 和 lnexport 选入"协变量"。

125

图 6.47　广义线性模型：预测变量

图 6.48 中，"因子和协方差"应为因子和协变量，将 lnfdi 和 lnexport 选入"模型"，"构建项"选择主效应，还可以选择变量间的交互效应，变量的二阶、三阶、四阶、五阶等。"构建嵌套项"主要适用于实验设计中的嵌套设计。

图 6.48　广义线性模型：模型

图 6.49 用于选择参数估计方法。由于本例选择的是数值型被解释变量，默认估计方法为极大似然估计，协方差矩阵选择"基于模型的统计量"选项，"迭代"框组设定收敛标准。

图 6.49　广义线性模型：估计

图 6.50 用于选择输出统计量。对于数值型被解释变量，默认采用 Wald 统计量和 Wald 置信区间。同时默认输出个案处理摘要、描述统计、模型信息、拟合度统计、模型汇总统计、参数估计。

图 6.51 用于显示因子和因子交互的估计边际均值。由于本例没有因子变量，此部分无须设置，也不能设置。

图 6.50 广义线性模型：统计（Statistics）

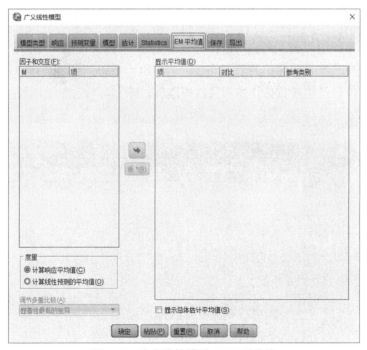

图 6.51 广义线性模型：EM 平均值

图 6.52 用于设置需保存的变量，本例被解释变量为数值变量，所以选择保存响应平均值的预测值、响应平均值的置信区间的下界、响应平均值的置信区间的上界、线性预测的预测值。响应平均值的预测值指因变量均值的预测，而线性预测的预测值指因变量个别值的预测。

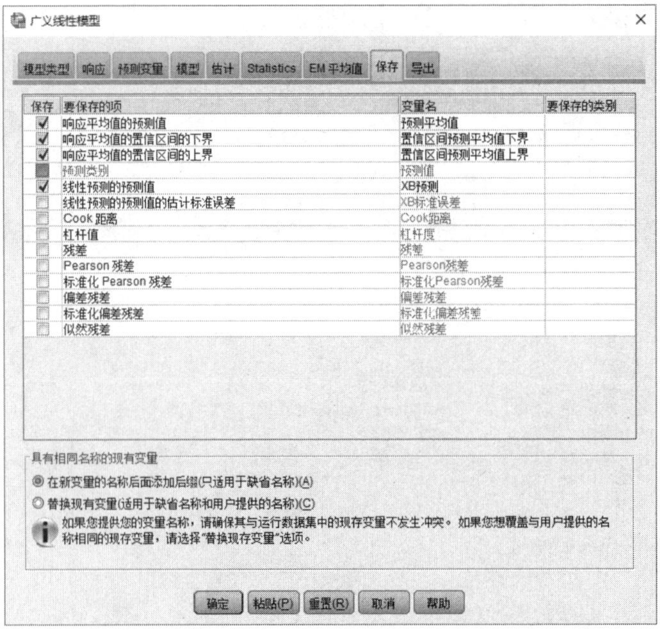

图 6.52　广义线性模型：保存

图 6.53 用于设置是否将模型导出为数据或 xml，只有选择相应项的时候，对应的框组才能够激活。如果选择"将模型导出为数据"，那么其下方的"目标"框组和"导出为数据"框组将被激活。在"目标"框组中，"数据集"选项将模型导出到一个新的数据集，新数据集的名字可以填写到"名称"后；"数据文件"选项将模型导出到一个现存的数据文件，通过"浏览"选择要导出的数据文件。"导出为数据"框组选择是导出"参数估计值和协方差矩阵"还是"参数估计和相关性矩阵"。

图 6.53　广义线性模型：导出

全部设定完成后，运行后可得到广义线性模型结果。

图 6.54 提供了模型信息，其中因变量为 lngdp，概率分布为正态分布，连接函数为恒等函数。此结果对应图 6.50 中的"模型信息"选项。

因变量	lngdp
概率分布	常规(N)
关联函数	恒等函数

图 6.54　模型信息

图 6.55 提供了模型中所有连续变量的描述统计量，包括样本观测数（N）、最小值、最大值、平均值、标准偏差（应为均值的标准误）。此结果对应图 6.50 中的"描述统计"选项。

		N	最小值	最大值	平均值	标准偏差
因变量	lngdp	31	9.85	13.83	12.0710	1.180 10
协变量	lnfdi	31	3.55	7.27	6.3304	.928 39
	lnexport	31	6.43	10.16	8.6512	1.290 63

图 6.55　连续变量信息

图 6.56 提供了模型拟合度信息，其中皮尔逊卡方为 4.717，p 值为 0.168，应该接受原假设，表明模型拟合较好。另外还提供了 4 种信息准则，如 AIC、AICC、BIC、CAIC 等。

拟合度[a]

	值	自由度	值/自由度
偏差	4.717	28	.168
定比变换	31.000	28	
皮尔逊卡方	4.717	28	.168
定比皮尔逊卡方	31.000	28	
对数似然[b]	-14.803		
Akaike 信息标准 (AIC)	37.606		
有限样本校正 AIC (AICC)	39.145		
Bayesian 信息标准 (BIC)	43.342		
相容 AIC (CAIC)	47.342		

图 6.56　连续变量信息

图 6.57 为模型综合检验，似然比卡方为最终模型和零模型（只包含截距项）-2 倍对数似然的差值，p 值为 0.000，表明所有解释变量对被解释变量具有显著影响。

似然比卡方	自由度	显著性
67.619	2	.000

因变量：lngdp
模型：（截距），lnfdi, lnexport

a. 将拟合模型与截距模型相比较。

图 6.57　模型综合检验

图 6.58 为模型效应检验，提供了所有解释变量系数的 Wald 卡方值、自由度和显著性。由 lnfdi 和 lnexport 的显著性可知：若取 0.10 的显著性水平，这两个变量对被解释变量的影响都是显著的；若取 0.05 的显著性水平，lnfdi 对被解释变量的影响不显著，而 lnexport 对被解释变量的影响显著。

源	III 类		
	Wald 卡方值	自由度	显著性
（截距）	78.136	1	.000
lnfdi	3.144	1	.076
lnexport	31.592	1	.000

因变量：lngdp
模型：（截距），lnfdi, lnexport

图 6.58　模型效应检验

图 6.59 为模型最终估计结果。给出了截距及所有解释变量系数的估计值、标准误、95%Wald 置信区间及假设检验，其中假设检验部分和图 6.58 完全相同。另外还给出了模型估计的最大似然值为 0.152，标准误为 0.0386，95%Wald 置信区间为（0.092，0.250）。模型估计方程为

$$\text{lngdp} = 4.429 + 0.293 \times \text{lnfdi} + 0.669 \times \text{lnexport} + u$$

参数	B	标准错误	95% Wald 置信区间		假设检验		
			下限	上限	Wald 卡方值	自由度	显著性
（截距）	4.429	.5011	3.447	5.411	78.136	1	.000
lnfdi	.293	.1654	-.031	.617	3.144	1	.076
lnexport	.669	.1190	.436	.902	31.592	1	.000
（标度）	.152[a]	.0386	.092	.250			

因变量：lngdp
模型：（截距），lnfdi, lnexport

a. 最大似然估算值。

图 6.59　模型效应检验

根据图 6.52 的保存选项，运行结束后在数据编辑窗口产生了 4 个新变量，如图 6.60 所示。XBPredicted 为被解释变量个别值的预测值，MeanPredicted 为被解释变量均值的预测值，CIMeanPredictedLower、CIMeanPredictedUpper 分别为均值预测 95% 置信区间的置信下限和置信上限。从前 10 条观测值看，lngdp 的值均落在置信区间范围之内，说明预测效果良好。

lngdp	lnfdi	lnexport	XBPredicted	MeanPredicted	CIMeanPredicte dLower	CIMeanPredicte dUpper
10.48	5.62	6.82	10.638	10.64	10.36	10.92
10.79	5.82	7.10	10.884	10.88	10.62	11.15
11.02	5.93	7.31	11.053	11.05	10.80	11.30
11.18	6.03	7.32	11.094	11.09	10.83	11.36
11.29	6.11	7.51	11.245	11.25	11.00	11.49
11.35	6.12	7.52	11.250	11.25	11.00	11.50
11.41	6.00	7.58	11.254	11.25	11.04	11.47
11.52	6.01	7.82	11.421	11.42	11.24	11.60
11.62	6.15	7.89	11.507	11.51	11.32	11.70
11.71	6.27	8.09	11.676	11.68	11.50	11.85

图 6.60　数据编辑窗口

6.4.2　被解释变量为类别变量情形

此处使用二值 logistic 的数据文件 bankloan.sav，在模型类型选项卡中选择"二元 logistic"；在响应选项卡将 default 选入"因变量"，并选择第一个值作为参考类别；在预测变量选项卡，将 ed 选入"因子"，将 age、employ、address、income、debtinc、 creddebt、othdebt 选入"协变量";在模型选项卡将以上所有解释变量选入"模型";在估计选项卡、统计选项卡和导出选项卡均选默认设置;在保存选项卡选择"预测类别";由于存在因子变量,"EM 平均值"选项卡需要进行设置,如图 6.61 所示。

图 6.61 广义线性模型:EM 平均值

在图 6.61 中,将 ed 选入右侧的"显示平均值"框,单击"对比"右侧的下拉箭头,可以选择是否在因子不同水平之间进行对比,如果选择"无",则左下方的"调节多重比较"不能激活。对比下拉菜单中的其他选项解释如下:

两两比较:为因子所有水平的组合进行成对比较。

简单:将每个水平的平均值与指定水平的平均值进行比较。

偏差:将因子的每个水平与总平均值比较。

差值:将因子每个水平(除第一个水平)的平均值与前面水平的平均值进行比较,又称逆 helmert 对比。

Helmert:将因子每个水平(除最后一个水平)的平均值与后面水平的平均值进行比较。

重复:将每个水平(除最后一个水平)的平均值与后一个水平的平均值进行比较。

多项式:比较线性效应、二次效应、三次效应等。第一自由度包含跨所有类别的线性效应;第二自由度包含二次效应;依此类推。

"度量"框组包含两个选项:"计算响应平均值"指根据被解释变量的原始尺度估算边际平均值;"计算线性预测的平均值"指根据连接函数将被解释变量变换后估计边际平均值。

"调节多重比较"用于选择多重比较方法,主要提供了以下几种方法:

显著性最低的差异:应该翻译为最小显著性差异(least significant difference),简称 LSD,由 Fisher 提出,实质上是一种 t 检验。

假设因子 A 的 r 个水平均值,每个水平下的重复数分别为 $m_1, m_2, \cdots, m_r$,总的实验次数 $n = m_1 + m_2 + \cdots + m_r$。当 $H_0^{ij}: \mu_i = \mu_j$ 成立时,可以构造 t 统计量,即

$$t = \frac{\overline{y}_i - \overline{y}_j}{\sqrt{\left(m_i^{-1} + m_j^{-1}\right)MS_E}} \tag{6.29}$$

我们将 LSD 记为

$$LSD = t_{\alpha/2,n-a}\sqrt{\left(m_i^{-1} + m_j^{-1}\right)MS_E} \tag{6.30}$$

称为最小显著差异。如果设计是平衡的，则 $m_1 = m_2 = \cdots = m_r = m$ ，即

$$LSD = t_{\alpha/2,n-a}\sqrt{2MS_E/m} \tag{6.31}$$

进行检验时，可以简单地将每一对平均值的差与对应的 LSD 比较就可以了。也就是当 $|\overline{y}_i - \overline{y}_j| >$LSD 时，均值之间有显著的差异。

在采用 LSD 法时，每次比较使用的显著性水平均为 α。LSD 法检验的灵敏度最高，但会因为对比次数的增加使第一类错误概率增加。为解决该问题，出现了 Bonferroni 法和 Sidak 法。

Bonferroni：在 LSD 法基础上对 α 进行调整。若有 k 组，调整后显著性水平的计算公式为：$\alpha_a=\alpha/k$。一般认为 Bonferroni 法是最保守的，若进行 6 次比较，$\alpha_a=0.0083$。当比较次数较少时，该方法效果比较好；当比较次数较多时，该方法对 α 的调整有些矫枉过正。

连续 Bonferroni:Sequential Bonferroni，又称为 Holm-Bonferroni 校正。其基本思路是将两两比较的 p 值从小到大排序，然后将最小的 p 值和 α/k 比较，第二小的 p 值和 $\alpha/(k-1)$ 比较，以此类推。假定四个两两比较的 p 值从小到大分别为 $p_1=0.005$、$p_2=0.01$、$p_3=0.03$、$p_4=0.04$，那么 p_1 应该和 0.0125（0.05/4）比较，p_2 和 0.0167（0.05/3）比较，p_3 和 0.025（0.05/2）比较，p_4 和 0.05 比较。一旦出现某个 p 值大于相应调整后的 α_a，就可以得出结论了。比如 $p_1<0.0125$、$p_2<0.0167$、$p_3>0.025$，就可得到以下结论：p_1 和 p_2 对应的组间差异是显著的，p_3 和 p_4 对应的组间差异不显著。即使 $p_4<0.05$，也不能认为 p_4 对应的组间差异是显著的，因为 $p_3>0.025$，p_4 就失去了比较的机会。

Sidak：Sidak 法计算公式与 LSD 法相同，也是对 α 进行了调整。若有 k 组，对 k 组进行两两比较的次数为 $c = \dfrac{k(k-1)}{2}$ ，那么做完 c 次比较，累计第一类错误概率为 $1-(1-\alpha_a)^c$，令该式等于 0.05，可以倒推出调整后的显著性水平 α_a。例如进行 6 次事后比较，$\alpha_a=0.0085$，以 α_a 作为单次比较的显著性水平。由于 α_a 减小，结论趋于接受原假设，该方法要比 LSD 法保守的多。

"连续 Sidak"：Sequential Sidak，又称为 Holm-Sidak 校正。主要思想类似于连续 Bonferroni。

分类被解释变量与数值型被解释变量输出结果大部分相同，此处仅截取不同的部分。

当模型中存在数值解释变量、类别解释变量和类别被解释变量时，SPSS 分别按

类别变量和数值变量输出变量信息。图 6.62 为分类变量信息（数值变量信息略），其中 previously defaulted 包含两个类别，No 和 Yes，分别占比 73.9% 和 26.1%。level of education 包含 5 个类别，占比分别为 53.1%、28.3%、12.4%、5.4%、0.7%。

			N	百分比
因变量	Previously defaulted	No	517	73.9%
		Yes	183	26.1%
		总计	700	100.0%
因子	Level of education	Did not complete high school	372	53.1%
		High school degree	198	28.3%
		Some college	87	12.4%
		College degree	38	5.4%
		Post-undergraduate degree	5	0.7%
		总计	700	100.0%

图 6.62 分类变量信息

图 6.63 显示了协变量取固定值情况下分类变量 level of education 各个类别的边际平均值，其中 Post-undergraduate degree 的估计边际平均值最大，为 0.26，而 College degree 的估计边际平均值最小，为 0.12。

Level of education	平均值	标准错误	95% Wald 置信区间 下限	上限
Did not complete high school	.13	.021	.09	.18
High school degree	.17	.031	.11	.24
Some college	.17	.045	.10	.28
College degree	.12	.048	.05	.25
Post-undergraduate degree	.26	.247	.03	.81

按下列值: age=34.86; employ=8.39; address=8.28; income=45.6014; debtinc=10.2606; creddebt=1.5536; othdebt=3.0582 固定模型中显示的协变量

图 6.63 分类变量边际平均值

图 6.64 为参数估计值。该估计值和第 6.1 节二值 logistic 模型的估计结果并不相同。原因在于前文采用的向前 LR 法，而本节广义线性模型只有强行进入一种方法。如果第 6.1 节二值 logistic 模型也采用强行进入法，二者结果应该是相同的。另外由第 6.1 节二值 logistic 模型的估计结果可知，只有 employ、address、debtinc、creddebt 是显著的，如果在建立广义线性模型时只选择这 4 个变量作为解释变量，参数估计值将和第 6.1 节完全相同。

参数	B	标准错误	95% Wald 置信区间 下限	上限	假设检验 Wald 卡方值	自由度	显著性
（截距）	-.714	1.4632	-3.582	2.153	.238	1	.625
[ed=1]	-.876	1.2938	-3.412	1.660	.459	1	.498
[ed=2]	-.569	1.2944	-3.105	1.968	.193	1	.660
[ed=3]	-.524	1.3039	-3.079	2.032	.161	1	.688
[ed=4]	-.961	1.3342	-3.576	1.654	.519	1	.471
[ed=5]	0ᵃ	.	.	.	.	.	.
age	.035	.0176	.001	.070	4.074	1	.044
employ	-.261	.0334	-.326	-.195	60.888	1	.000
address	-.105	.0233	-.151	-.060	20.539	1	.000
income	-.008	.0078	-.023	.007	1.010	1	.315
debtinc	.071	.0306	.011	.131	5.340	1	.021
creddebt	.625	.1129	.404	.846	30.635	1	.000
othdebt	.053	.0785	-.101	.207	.456	1	.499
（标度）	1ᵇ						

因变量: Previously defaulted
模型: （截距），ed, age, employ, address, income, debtinc, creddebt, othdebt

a. 设置为零，因为该参数是冗余参数。

b. 固定于显示的值。

图 6.64 参数估计值

图 6.65 为 LSD 法多重比较结果。从 p 值可以看出，不同教育水平之间没有显著性差异。这也是可以理解的，因为从图 6.64 参数估计可知，不同教育水平对被解释变量均没有显著性影响，多重比较当然就不会存在显著性差异。

(I) Level of education	(J) Level of education	平均值差值 (I-J)	标准错误	自由度	显著性	95% 的 Wald 差值置信区间 下限	上限
Did not complete high school	High school degree	-.04	.033	1	.238	-.10	.03
	Some college	-.05	.047	1	.335	-.14	.05
	College degree	.01	.050	1	.854	-.09	.11
	Post-undergraduate degree	-.13	.248	1	.591	-.62	.35
High school degree	Did not complete high school	.04	.033	1	.238	-.03	.10
	Some college	-.01	.049	1	.898	-.10	.09
	College degree	.05	.052	1	.361	-.05	.15
	Post-undergraduate degree	-.09	.249	1	.703	-.58	.39
Some college	Did not complete high school	.05	.047	1	.335	-.05	.14
	High school degree	.01	.049	1	.898	-.09	.10
	College degree	.05	.060	1	.369	-.06	.17
	Post-undergraduate degree	-.09	.249	1	.723	-.58	.40
College degree	Did not complete high school	-.01	.050	1	.854	-.11	.09
	High school degree	-.05	.052	1	.361	-.15	.05
	Some college	-.05	.060	1	.369	-.17	.06
	Post-undergraduate degree	-.14	.249	1	.567	-.63	.35
Post-undergraduate degree	Did not complete high school	.13	.248	1	.591	-.35	.62
	High school degree	.09	.249	1	.703	-.39	.58
	Some college	.09	.249	1	.723	-.40	.58
	College degree	.14	.249	1	.567	-.35	.63

基于因变量 Previously defaulted 原始标度的估计边际平均值的成对比较

图 6.65 参数估计值

134

6.4.3 被解释变量为计数变量情形

假设在一次实验中某事件发生的概率为 p，共进行了 n 次相互独立的随机实验，记该事件发生的次数为 Y，则 $Y=y$ 的概率为

$$p(Y = y) = C_n^y p^y (1-p)^{n-y} \tag{6.32}$$

当 $p \to 0$，$n \to \infty$，而 $np = \lambda > 0$ 时，此概率极限为泊松分布，即

$$\lim p(Y = y) = \lim C_n^y p^y (1-p)^{n-y} = \frac{e^{-\lambda} \lambda^y}{y!} \tag{6.33}$$

对于计数数据，假设 $Y_i = y_i$ 的概率由参数为 λ_i 的泊松分布决定，即

$$p(Y_i = y_i | x) = \frac{e^{-\lambda_i} \lambda^{y_i}}{y_i!} \tag{6.34}$$

式中，$\lambda_i > 0$ 为泊松到达率，表示事件发生的平均次数。泊松分布的期望和方差都等于泊松到达率，即 $E(Y_i|x_i) = \text{Var}(Y_i|x_i) = \lambda_i$，为了保证 λ_i 非负，假设 Y_i 的条件期望函数为

$$E(Y_i|x_i) = \lambda_i = \exp(x_i \hat{a}) \tag{6.35}$$

因此

$$\text{h } \lambda_i = x_i \hat{a} \tag{6.36}$$

式中 β 并不表示边际效应，因为 $\beta_k = \dfrac{\partial \ln \lambda_i}{\partial x_k}$。可将 β_k 解释为半弹性，即当解释变量 x_k 增加微小量时，事件的平均发生次数将增加 β_k 个百分点。另外不可以计算 $\exp(\beta_k)$，由于 $\exp[(x_k+1)\beta_k]/\exp[x_k\beta_k]$，$\exp(\beta_k)$ 也被称为发生率比，表示当 x_k 增加一单位时事件平均发生次数是原来的多少倍。

当分布的期望不等于方差时，可采用负二项回归。

本部分采用 Wooldridge(2003) 数据，陈强使用该数据采用 STATA 软件进行了泊松回归，本书用 SPSS 进行结果重现。该数据集包含以下变量：narr86（# of times arrested in 1986，1986 年被捕次数）、penv（proportion of prior convictions，有前科的比例）、avgsen（average sentence length in months，平均判刑月数）、tottime（total time in prison since 18 in months，18 岁以来入狱月数）、ptime86（months in prison during 1986，1986 年入狱月数）、qemp86（# of quarters emplotyed in 1986，1986 年就业季度数）、inc86(legal income in 1986 in $100s，1986 年合法收入）、black（是否黑人）、hispan(是否拉丁裔)、born60(是否生于 1960 年)。注：本例只进行数据显示，并无任何歧视观点。

在模型类型选项卡中选择"泊松对数线性"；在响应选项卡将 narr86 选入"因变量"，；在预测变量选项卡，将 black、hispan、born60 选入"因子"，将 penv、avgsen、tottime、ptime86、qemp86、inc86、选入"协变量"；在模型选项卡将以上所有解释变量选入"模型"；在估计选项卡、统计选项卡和导出选项卡均选取默认设置；

需要注意的是，此处的泊松对数线性针对的是式（6.36），并不是第 10 章的对数线性模型。

在输出结果中，除了参数估计值外，其他结果的解释和其他广义线性模型类似，此处只给出参数估计结果，如图 6.66 所示。

| 参数 | B | 标准错误 | 95% Wald 置信区间 | | 假设检验 | | |
			下限	上限	Wald 卡方值	自由度	显著性
（截距）	.511	.1110	.293	.728	21.170	1	.000
ptime86	-.098	.0207	-.139	-.058	22.648	1	.000
[black=.00]	-.662	.0738	-.807	-.517	80.434	1	.000
[black=1.00]	0[a]	.	.	.			
[hispan=.00]	-.501	.0739	-.646	-.356	45.888	1	.000
[hispan=1.00]	0[a]	.	.	.			
[born60=.00]	.050	.0641	-.075	.176	.616	1	.433
[born60=1.00]	0[a]	.	.	.			
penv	-.400	.0850	-.567	-.234	22.211	1	.000
avgsen	-.024	.0199	-.063	.015	1.420	1	.233
tottime	.024	.0148	-.004	.053	2.757	1	.097
qemp86	-.038	.0290	-.094	.019	1.673	1	.196
inc86	-.008	.0010	-.010	-.006	60.300	1	.000
（标度）	1[b]						

因变量：narr86
模型：（截距），ptime86, black, hispan, born60, penv, avgsen, tottime, qemp86, inc86

　a. 设置为零，因为该参数是冗余参数。

　b. 固定于显示的值。

图 6.66　参数估计值

在图 6.66 中，白人被逮捕的平均次数是黑人平均被逮捕次数的 0.52 倍 (exp(−0.662))，收入每增加 100 元（因为计量单位以百元计），被逮捕的平均次数是原来的 0.99 倍。其他变量的效应可做类似解释。

自 测 题

即测即练

第 7 章
多层回归模型

社会科学研究中的数据有时候会有层次结构，比如学生嵌套在班级内、班级嵌套在学校内、城市嵌套在省域内等，这种数据通常被称为多水平数据、多层数据或阶层数据。如果不考虑数据的层次结构，还使用原来的统计方法，不仅会使回归系数的标准误被错误低估，还会使不同分析单位所得到的结果难以解释。

7.1 零 模 型

多层模型至少包含两个层次：总体层次和个体层次。以学生学习成绩为例，学生嵌套在学校里，学生为个体层次，学校为总体层次。探讨学生投入学习时间、学生父母学历等对学生成绩的影响，属于个体层次的分析；而研究各学校教育经费、学校级别等对学校学生平均成绩的影响，则属于总体层次的分析。

7.1.1 零模型的基本形式

所谓零模型，是指在任何层次都不包含解释变量的模型。零模型又被称为虚无模型，通常被作为比较的基础。

多层模型的第一层为

$$y_{ij} = \beta_{0j} + \varepsilon_{ij} \tag{7.1}$$

式中，i 代表不同的个体；j 代表不同的总体。

多层模型的第二层为

$$\beta_{0j} = \gamma_{00} + u_{0j} \tag{7.2}$$

假定，$\varepsilon_{ij} \sim \sigma_\varepsilon^2$，$u_{0j} \sim \tau_{00}$，$\mathrm{Cov}(\varepsilon_{ij}, u_{0j}) = 0$。

式（7.2）中，γ_{00} 为截距项，也被称为固定效应的截距项；u_{0j} 为随机变量，属于随机效应，也被称为随机效应的截距项。

将式（7.2）代入式（7.1）中，得

$$y_{ij} = \gamma_{00} + u_{0j} + \varepsilon_{ij} \tag{7.3}$$

式（7.3）通常被称为线性混合模型。

y_{ij} 的方差可分解为以下两部分：

$$\mathrm{Var}(y_{ij}) = \tau_{00} + \sigma_\varepsilon^2 \tag{7.4}$$

式中，τ_{00} 为被解释变量 y_{ij} 在总体层次（如不同省份之间）上的方差，σ_ε^2 为被解释变量 y_{ij} 在个体层次（如不同城市之间）上的方差，即被解释变量 y_{ij} 的总方差是总体层次上的方差和个体层次上的方差之和。

总体层次方差占总方差的比例为

$$\rho = \frac{\tau_{00}}{\tau_{00} + \sigma_\varepsilon^2} \tag{7.5}$$

ρ 称为跨级相关系数（intra class correlation coefficient, ICC）。Cohen(1988) 建议当 $\rho \geqslant 0.059$ 时，应该考虑多层模型，如果 ρ 值比较小，则可以不考虑多层模型。

7.1.2 零模型案例实现

本节案例采用多层模型中经典数据，该数据为多层模型软件 MLwiN 自带数据集。该数据集包括 10 个变量：school（学校编号，取值为 1 ～ 65）、student（学生在每个学校的编号）、normexam（学生 16 岁时的会考成绩，已标准化）、cons（取值为 1 的常量）、standlrt（11 岁时的中考成绩，已标准化）、girl（是否为女生，是编码为 1）、schgend（学校类别：1 为混合校，2 为男校，3 为女校）、avslrt（各学校中考平均成绩，已标准化）、schav（各学校中考平均成绩等级分类：1 低、2 中、3 高）、vrband（小学毕业时言语推理水平：1 高、2 中、3 低）。

选择"分析 / 混合模型 / 线性"选项，打开"线性混合模型：指定主体和重复"对话框，如图 7.1 所示。

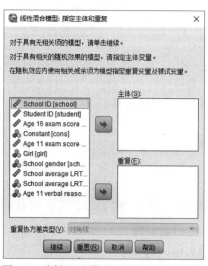

图 7.1 线性混合模型：指定主体和重复

图 7.1 中上方有 3 行提示：第一行指如果没有相关项，则直接单击"继续"；第二行指如果存在相关的随机效应，则指定主体变量；第三行指如果在随机效应内存在相关的残差项，则应同时指定主体变量和重复变量。

如果既不选择主体变量，也不选择重复变量，等价于方差分析。在图 7.1 中单击"继续"按钮，打开对话框，如图 7.2 所示。

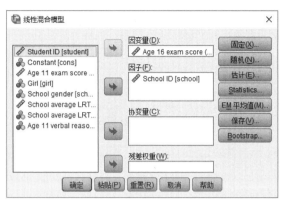

图 7.2　线性混合模型

在图 7.2 中，将 normexam 选入"因变量"，将 school 选入"因子"。其他选择默认设置。主要结果如图 7.3 所示。

源	分子 df	分母 df	F	显著性
截距	1	3994.000	1.428	.232
school	64	3994.000	12.231	.000

a. 因变量：Age 16 exam score (normalised)。

图 7.3　固定效应检验

由于不存在跨级相关，图 7.3 只输出了固定效应检验结果，由于 F 统计量等于 12.231，对应的 p 值为 0.000，可以认为学生会考成绩在学校间存在显著差异。

该结果也可以通过单因素方差分析再现。选择"分析/比较平均值/单因素 anova"，打开"单因素方差分析"对话框，如图 7.4 所示。

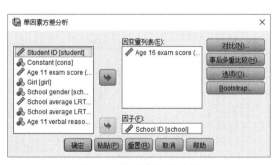

图 7.4　单因素方差分析

在图 7.4 中，将 normexam 选入"因变量列表"，将 school 选入"因子"。其他选择默认设置。主要结果如图 7.5 所示。

Age 16 exam score (normalised)

	平方和	df	均方	F	显著性
组之间	663.580	64	10.368	12.231	.000
组内	3385.853	3994	.848		
总计	4049.433	4058			

图 7.5　方差分析表

图 7.5 中的 F 统计量、对应的 p 值均和图 7.3 中完全相同，二者结论一致。

若存在跨级相关，则需选择主体变量。主体层次变量属第二层变量，或总体层次变量，本例中，将 school 选入"主体"，如图 7.6 所示。

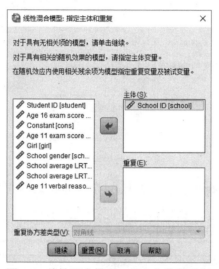

图 7.6　线性混合模型：指定主体和重复

单击"继续"按钮，打开"线性混合模型"对话框，如图 7.7 所示。

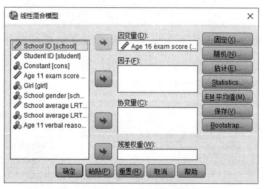

图 7.7　线性混合模型

在图 7.7 中，只需将 normexam 选入"因变量"即可，因为 school 已经作为主体变量，不能再作为因子变量选入"因子"中。单击"固定"按钮，进行固定效应设置，如图 7.8 所示。

在零模型中，由于没有解释变量，"因子和协方差（应翻译为协变量）"中没有任何变量。图 7.8 中默认"包括截距"，此截距即为 γ_{00}。

在图 7.7 中，单击"随机"按钮，进行随机效果设置，如图 7.9 所示。

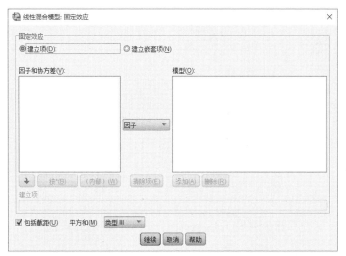

图 7.8　线性混合模型：固定效应

图 7.9　线性混合模型：随机效果

图 7.9 中，"协方差类型"选择方差成分，因为零模型又被称为方差成分模型。勾选"包括截距"，此处所谓的截距，是指随机效应部分的 u_{0j}。在"主体组"框组，将 school 选入"组合"。

在图 7.7 中，单击"估计"按钮，进行估计参数设置，如图 7.10 所示。

图 7.10 主要包括参数估计方法和收敛标准。参数估计方法包括约束最大似然性和最大似然性，默认为约束最大似然性。收敛标准包括对数似然值的收敛标准、参数收敛标准和黑塞（Hessian）矩阵收敛标准。

在图 7.7 中，单击 Statistics 按钮，选择输出的统计量，如图 7.11 所示。

图 7.10　线性混合模型：估计　　　图 7.11　线性混合模型：统计

图 7.11 中，"汇总统计"框组可选择输出描述统计和个案处理摘要。"模型统计"框组中，"参数估计"输出各参数的估计值，"协方差参数检验"输出协方差参数检验结果，"参数估值的相关性"输出参数估计值的相关矩阵，"参数估计的协方差"输出参数估计值的方差协方差矩阵，"随机效果的协方差"输出随机效应的协方差，最后两项输出残差的协方差和对比系数矩阵。默认使用 95% 置信区间。

在图 7.7 中，单击"保存"按钮，选择需保存在数据编辑窗口中的变量，如图 7.12 所示。

图 7.12　线性混合模型：保存

图 7.12 中，混合预测值（应翻译为固定预测值），包括预测值、标准误差（应翻译为标准误）和自由度。"预测值和残差"框组包括预测值、标准误差（应翻译为标准误）、自由度和残差。

设定完成后返回图 7.7，单击"确定"按钮，得到运行结果。

图 7.13 为模型维度，其中固定效应截距 1 个，随机效应截距 1 个，总共 2 个。协方差成分有 3 个。

		水平数	协方差结构	参数数目	主项变量
固定效应	截距	1		1	
随机效果	截距[b]	1	方差成分	1	school
残差				1	
总计		2		3	

a. 因变量：Age 16 exam score (normalised)。

b. 从 V11.5 开始，RANDOM 子命令的语法规则已更改。您的命令
语法产生的结果可能与先前版本生成的结果不同。如果您使用
的是 V11 语法，那么请参阅当前的语法引用指南获取更多信
息。

图 7.13　模型维度

图 7.14 为信息准则，零模型 -2 倍受限对数似然值为 11 014.654，AIC 为 11 018.654，BIC 为 11 031.270。

-2 倍受限对数似然	11 014.654
Akaike 信息标准 (AIC)	11 018.654
Hurvich 和 Tsai 准则 (AICC)	11 018.656
Bozdogan 准则（CAIC）	11 033.270
施瓦兹贝叶斯准则 (BIC)	11 031.270

信息标准以望小的形式显示。

a. 因变量：Age 16 exam score (normalised)。

图 7.14　信息准则

图 7.15 为固定效应检验。原假设为固定效应等于 0。此处对固定效应截距检验采用的 F 统计量，F 值为 0.06，对应的 p 值（显著性）为 0.807，表明截距与 0 没有显著差异。这个结论很容易理解，因为在零模型中，固定效应的截距项 γ_{00} 为总体均值，而因变量为标准化值，其均值本身就为 0。

143

源	分子 df	分母 df	F	显著性
截距	1	62.529	.060	.807

a. 因变量：Age 16 exam score (normalised)。

图 7.15　固定效应检验

图 7.16 为固定效应估计结果，γ_{00} 的估计值为 -0.013252，t 统计量值为 -0.245，对应的 p 值为 0.807，和图 7.15 中的 p 值相等。实际上此处 t 统计量的平方即是 F 统计量，即 0.245×0.245=0.06。

参数	估算	标准错误	自由度	t	显著性	95% 的置信区间 下限	上限
截距	-.013 252	.054 055	62.529	-.245	.807	-.121 288	.094 783

a. 因变量：Age 16 exam score (normalised)。

图 7.16　固定效应估算

图 7.17 为协方差参数估计，准确地说应该是方差估计，残差方差（ε_{ij} 的方差 σ_ε^2）的估计量为 0.847 757，Wald Z 值为 44.687，对应的 p 值为 0.000，表明残差方差显著不为 0。截距方差（u_{0j} 的方差 τ_{00}）的估计量为 0.171 599，Wald Z 值为 5.103，对应的 p 值为 0.000，表明 u_{0j} 方差显著不为 0。由此可计算出 ICC 为 0.171 599/（0.171 599+0.847 757）=0.168，表明跨级相关比较大，需要采用多层模型。

参数	估算	标准错误	Wald Z	显著性	95% 的置信区间 下限	上限
残差	.847 757	.018 971	44.687	.000	.811 378	.885 768
截距 [subject = school] 方差	.171 599	.033 630	5.103	.000	.116 868	.251 962

a. 因变量：Age 16 exam score (normalised).

图 7.17   协方差参数估算

图 7.18 为随机效应的协方差结构，由于是零模型，随机效应的方差和图 7.17 中截距方差相等。

	截距	school
截距	school	.171 599

方差成分

a. 因变量：Age 16 exam score (normalised)。

图 7.18   随机效应协方差结构

零模型的线性混合形式为

$$y_{ij} = -0.013\,252 + u_{0j} + \varepsilon_{ij}$$

7.2   随机截距模型

只有截距随机、斜率不随机的模型被称为随机截距模型。随机截距模型可以有不同的形式。

一种是第一层回归式，仍然与式（7.1）相同，但第二层回归式加入了解释变量，即

$$\beta_{0j} = \gamma_{00} + \gamma_{01}Z_j + u_{0j} \tag{7.6}$$

将式（7.6）代入式（7.1）得

$$y_{ij} = \gamma_{00} + \gamma_{01}Z_j + u_{0j} + \varepsilon_{ij} \tag{7.7}$$

误差项的假设同零模型。

由于在式（7.1）中没有任何自变量，β_{0j} 的最佳估计量就是每组样本的均值；而式（7.6）相当于用各组均值作为第二层的被解释变量对第二层的解释变量进行回归分析，因此此种形式的随机截距模型又被称为以平均数为结果的回归模型。

若第一层的回归式为

$$y_{ij} = \beta_{0j} + \beta_{1j}x_{ij} + \varepsilon_{ij} \tag{7.8}$$

第二层为

$$\beta_{0j} = \gamma_{00} + u_{0j} \tag{7.9}$$

$$\beta_{1j} = \gamma_{10} \tag{7.10}$$

将式（7.9）、式（7.10）代入式（7.8）得

$$y_{ij} = \gamma_{00} + \gamma_{10}x_{ij} + u_{0j} + \varepsilon_{ij} \tag{7.11}$$

若第一层仍为式（7.8），而第二层变为

$$\beta_{0j} = \gamma_{00} + \gamma_{01}Z_j + u_{0j} \tag{7.12}$$

$$\beta_{1j} = \gamma_{10} \tag{7.13}$$

即式（7.12）和式（7.9）的差别在于加入了第二层的解释变量。

将式（7.12）和式（7.13）代入式（7.8）得

$$y_{ij} = \gamma_{00} + \gamma_{10}x_{ij} + \gamma_{01}Z_j + u_{0j} + \varepsilon_{ij} \tag{7.14}$$

式（7.7）、式（7.11）和式（7.14）都属于随机截距线性混合模型。

仍然采用第一节的数据。首先估计针对式（7.7）的随机截距线性混合模型，重新设定线性混合模型主对话框，如图 7.19 所示。

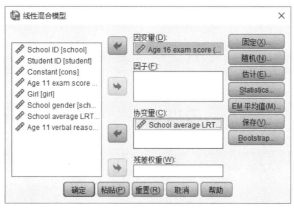

图 7.19　线性混合模型

在图 7.19 中，将 normexam 选入"因变量"，将 avslrt 选入"协变量"。式（7.7）中的变量为第二层变量，实际上只要是模型中的变量，不管是第一层还是第二层的变量，类别变量都选入"因子"，数值型变量都选入"协变量"。

在图 7.19 中单击"固定"按钮，设置固定效应，如图 7.20 所示。

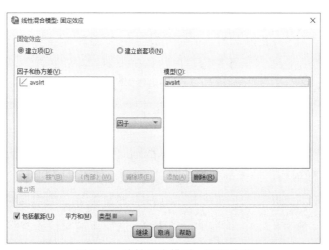

图 7.20　线性混合模型：固定效应

固定效应就是有任何回归系数（γ）年自变量（不管第一层还是第二层）的部分，而随机效应就是任何带有随机变量（不管第一层还是第二层）的部分。对式（7.7）而言，固定效应就是γ_{00}、γ_{01}，而随机效应是u_{0j}和ε_{ij}。因此，在图7.20中，默认选择项"包括截距"对应γ_{00}，将第二层解释变量avslrt选入"模型"，对应固定效应γ_{01}。

在图7.19中单击"随机"按钮，设置随机效应，如图7.21所示。

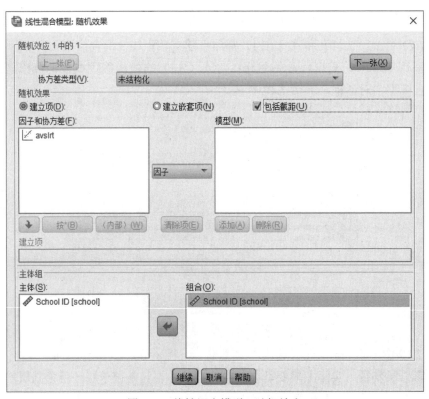

图 7.21　线性混合模型：随机效应

由于式（7.7）中的随机效应部分和零模型中的随机效应部分完全一致，此处随机效应设置同零模型。在"协方差类型"中一般选择"未结构化"，即不对随机效应的协方差类型进行事先设定，而由SPSS软件自行估计这些方差系数。除了"未结构化"外，还有几种常见的协方差类型。"对角线"指自由估计每个随机部分的方差，但所有协方差都被限定为0。"复合对称"指所有随机部分的方差相同，所有的协方差也相同，即假定各个随机成分之间有同样的关联程度和变异性。"已标度的恒等"指所有随机部分的方差相等，但所有协方差被限定为0，即各随机部分之间不存在任何关联。

其他部分设定同零模型。模型维度和信息准则此处不再列示。

图7.22为固定效应估计结果，其中截距γ_{00}的估计值为0.013 266，t统计量为0.358，对应的p值为0.721，表明固定效应截距与0没有显著差异。固定效应斜率γ_{01}的估计值为0.925 614，t统计量为8.364，对应的p值为0，表明不同学校的截距受各学校层面变量avslrt的影响，中考平均成绩（avslrt）越高的学校，会考平均成绩越高。

参数	估算	标准错误	自由度	t	显著性	95% 的置信区间	
						下限	上限
截距	.013 266	.037 036	58.594	.358	.721	-.060 855	.087 386
avslrt	.925 614	.110 671	62.566	8.364	.000	.704 426	1.146 802

a. 因变量：Age 16 exam score (normalised)。

图 7.22　固定效应估算

图 7.23 中协方差参数仍然只有两个，其中残差方差的估计量为 0.848 282，Wald Z 值为 44.677，对应的 p 值为 0，表明残差方差显著不为 0。截距方差的估计量为 0.071 754，Wald Z 值为 4.471，对应的 p 值为 0，表明截距方差显著不为 0。

参数		估算	标准错误	Wald Z	显著性	95% 的置信区间	
						下限	上限
残差		.848 282	.018 987	44.677	.000	.811 872	.886 323
截距 [subject = school]	方差	.071 754	.016 048	4.471	.000	.046 289	.111 230

a. 因变量：Age 16 exam score (normalised)。

图 7.23　协方差参数估算

该模型的线性混合形式为

$$y_{ij} = 0.013\,266 + 0.965\,214 Z_j + u_{0j} + \varepsilon_{ij}$$

式（7.11）和式（7.7）在形式上大同小异。式（7.7）中解释变量为第二层变量，而式（7.11）中为第一层解释变量。以 standlrt 作为第一层解释变量，在主对话框把 standlrt 选入"协变量"，如图 7.24 所示。

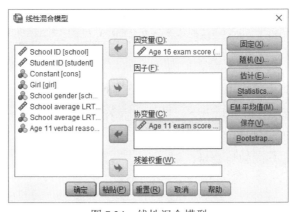

图 7.24　线性混合模型

然后在固定效应部分将 standlrt 选入"模型"，随机效应部分设置同图 7.21。则固定效应估算结果如图 7.25 所示。

参数	估算	标准错误	自由度	t	显著性	95% 的置信区间	
						下限	上限
截距	.002 323	.040 354	60.732	.058	.954	-.078 378	.083 023
standlrt	.563 307	.012 468	4050.074	45.180	.000	.538 863	.587 751

a. 因变量：Age 16 exam score (normalised)。

图 7.25　固定效应估算

图 7.25 为固定效应的系数估计和显著性检验结果。可以类似图 7.22 做出相应解释。

7.3 随机截距随机斜率模型

随机截距随机斜率模型是指截距和斜率都随机的模型。该模型也存在不同形式，本节仅介绍两种最典型的形式。第一种形式是第一层回模型式包含个体层次的被解释变量和解释变量，而第二层是零模型，即

第一层的回归式为

$$y_{ij} = \beta_{0j} + \beta_{1j}x_{ij} + \varepsilon_{ij} \tag{7.15}$$

第二层为

$$\beta_{0j} = \gamma_{00} + u_{0j} \tag{7.16}$$

$$\beta_{1j} = \gamma_{10} + u_{1j} \tag{7.17}$$

第一层误差项的假设不变，第二层误差项的假设为

$$\begin{pmatrix} u_{0j} \\ u_{1j} \end{pmatrix} = N\left(\begin{pmatrix} 0 \\ 0 \end{pmatrix}, \begin{pmatrix} \tau_{00} & \tau_{01} \\ \tau_{10} & \tau_{11} \end{pmatrix} \right) \tag{7.18}$$

将式（7.16）和式（7.17）代入式（7.15）得

$$y_{ij} = \gamma_{00} + \gamma_{10}x_{ij} + u_{0j} + u_{1j}x_{ij} + \varepsilon_{ij} \tag{7.19}$$

当固定效应 γ_{00} 和 γ_{10} 的参数检验不为 0 时，代表总体回归线的截距和斜率均不为 0；当随机效应 τ_{00} 和 τ_{11} 的检验均不能被拒绝时，表明不存在随机效应，即代表总体各组的回归线截距和斜率都相等。

在第二种形式的随机截距随机斜率模型中，第一层回归式同式（7.15）一样，但第二层回归式中加入了第二层的解释变量，即

$$\beta_{0j} = \gamma_{00} + \gamma_{01}Z_j + u_{0j} \tag{7.20}$$

$$\beta_{1j} = \gamma_{10} + \gamma_{11}Z_j + u_{1j} \tag{7.21}$$

第一层和第二层误差项假设与上一种模型相同。

将式（7.20）和式（7.21）代入式（7.15）得

$$y_{ij} = \gamma_{00} + \gamma_{10}x_{ij} + \gamma_{01}Z_j + \gamma_{11}Z_jx_{ij} + u_{0j} + u_{1j}x_{ij} + \varepsilon_{ij} \tag{7.22}$$

式（7.22）被称为以截距与斜率为结果的回归模型，也被称为随机变动系数模型或完全模型。

本节仅以完全模型为例，说明随机截距随机斜率模型的操作方法。仍然使用第 7.1 节的例子，将第一层变量 standlrt 和第二层变量 avslrt 均作为协变量，如图 7.26 所示。

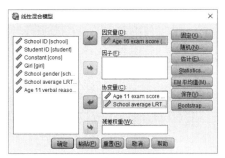

图 7.26　线性混合模型

在固定效应部分进行如下设置，如图 7.27 所示。

图 7.27　线性混合模型：固定效应

将 standlrt、avslrt 及其交互项 standlrt*avslrt 选入"模型"，其中截距项对应 γ_{00}，standlrt、avslrt 及 standlrt*avslrt 分别对应 γ_{10}、γ_{01}、γ_{11}。

在随机效应部分进行如下设置，如图 7.28 所示。

图 7.28　线性混合模型：随机效应

将 standlrt 选入"模型"，此选项对应 $u_{1j}x_{ij}$，勾选"包括截距"，对应 u_{0j}。全部设定完成运行后即可得到结果。

图 7.29 为固定效应检验，从检验结果可知，γ_{00} 估计量不具有统计显著性，而 γ_{10}、γ_{01}、γ_{11} 的估计量则具有统计意义上的显著性。

源	分子 df	分母 df	F	显著性
截距	1	58.683	.036	.849
standlrt	1	54.030	849.346	.000
avslrt	1	63.232	11.326	.001
standlrt * avslrt	1	59.427	7.863	.007

a. 因变量：Age 16 exam score(normalised)。

图 7.29　固定效应检验

图 7.30 为固定效应估计及检验结果，其中检验部分和图 7.29 等价。$\hat{\gamma}_{00} = -0.007\,092$，$\hat{\gamma}_{10} = 0.557\,943$，$\hat{\gamma}_{01} = 0.373\,398$，$\hat{\gamma}_{11} = 0.161\,829$。

参数	估算	标准错误	自由度	t	显著性	95% 的置信区间 下限	上限
截距	-.007 092	.037 141	58.683	-.191	.849	-.081 419	.067 236
standlrt	.557 943	.019 145	54.030	29.144	.000	.519 560	.596 325
avslrt	.373 398	.110 954	63.232	3.365	.001	.151 690	.595 105
standlrt * avslrt	.161 829	.057 712	59.427	2.804	.007	.046 364	.277 293

a. 因变量：Age 16 exam score (normalised)。

图 7.30　固定效应估算

图 7.31 为协方差参数估计结果，其中第一层内误差项方差估计量为 $\hat{\sigma}_{\varepsilon}^2 = 0.553\,782$，$\hat{\tau}_{00} = 0.076\,357$，$\hat{\tau}_{11} = 0.012\,226$，$\hat{\tau}_{01} = 0.010\,901$。

参数		估算	标准错误	Wald Z	显著性	95% 的置信区间 下限	上限
残差		.553 782	.012 497	44.312	.000	.529 821	.578 826
截距 + standlrt [subject = school]	UN (1,1)	.076 357	.016 200	4.713	.000	.050 380	.115 730
	UN (2,1)	.010 901	.006 117	1.782	.075	-.001 088	.022 890
	UN (2,2)	.012 226	.004 260	2.870	.004	.006 176	.024 203

a. 因变量：Age 16 exam score (normalised)。

图 7.31　协方差参数估算

图 7.32 为随机效应协方差结构，其实就是图 7.30 中第二层内误差项的方差—协方差矩阵形式，在数值上完全相等。

本例随机截距随机斜率模型线性混合模型的形式为

$$y_{ij} = -0.007\,092 + 0.557\,943x_{ij} + 0.373\,398Z_j + 0.161\,829Z_j x_{ij} + u_{0j} + u_{1j}x_{ij} + \varepsilon_{ij}$$

	截距 | school	standlrt | school
截距 | school	.076357	.010901
standlrt | school	.010901	.012226

未结构化

a. 因变量：Age 16 exam score (normalised)。

图 7.32　随机效应协方差结构

7.4　重复测量数据的多层模型

在实证研究中往往会遇到追踪数据，即对研究中的个体进行多次测试并对结果进行记录。追踪数据可以理解为一种特殊形式的多水平数据，即每个个体的每次测量可被视为第一水平（层次）的数据，每个个体被视为第二水平（层次）的单位。宏观研究的面板数据也可以被视为多水平数据，即每个省份的每一年可被视为第一层次的数据，每个省份可被视为第二层次的单位。如果进一步还有城市数据，就是一个三水平数据，第一、二、三水平单位分别为年份、城市和省份。

本节案例使用 SPSS 自带数据集 dietstudy.sav。该数据集是一位医生为她有心脏病家族史的患者评估一种新的饮食。为了测试这种饮食的有效性，16 位患者接受了为期 6 个月的饮食安排。研究前后分别测量了他们的体重和甘油三酯水平，以便医生了解他们的体重是否发生了变化。数据格式如图 7.33 所示。

patid	age	gender	tg0	tg1	tg2	tg3	tg4	wgt0	wgt1	wgt2	wgt3	wgt4
1	45	0	180	148	106	113	100	198	196	193	188	192
2	56	0	139	94	119	75	92	237	233	232	228	225
3	50	0	152	185	86	149	118	233	231	229	228	226
4	46	1	112	145	136	149	82	179	181	177	174	172
5	64	0	156	104	157	79	97	219	217	215	213	214

图 7.33　宽型数据格式

图 7.33 为宽型数据格式，不符合重复测量模型的要求，需调整为长型数据格式。选择"数据 / 重组"，打开"重组数据向导"对话框，如图 7.34 所示。

151

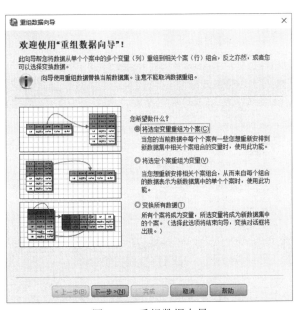

图 7.34　重组数据向导

在图 7.34 中，第一个选项是"将选定变量重组为个案"，即宽型数据重组为长型数据；第二个选项为"将选定个案重组为变量"，即长型数据重组为宽型数据；第三个选项为"变换所有数据",即将数据进行转置。由于本例是将宽型数据重组为长型数据,选择默认设置,然后单击"下一步",打开"重组数据向导-第2步(共7步)",如图7.35所示。

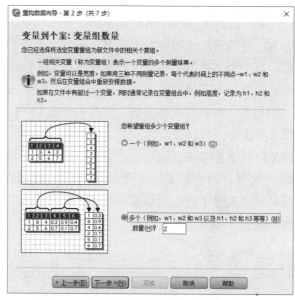

图 7.35　重组数据向导-第2步(共7步)

在图 7.35 中,"你希望重组多少个变量组?"中,可以选择一个或多个,本例涉及体重和甘油三酯,所以选择"多个",然后单击"下一步",打开"重组数据向导-第3步(共7步)",如图7.36所示。

图 7.36　重构数据向导-第3步(共7步)

在图 7.36 中,"个案组标识"框组用于选择个案标识,包括使用个案号、使用选定变量和无,本例选择"使用选定变量",并将 patid 选入"变量"中。在"要替换的变量"

框组中，首先选择 trans1，将其更名为 weight，然后将 wgt0 和 wgt4 选入需替换的变量，然后选择 trans2，将其更名为 trigly，然后将 triglyceride 和 Final triglyceride 选入需替换的变量。这里只将不需要替换的变量 Age 和 gender 选入"固定变量"。接着单击"下一步"，打开"重组数据向导 - 第 4 步（共 7 步）"，如图 7.37 所示。

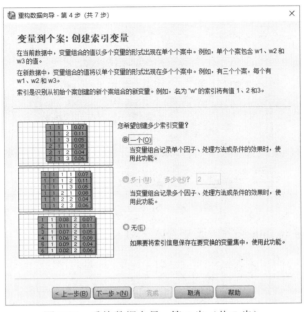

图 7.37　重构数据向导 - 第 4 步（共 7 步）

　　图 7.37 用于选择创建多少个索引变量，可以是一个、多个，也可以选择"无"。本例选择创建一个索引变量。单击"下一步"，打开"重组数据向导 - 第 5 步（共 7 步）"，如图 7.38 所示。

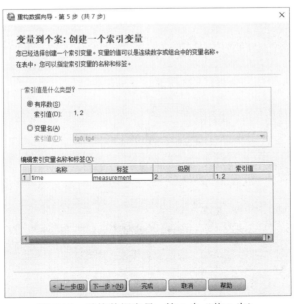

图 7.38　重构数据向导 - 第 5 步（共 7 步）

图 7.38 用于创建一个索引变量，在"索引值是什么类型？"中选择"有序数"，在"编辑索引变量名称和标签"中将变量名称设置为 time，标签设为 measurement。单击"完成"后可将数据转换为长型数据格式。

对于本例而言，首先采用类似重复测量方差分析的方式，选择"分析 / 混合模型 / 线性"，在弹出的对话框中直接单击"继续"，如图 7.39 所示。

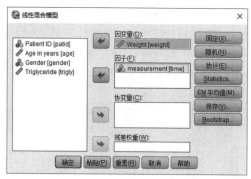

图 7.39　线性混合模型

在图 7.39 中，将 weight 选入"因变量"，将 time 选入"因子"。该选择对应的模型形式为

$$weight_{ij} = \beta_0 + \beta_1 time + \varepsilon_{ij}$$

由于没有选择主体变量和重复测量变量，因此这种操作方式不会包含随机效应，只包含固定效应，因此只需设置固定效应。在图 7.39 中单击"固定"，设置固定效应，如图 7.40 所示。

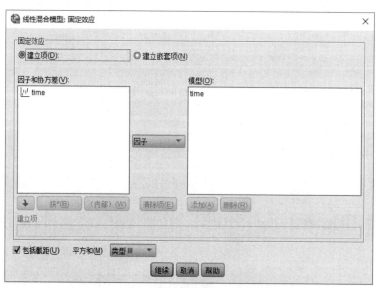

图 7.40　线性混合模型：固定效应

图 7.40 中，默认包括截距（对应 β_0），将 time 选入"模型"，此处是设置固定效应 β_1。然后在"Statistics..."中勾选"参数估计"即可。

参数	估算	标准错误	自由度	t	显著性	95% 的置信区间	
						下限	上限
截距	190.312 500	8.372 473	30	22.731	.000	173.213 629	207.411 371
[time=1]	8.062 500	11.840 465	30	.681	.501	-16.118 956	32.243 956
[time=2]	0[b]	0					

图 7.41 固定效应估算

图 7.41 为固定效应估计结果。SPSS 默认最后一个类别为参照类别，因此 time=2 的系数为 0，time=1 的系数为 8.0625，即饮食改变前的体重比改变后的高，但该系数不显著。而截距在统计上则是显著的。

由于 time 只有两个取值，这种处理方法等价于用 weight 对 time 作回归（虚拟变量回归），二者结果完全一致，读者可自行验证。

以上方法并没有把重复测量数据作为混合模型处理，若作为混合模型处理，需要指定主体变量和重复变量，如图 7.42 所示。

在图 7.42 中，将 patid 选入"主体"，将 time 选入"重复"。固定效应设置见图 7.40。不需要设置随机效应。随机效应属于不同层次效应，比如班级学校层次、城市省份层次等，而重复测量效应是不同测量时间的效应。单击"Statistics…"按钮，在弹出的对话框中勾选"参数估计""协方关参数检验"和"残差的协方差"。

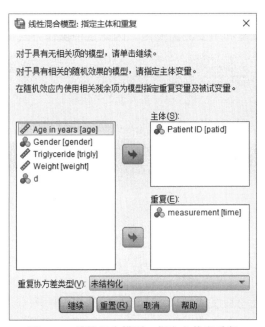

图 7.42 线性混合模型：指定主体和重复

图 7.43 表明，固定效应截距有 1 个水平、time 有 2 个水平，重复效应 time 有 2 个水平。协方差结构是未结构化，即不对协方差结构进行限定。参数数目中，截距有 1 个参数，time 有 1 个参数（最大类别作为参照类别），方差协方差有 3 个参数。

模型维[a]

		水平数	协方差结构	参数数目	主项变量	主体数
固定效应	截距	1		1		
	time	2		1		
重复效应	time	2	未结构化	3	patid	16
总计		5		5		

图 7.43　模型维

图 7.44 固定效应估计中，截距的估计量为 190.3125，time=1 系数的估计量为 8.0625，二者均具有统计意义上的显著性。

固定效应估算[a]

参数	估算	标准错误	自由度	t	显著性	95% 的置信区间 下限	上限
截距	190.312 500	8.376 912	15.000	22.719	0.000	172.457 534	208.167 466
[time=1]	8.062 500	.721 507	15.000	11.175	0.000	6.524 643	9.600 357
[time=2]	0[b]	0					

图 7.44　固定效应估算

在图 7.45 中，UN(1,1) 是 time1 时刻误差项的方差，UN(2,2) 是 time2 时刻误差项的方差，UN(2,1) 是两个时刻误差项之间的协方差。

参数		估算	标准错误	Wald Z	显著性	95%的置信区间 下限	上限
重复测量	UN (1,1)	1120.383 333	409.106 157	2.739	.006	547.711 396	2291.825 263
	UN (2,1)	1117.408 333	408.780 777	2.734	.006	316.212 732	1918.603 934
	UN (2,2)	1122.762 500	409.974 905	2.739	.006	548.874 477	2296.692 020

图 7.45　协方差参数估算

该例相对比较简单，只包括重复测量效应，不包括随机效应。读者可以使用 SPSS 自带数据集 testmarket.sav，以 marketid、locid 为主体变量，以 week 为重复测量变量，在建模时既包括随机效应，也包括重复测量效应。

7.5　广义线性混合模型

广义线性混合模型属于广义线性模型和线性混合模型的融合。理解了广义线性模型和线性混合模型，广义线性混合模型就很容易理解了。

仍然使用第 7.1 节的数据，首先将 school 和 student 的测量尺度设定为类别型。选择"分析/混合模型/广义线性"，打开"广义线性混合模型"对话框，如图 7.46 所示。

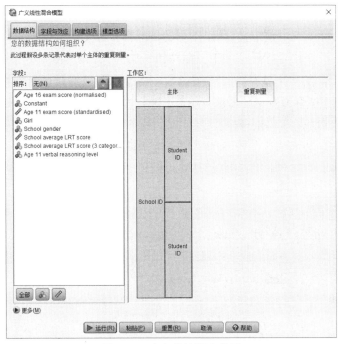

图 7.46　广义线性混合模型

在图 7.46 中，选项卡最左侧为"数据结构"，该选项卡分为两个部分，左侧为字段（变量）区，右侧为工作区。字段区中列出了所有变量，可以选择按字母顺序排序、按测量尺度排序，也可以选择"无"，即不进行排序。单击左下方的 3 个图标，可以选择全部变量、类别变量或尺度变量。单击工作区中的"主体"，先将 school 拉到工作区中的空白处，然后将 student 拉到工作区。单击"字段与效应"选项卡，进行字段和效应设置，如图 7.47 所示。

图 7.47　广义线性模型：字段与效应 - 目标

在图7.47中，首先选择项目，第一项为"目标"，主要包括三部分，第一部分是目标框组，要求选择自定义目标或使用预定义目标，这里的目标指目标变量或被解释变量，本例选择"使用自定义目标"，并在"目标"下的下三角按钮中选择normalised。第二部分为目标分布与线性模型关系框组，实际上就是选择连接函数，由于本例被解释变量为数值型变量，可以选择线性模型。根据被解释变量的特征，还可以选择伽马回归、对数线性模型、负二项回归、多项logistic回归、二元logistic回归、二元probit、生存分析等。第三部分为描述，是对第二部分所选连接函数的描述，选择的连接函数不同，相应的描述也不同。

单击"固定效应"，进行固定效应设置，如图7.48所示。

图7.48　广义线性模型：字段与效应 - 固定效应

在设置固定效应和随机效应之前，需要清楚自己要建立的混合模型的形式，假定我们要建立如式（7.22）所示的随机截距随机斜率模型，即

$$y_{ij} = \gamma_{00} + \gamma_{10}x_{ij} + \gamma_{01}Z_j + \gamma_{11}Z_j x_{ij} + u_{0j} + u_{1j}x_{ij} + \varepsilon_{ij}$$

固定效应包括三部分，随机效应包括两部分。因此在图7.48中，将standlrt和avslrt分别拖到效应构建器的"主"下，因为SPSS默认混合模型固定效应部分包含截距，截距会自动出现在效应构建器的"主"下。同时选中standlrt和avslrt，将它们拖到"双向"下。

单击"随机效应"，进行随机效应设置，如图7.49所示。

图 7.49 广义线性模型：字段与效应 - 随机效应

在图 7.49 中，已内置了随机效应的截距。单击"添加块……"，添加解释变量，如图 7.50 所示。

图 7.50 随机效应块

主对话框中的构建选项卡包括两部分，第一部分为常规，包括变量排列顺序、中止规则、置信度设置、固定效应与系数检验。第二部分为估计，主要设置参数收敛标准。该选项卡采用默认设置即可。

主对话框中的模型选项卡包括两部分，第一部分为估计的平均值，第二部分是保存字段，包括预测值、分类目标的预测概率、误差条形图的表征、pearson 残差、置信度等。SPSS 默认该选项卡的所有选项均不选择。

广义线性混合模型的默认输出格式是 model viewer，即模型格式，熟悉 SPSS modeler 的读者可能会了解模型浏览器的使用方法。如果要使用传统的结果输出格式，可以在主窗口选择"编辑 / 选项"，在打开的对话框中选择"输出"选项卡，然后在"输出显示"框组勾选"透视表和图表"即可。

图 7.51 为模型摘要，目标变量（被解释变量）为 normalised，概念分布为正态分布，连接函数为恒等函数，信息准则包括校正的 AIC 和 BIC。

目标		Age 16 exam score (normalised)
概率分布		Normal
关联函数		恒等函数
信息标准	Akaike 校正	9328.396
	贝叶斯	9353.617

信息标准基于 -2 对数似然 (9320.386)，并用于比较模型。具有较小信息条件值的模型拟合度得更好。

图 7.51　模型摘要

图 7.52 为被解释变量实际值和预测值的散点图，用于检查模型的拟合优度。由图可知二者存在正向相关关系，拟合效果较好。

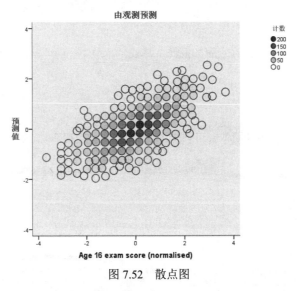

图 7.52　散点图

图 7.53 为固定效应系数估计结果，该结果和图 7.30 除保留小数位置不同外，结果是完全一致的。

模型期	系数	标准错误	t	显著性	95% 的置信区间	
					下限	上限
Intercept	-.007	.0371	-.191	.849	-.080	.066
standlrt	.558	.0191	29.144	.000	.520	.595
avslrt	.373	.1110	3.365	.001	.156	.591
standlrt*avslrt	.162	.0577	2.804	.005	.049	.275

概率分布：Normal
关联函数：恒等函数

图 7.53　固定系数

图 7.54 为随机效应估计结果，包括两个随机效应的方差及二者之间的协方差。该结果和图 7.31 的结果完全相同。

Random Effect Covariance	估算(E)	标准错误	Z	显著性	95% 的置信区间	
					下限	上限
UN (1,1)	.076	.016	4.713	.000	.050	.116
UN (2,1)	.011	.006	1.782	.075	-.001	.023
UN (2,2)	.012	.004	2.870	.004	.006	.024

协方差结构：未知
指定的主题：school

图 7.54 随机效应

该节采用广义线性混合模型重现了随机截距随机斜率模型的结果。如果读者有适宜的数据，比如被解释变量为二值变量的多层数据，可以尝试建立多层二分类 logistic 模型。

自 测 题

即测即练

第8章
因 果 推 断

2021 年诺贝尔经济学奖授予戴维·卡德、乔舒亚·安格里斯特和吉多·因本斯，以表彰他们对因果推断方法的贡献。乔舒亚·安格里斯特形象的将因果推断中的五大研究方法——随机实验、回归、工具变量、断点回归、双重差分比作《功夫熊猫》中的"盖世五侠"。SPSS 中并没有直接进行因果推断的模块，但只要了解因果推断的基本原理，SPSS 也是可以完成大部分因果推断方法的。

8.1 随 机 实 验

随机实验被称为因果推断的"黄金标准"。随机化实验并不要求将所有其他影响因素控制住，只要求干预分配是随机化的。随机化的关键作用是可以平衡两组个体其他影响因素的分布，使得两组个体的各协变量（包括可观测变量和不可观测变量）具有相同的分布，从而使得两组个体具有可比性。

从因果推断角度来讲，由于干预分配是随机的，干预变量不仅与其他协变量不相关，也与其他未观测因素（随机扰动项）不相关，此时只需用结果变量对干预变量进行一元回归即可。原因在于即使存在遗漏变量，但当遗漏变量和干预变量不相关时，最小二乘估计量仍是一致估计量。同时由于干预变量与随机扰动项不相关，干预变量也不具有内生性，不会产生内生性偏误。

如果干预变量是二分变量，在随机化实验中，干预变量的回归系数等价于两组观测结果的平均值之差，因此也可以采用独立样本 t 检验得到平均因果效应。

在随机化实验中，总体平均因果效应等于干预组平均因果效应，也等于控制组平均因果效应

社会科学中随机化实验的例子非常少见，本节使用美国田纳西州学生 / 教师比例对学生学业成绩的影响这个例子，该项目是一个罕见的大规模社会实验，它的目的是通过条件随机分配方式研究班级人数与学生成绩的因果影响。

这个实验一共有田纳西州 79 个不同地区的学校参与。自 1985—1986 学年开始，79 个学校的幼儿园学生和教师被随机分配到三种规模的班级：普通班（22～25 名学生），有一个全职辅导老师的加强普通班（22～25 名学生），小班（13～17 名学生）。项目

要求参与学校每种类型的班级至少有一个，随机化是在学校内部进行的，每学年学期末会进行一次标准化的考试以检验学生的学习效果。

本例只截取了实验中一年级学生的数据。在主菜单中选择"文件 / 显示数据文件信息 / 工作文件"选项，可以查看变量信息，如图 8.1 所示。

变量	位置	标签	测量级别
stdntid	1	学生编号	度量
g1schid	2	学校编号	度量
g1classsize	3	班级人数	度量
whiteasian	4	是否为白人和亚裔	度量
age1985	5	1985年时的年龄	度量
score	6	阅读和数学总成绩	度量
g1classtype	7	班级类型	度量
female	8	性别	度量

图 8.1 数据文件信息

在对随机实验结果进行回归分析前，先查看实验是否达到了随机分配的效果。由于学生是随机分配到不同班级类型，他们的特征在同一个学校的不同班级类型的分布应该是一样的，同时，在所有学校的不同班级类型的分布也应该是一样的。

在主菜单中选择"分析 / 报告 / 摘要个案"选项，打开"摘要个案"对话框，如图 8.2 所示。

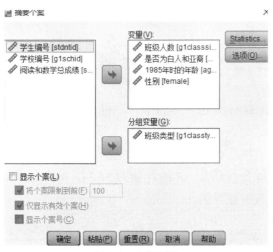

图 8.2 个案汇总

在图 8.2 中，将 g1classtype 选入"分组变量"，将 g1classsize、whiteasian、age1985、female 选入"变量"。注意应分析干预前变量的分布，不能将干预后的变量也选进来。SPSS 默认"显示个案"，实际上这个功能没多大实际意义，本例将前面的"√"去掉。单击 Statistics 按钮，只选择输出"平均值"。单击"确定"按钮后即得到分析结果，如图 8.3 所示。

平均值				
班级类型	班级人数	是否为白人和亚裔	1985年时的年龄	性别
小班	15.70	.68	5.33	.49
普通班	22.70	.62	5.42	.49
有辅导老师普通班	23.44	.70	5.42	.47
总计	20.97	.67	5.40	.48

图 8.3　分组统计量

从图 8.3 可以看出，小班平均人数 15.7 人，普通班和加强普通班的平均人数分别为 22.7 人和 23.44 人，性别、人种、年龄在不同班级类型没有明显差异。

8.1.1　运用单因素方差分析估计因果效应

在主菜单中选择"分析 / 比较均值 / 单因素方差分析"选项，打开"单因素方差分析"对话框，如图 8.4 所示。

图 8.4　单因素方差分析

在图 8.4 中，将 g1classtype 选入"因子"，将 score 选入"因变量列表"，单击"事后多重比较"，在弹出的对话框中选择"LSD"。运行后可得到方差分析结果和事后多重比较。

图 8.5 为单因素方差分析结果，F 统计量为 56.34，p 值为 0.000，表明不同班级规模之间的学习成绩是有显著性差异的。

阅读和数学总成绩					
	平方和	df	均方	F	显著性
组之间	923 125.278	2	461 562.639	56.340	0.000
组内	52 218 852.21	6374	8192.478		
总计	53 141 977.49	6376			

图 8.5　单因素方差分析

从图 8.6 事后多重比较可以看出，有辅导老师普通班学生学习成绩比普通班高 11.933

分，小班学生学习成绩比普通班高 29.788 分。因此班级规模对学习成绩的因果效应显著。

因变量：阅读和数学总成绩
LSD(L)

(I) 班级类型	(J) 班级类型	平均差 (I-J)	标准 错误	显著性	95% 置信区间	
					下限	上限
小班	普通班	29.788*	2.808	.000	24.28	35.29
	有辅导老师普通班	17.855*	2.891	.000	12.19	23.52
普通班	小班	-29.788*	2.808	.000	-35.29	-24.28
	有辅导老师普通班	-11.933*	2.686	.000	-17.20	-6.67
有辅导老师普通班	小班	-17.855*	2.891	.000	-23.52	-12.19
	普通班	11.933*	2.686	.000	6.67	17.20

*. 均值差的显著性水平为 0.05。

图 8.6 事后多重比较

8.1.2 运用线性回归估计因果效应

在回归分析中，为了分析定性变量对因变量的影响，通常将定性变量设置成虚拟变量，方法是将每个类别设置成一个变量，个案属于这个类别时取值 "1"，不属于这个类别时取值 "0"。在本例中，变量 g1classtype 包括 3 个类别，可以创建 3 个虚拟变量。

选择 "转换 / 创建虚拟变量"，打开 "创建虚拟变量" 对话框，如图 8.7 所示。

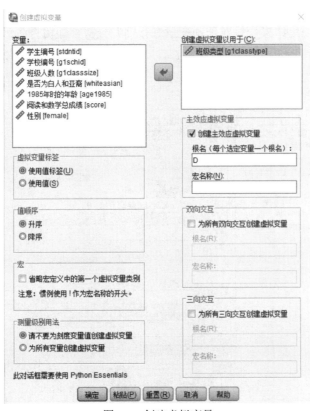

图 8.7 创建虚拟变量

"变量"列表框：包含了数据集中所有的变量

"创建虚拟变量以用于"列表框：选择需要创建虚拟变量的源变量，本例选择g1classtype。

"虚拟变量标签"框组：选择"使用值标签"作为虚拟变量模型，还是"使用值"作为虚拟变量标签。一般选择使用值标签作为虚拟变量标签。

"测量级别用法"框组：有两个选项，"对于标度变量值不创建虚拟变量"和"为所有变量创建虚拟变量"。由于数值变量（标度变量）取值较多，一般不对数值变量创建虚拟变量，而是对数值变量直接进行分析。

"主效应虚拟变量"框组："创建主效应虚拟变量"指分析该虚拟变量的单独影响，"根名称"指虚拟变量以什么开头。本例根名称输入D，则虚拟变量为D1、D2、D3。

"双向交互"框组：用于选择是否"为所有双向交互创建虚拟变量"。当需要对两个或两个以上类别变量创建虚拟变量时，可以考虑是否为两个分类变量的交互创建虚拟变量。如果只有一个分类变量，则只能创建主效应虚拟变量，不能创建双向交互虚拟变量。如果需要创建双向交互虚拟变量，还可以设定"根名称"。

"三向交互"框组：用于选择是否"为所有三向交互创建虚拟变量"，主要适用于对三个或三个以上类别变量创建虚拟变量。

单击"确定"按钮，即可在数据窗口得到三个虚拟变量。需要注意的事，用来产生虚拟变量的变量，其测量尺度必须设置成名义型，如果变量类型为尺度型，则产生的虚拟变量和原变量相同，达不到创建虚拟变量的目的。

对于随机化实验，由于干预变量只和结果变量相关，而和其他解释变量或协变量不相关，因此，只需要使用结果变量对干预变量进行回归分析，即可得到因果效应。

选择"分析"/回归/线性"选项，打开"线性回归"对话框，如图8.8所示。

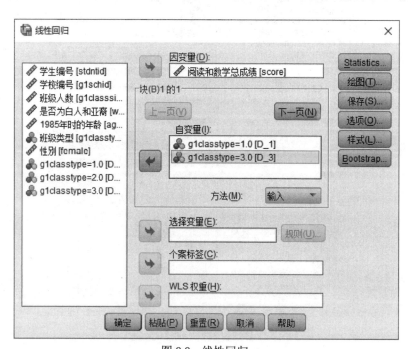

图8.8　线性回归

在图 8.8 中，将 score 选入"因变量"，将 D_1 和 D_3 选入"自变量"。D_1 取值为"1"时表示小班，取值为"0"时表示其他；D_3 取值为"1"时表示有辅导老师普通班，取值为"0"时表示其他；当 D_1 和 D_3 均取"0"时，表示普通班。对于其他设置均采用 SPSS 默认设置，单击"确定"后即可得到结果。本例只截取与因果推断相关的部分。

图 8.9 中虚拟变量的系数代表与有辅导老师普通班的差异。g1classtype=1.0 为 SPSS 自动为 D_1 设置的变量标签，g1classtype=3.0 为 SPSS 自动为 D_3 设置的变量标签，因此 g1classtype=1.0 的系数即为 D_1 的系数，g1classtype=3.0 的系数即为 D_3 的系数。D_1 的系数为 29.788，表示小班的成绩比普通班的成绩高 29.788；D_3 的系数为 11.933，表示有辅导老师普通班的成绩比普通班的成绩高 11.933。再次验证了班级规模对学习成绩的因果效应显著。

模型		非标准化系数		标准系数	t	显著性
		B	标准错误	贝塔		
1	（常量）	1039.393	1.836		566.076	.000
	g1classtype=1.0	29.788	2.808	.147	10.610	.000
	g1classtype=3.0	11.933	2.686	.062	4.442	.000

图 8.9　系数估计结果

由于该实验是对学校内的学生进行随机分配，即给定条件的随机分配。因此只有"给定"学校，回归系数才能更好反映处置效应。可以在回归中加入代表学校的虚拟变量进行回归，由于学校数量较多，产生的虚拟变量也较多，为了节省篇幅，留作读者练习使用。

8.2　匹配与回归

线性回归并不具有天然因果效应，如果不是随机化实验，只有满足一定条件时，线性回归系数才具有因果效应。若要回归系数可以解释为干预组平均因果效应、控制组平均因果效应或总体平均因果效应，则需要分别满足一定的条件，这些条件又被称为条件独立性假设或条件均值独立性假设。关于这些条件的理论推导读者可参阅赵西亮教授的《基本有用的计量经济学》。

同样需要满足条件独立性或条件均值独立性的一种方法是匹配。无论采用协变量匹配还是倾向值匹配，基本思想都是使干预组和控制组尽可能的像，从而消除误差。实际上回归也可以看作是一种匹配。

本节选用德赫加（Dehejia）和瓦巴（Wahba）研究参加就业培训对收入影响的数据。该数据中所包含的变量如表 8.1 所示。

表 8.1 数据中的变量说明

变量名	变量描述
treat	是否参加培训（是，treat=1；否，treat=0）
re78	1978 年收入
age	年龄
education	受教育年限
black	是否为非洲裔（是，black=1；否，black=0）
hispanic	是否为西班牙裔（是，hispanic=1；否，hispanic=0）
married	是否结婚（是，married=1；否，married=0）
nodegree	是否高中没毕业（是，nodegree=1；否，nodegree=0）
un74	1974 年是否失业（是，un74=1；否，un74=0）
un75	1975 年是否失业（是，un75=1；否，un75=0）
re74	1974 年收入
re75	1975 年收入

选择"数据/倾向得分匹配"选项，打开"倾向得分匹配"对话框，如图 8.10 所示。

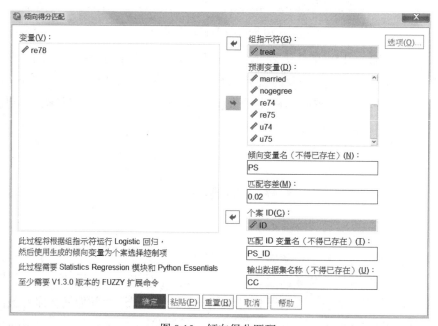

图 8.10 倾向得分匹配

在图 8.10 中，将 treat 选入"组指示符"，实际就是选择分组变量或处理变量，将除 treat 和 re78 外的变量选入"预测变量"。"倾向变量名（不得已存在）"用于设置倾向得分变量名称，此处设定为 PS。"匹配容差"指在多大范围内的倾向得分可以实现匹配，此处设定为 0.02。"匹配 ID 变量名（不得已存在）"用于设定匹配后的 ID 变量名，此处设定为 PS_ID。"输出数据集名称（不得已存在）"用于输入新产生数据集的名称，此处设为 CC。"个案 ID"用于输入 ID 变量名。一般数据集不一定包括 ID 变量，本数据也没有包括 ID 变量，但可以通过产生新变量的方式产生，如图 8.11 所示。

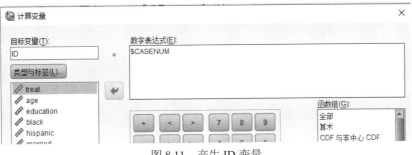

图 8.11　产生 ID 变量

在图 8.10 中，单击"选项"按钮，打开"选项"对话框，如图 8.12 所示。

图 8.12　"选项"对话框

在图 8.12 中，"合格个案数变量（不得已存在）"指定一个变量名，该变量取值为匹配成功的个案数，本例命名为 Y。抽样方式包括不放回抽样和放回抽样两种方式，默认为不放回抽样。"优先考虑完全匹配"指倾向得分完全相同的匹配，如果选择此项，能够出现的样本数较少，甚至会出现完全不能匹配的情况，一般选择"最优化执行性能"。"抽取匹配项时随机排列个案顺序"指当存在多个匹配对象时，对匹配对象随机排列，而不是按出现的先后顺序。"随机数种子"用于输入一个数字，以便能够重现分析结果。

程序运行后会产生一个新数据集 CC.sav，3 个新变量 PS、ps_id、Y，同时在输出窗口会列出基于 logistic 回归的倾向得分方程，不过此项意义不大。

打开新产生的数据集 CC.sav，以 ps_id 为关键变量进行排序，如图 8.13 所示。

ID	PS	Y	ps_id	
1.00	.312 64	1.00	5379	剪切(T)
2.00	.117 72	1.00	1308	复制(C)
3.00	.365 52	1.00	11507	粘贴(P)
4.00	.595 21	.00		清除(E)
5.00	.554 70	1.00	3454	插入变量(A)
6.00	.607 33	.00		
7.00	.395 04	2.00	1321	升序排列(A)
8.00	.573 47	1.00	5818	降序排列(D)
9.00	.418 16	1.00	7718	描述统计数据(D)
10.00	.002 77	1.00	187	拼写(S)

图 8.13　升序排列

排序的目的是查找是否存在没有匹配成功的个案。在图 8.3 中可以看到 ps_id 为 1 的个案和 ps_id 为 5379 的个案匹配成功、ID 为 2 的个案和 ps_id 为 1308 的个案匹配成功，而 ID 为 4 和 6 的个案没有匹配成功。Y 的取值和 ps_id 取值存在一定关系，当 ps_id 为缺失值时，表示没有匹配成功，此时 Y 的取值为 0。另外对应于 treat=0，Y 均取缺失值。

由于存在未匹配成功个案，在进一步分析之前，需要将未匹配成功个案筛选掉。选择"数据 / 选择个案"，打开"选择个案"对话框，如图 8.14 所示。

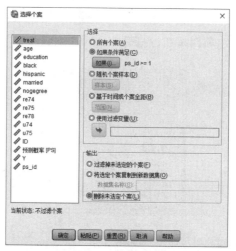

图 8.14 选择个案

在图 8.14 中，选择"如果条件满足"，将条件设定为"ps_id>=1"，在"输出"框组选择"删除未选定个案"。单击"确定"按钮后，即可将没有匹配成功的个案删除。

为了更便于理解匹配后的数据，将数据集进行重新排列。由于 Y 在 treat=0 时为缺失值，因此 Y 非缺失值时对应的是 treat=1，即处理组。将 Y 取非缺失值时 ps_id 的值替换为 ID 值，如图 8.15 所示。

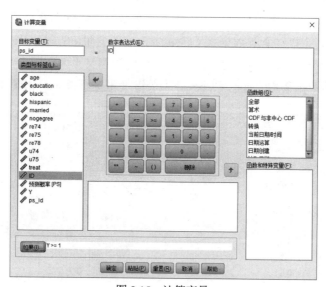

图 8.15 计算变量

在图 8.15 中，设定条件为 Y>=1，即将满足条件的 ps_id 值替换为 ID 值。

执行完操作后，重新按 ps_id 进行升序排列，排列后的数据集如图 8.16 所示。

treat	ID	PS	Y	ps_id
0	5379.00	.313 41	.	1.00
1	1.00	.312 64	1.00	1.00
0	1308.00	.135 85	.	2.00
1	2.00	.117 72	1.00	2.00
0	11 507.00	.369 68	.	3.00
1	3.00	.365 52	1.00	3.00
0	3454.00	.565 36	.	5.00
1	5.00	.554 70	1.00	5.00
0	1321.00	.378 44	.	7.00
1	7.00	.395 04	2.00	7.00
0	5818.00	.560 28	.	8.00
1	8.00	.573 47	1.00	8.00
0	7718.00	.407 95	.	9.00

图 8.16　排序后的数据集

从图 8.16 可以更容易理解匹配结果。处理组 ID1 和控制组 ID5379 匹配成功，处理组 ID2 和控制组 ID1308 匹配成功，处理组 ID3 和控制组 ID11507 匹配成功，处理组 ID5 和控制组 ID3454 匹配成功，处理组 ID4 和 ID6 均没有匹配成功。另外从 PS 取值可以看出，匹配成功个案的 PS 值差值在 0.02 之内，如 ID1 的倾向得分为 0.31264，ID5379 的倾向得分为 0.31341，二者差值为 0.00077。

数据匹配完成后，有两种方式可以计算因果效应，一种是采用独立样本的 T 检验方法，另一种是回归。选择"分析 / 比较平均值 / 独立样本 T 检验"选项，如图 8.17 所示。

171

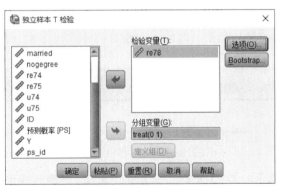

图 8.17　独立样本 T 检验

在图 8.17 中，将 treat 选入"分组变量"，单击下方的"定义组"，在组 1 中输入"0"，在组 2 中输入"1"。将 re78 选入"检验变量"，单击"确定"按钮后得到输出结果。

图 8.18 为分组统计，未参加培训的 1978 年收入为 6759.48，参加培训的 1978 年收入为 6541.33，参加培训比未参加培训 1978 年收入低 218.15。

	treat	数字	平均值(E)	标准偏差	标准误差平均值
re78	0	161	6759.48	8143.799	641.821
	1	161	6541.33	8063.925	635.526

图 8.18　分组统计

图 8.19 中 F 检验的 p 值为 0.08，表明方差相等。方差相等下 T 检验的 p 值为 0.809，表明是否参加培训对 1978 年收入影响不显著。

		列文方差相等性检验			平均值相等性的T检验				差值的95%置信区间	
		F	显著性	t	自由度	显著性（双尾）	平均差	标准误差差值	下限	上限
re78	已假设方差齐性	3.093	.080	.242	320	.809	218.148	903.232	-1558.876	1995.171
	未假设方差齐性			.242	319.969	.809	218.148	903.232	-1558.876	1995.172

图 8.19　独立样本 T 检验结果

选择"分析 / 回归 / 线性"，如图 8.20 所示。

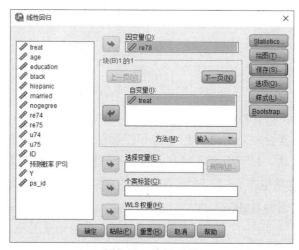

图 8.20　线性回归

在图 8.20 中，将 re78 选入"因变量"，将 treat 选入"自变量"，其他均选择默认设置，确定后可得到回归分析结果，此处只截取回归系数部分，如图 8.21 所示。

模型		非标准化系数		标准系数	t	显著性
		B	标准错误	贝塔		
1	（常量）	6759.479	638.682		10.583	.000
	treat	-218.148	903.232	-.014	-.242	.809

图 8.21　线性回归结果

图 8.21 中，treat 的系数为 -218.148，p 值为 0.809，表明教育培训对 1978 年收入影响不显著。

应该指出，本节只是列示了倾向得分匹配的基本步骤，并不表明上述结果可信。因为 SPSS 自带的倾向得分匹配模块虽基于 python essentials，但并没有进行关于匹配效果的检验。也就是说虽然能完成匹配，但匹配后样本在各个协变量上是否平衡，并没有给出检验方法。如果匹配后各协变量平衡，则后续分析结果可信；如果匹配后各协变量不平衡，则后续分析结果不可信。另外 SPSS 还有基于 R 的倾向得分匹配插件，该插件相对功能更强一些。但该插件安装较为烦琐，不同的 SPSS 版本要对应不同的 R 版本，并且安装上以后运行时还有可能报错。因此如果要进行倾向得分匹配或协变量匹配，STATA 和 R 软件可能是更好的选择，它们不仅可以检验匹配效果，还可以直接得出处理组平均因果效应、控制组平均因果效应和总体平均因果效应。

8.3 工具变量法

当条件独立性假定不成立时，未观测因素会造成选择偏差，从而出现由于未观测因素而造成的选择问题，也称为内生性问题。基于未观测因素选择问题通常有两种解决方法，工具变量法和面板数据方法。本节重点讲授工具变量法，后面章节讲授面板数据方法。

SPSS 并没有工具变量模块，但有（two stage least square，2SLS）模块，实际上二阶段最小二乘法也是一种工具变量法。在使用工具变量法或二阶段最小二乘法时，涉及 3 个检验，解释变量的内生性检验、工具变量的弱相关性检验和工具变量的外生性检验。

8.3.1 解释变量内生性检验

解释变量内生性检验是检验解释变量是否是内生的，该检验是判断是否有必要使用工具变量的依据。如果解释变量是内生的，应该使用工具变量法或二阶段最小二乘法，如果解释变量不是内生的，普通最小二乘法（ordinary least squares，OLS）则是更好的选择。

解释变量内生性检验主要有两种方法，比较常用的是 Durbin-Wu-Hausman 检验，简称 DWH 检验。该检验通过比较工具变量估计量 $\hat{\beta}_1^{2SLS}$ 和最小二乘估计量 $\hat{\beta}_1^{OLS}$ 之间的差异来检验内生性，即

$$H = \left(\hat{\beta}_1^{2SLS} - \hat{\beta}_1^{OLS} \right) \left[A\,\mathrm{var}\left(\hat{\beta}_1^{2SLS} \right) - A\,\mathrm{var}\left(\hat{\beta}_1^{OLS} \right) \right]^{-1} \left(\hat{\beta}_1^{2SLS} - \hat{\beta}_1^{OLS} \right)$$

DWH 检验的原假设是解释变量是外生的。在原假设成立的条件下，最小二乘估计量和工具变量估计量都是一致估计量，二者的差值会收敛到零。如果原假设不成立，工具变量估计量是一致估计量，而最小二乘估计量不是一致估计量，二者的差异会比较大。因此如果 H 的值比较大，应拒绝解释变量外生性的原假设。

DWH 需要计算工具变量估计量和最小二乘估计量差值的方差 - 协方差矩阵，虽然STATA、R 等软件可以很容易地做到这一点，但 SPSS 软件很难实现。可以采用回归形式的 Wu-Hausman F 检验。

使用最简单的一元回归形式为

$$Y_i = \beta_0 + \beta_1 D_i + u_i \tag{8.1}$$

$$D_i = \gamma_0 + \gamma_1 Z_i + e_i \tag{8.2}$$

如果 D_i 是外生的，则 $\mathrm{Cov}(D_i, u_i) = 0$ ，这也意味着式（8.1）和式（8.2）的扰动项不相关。因为

$$\text{Cov}(D_i, u_i) = \text{Cov}(\gamma_0 + \gamma_1 Z_i + e_i, u_i) = \text{Cov}(e_i, u_i) = 0$$

反之，如果 D_i 是内生的，$\text{Cov}(D_i, u_i) \neq 0$，则 $\text{Cov}(e_i, u_i) \neq 0$，即式（8.1）和式（8.2）的扰动项相关。因此解释变量内生性检验的原假设 $\text{Cov}(D_i, u_i) = 0$，也可以表示为 $\text{Cov}(e_i, u_i) = 0$。假设两个扰动项的线性关系为

$$u_i = \rho e_i + v_i \tag{8.3}$$

$\text{Cov}(e_i, u_i) = 0$ 等价于 $\rho = 0$。

将式（8.3）代入式（8.1）得

$$Y_i = \beta_0 + \beta_1 D_i + \rho e_i + v_i \tag{8.4}$$

由于扰动项 e_i 不可观测，用其估计值即式（8.2）的残差 $\hat{e}_i$ 替代为

$$Y_i = \beta_0 + \beta_1 D_i + \rho \hat{e}_i + v_i \tag{8.5}$$

估计式（8.5），并对 ρ 进行检验，如果拒绝 $\rho = 0$，则表明解释变量是内生的。

比较 DWH 和 Wu-Hausman 检验，前者更稳健，因为后者需要对两个扰动项的线性关系进行假定。

8.3.2　工具变量的弱相关性检验

一个合格的工具变量应该与内生变量高度相关。如果工具变量和内生变量相关性比较弱，就会造成参数估计量的方差比较大。从另一个角度进行解释，当工具变量和内生变量相关性比较弱时，工具变量仅包含与内生变量相关的少量信息，用这些少量信息得到的工具变量估计量就不够准确。

类似于式（8.2），当只有一个工具变量时，对式（8.2）进行估计，检验工具变量的系数 γ_1 是否等于零，如果拒绝了 $\gamma_1 = 0$ 的原假设，则认为工具变量不是弱工具变量。

若有两个或两个以上工具变量，如 $D_i = \gamma_0 + \gamma_1 Z_{1i} + \gamma_2 Z_{2i} + e_i$，只需对该模型进行估计，然后对 $\gamma_1 = \gamma_2 = 0$ 进行联合显著性检验，如果 F 统计量比较小，则表明工具变量有可能是弱工具变量。Stock 等人建议当工具变量数量为 1、2、3、5、10 时，F 统计量的关键值分别设为 8.96、11.59、12.83、15.09 和 22.88。如果 F 值低于这些关键值，则可能存在弱工具变量问题。

8.3.3　工具变量的外生性检验

一个合格的工具变量还应该与模型中的扰动项不相关。首先假定所有的工具变量都是外生的，然后使用所有工具变量进行 2SLS 回归，得到残差。由于所有工具变量都是外生的，残差就是随机扰动项的一致估计量。其次将残差作为被解释变量，对所有工具变量及外生变量进行 OLS 回归，得到 R^2，如果所有工具变量都是外生的，R^2 应该很小。最后，构造

检验统计量 NR^2，该统计量收敛于 q 个自由度的卡方分布，其中 q 等于工具变量个数减内生变量个数，所以只有在过度识别的情形下才能进行外生性检验。

8.3.4 工具变量的案例实现

本节案例采用德隆·阿西莫格鲁（Daron Acemoglu）发表在美国经济评论上的论文，该文研究的是社会制度和经济发展是否存在因果关系，邱嘉平博士采用 Stata 软件进行了实证分析，本节采用 SPSS 软件来实现。

该论文基本模型中的被解释变量为 loggdp；处理变量为 institutions，表示国家制度，以 1985—1995 年间企业免受政府盘剥的指数平均值衡量，该值越大，说明制度越好；控制变量为 latitude，表示国家的地理纬度。对于论文中的其他变量，后文用到时再进行解释，用不到的不再解释。

首先做基准线性回归，选择"分析 / 回归 / 线性"选项，将 loggdp 选入"因变量"，将 institutions 和 latitude 选入"自变量"，其他选择默认设置，回归系数估计结果见图 8.22。

模型		非标准化系数		标准系数	t	显著性
		B	标准错误	贝塔		
1	（常量）	4.728	.397		11.900	.000
	institutions	.468	.064	.659	7.292	.000
	latitude	1.577	.710	.201	2.220	.030

图 8.22 基准回归结果

Institutions 的系数为 0.468，表明社会制度和经济发展正相关。但这并不能证明二者之间有因果关系，只有在特定情况下，因果关系才具有因果效应性质。在本例中，社会制度很可能是内生的。造成内生性的原因主要有 3 个：双向因果关系、遗漏变量、测量误差。就本例而讲，社会制度会影响经济发展，但经济发展反过来也可能会影响社会制度，比如发展较好的经济体更有可能建立较好的制度，此种情况下就存在双向因果关系。除了社会制度影响经济发展外，还可能存在同时影响社会制度和经济发展的变量，而这些变量并没有在模型中考虑。这种情况下除了因果关系外，还存在"后门路径"，只有阻断了"后门路径"，才能得到因果路径。另外社会制度是一个不易准确衡量的变量，任何度量都有可能存在相当大的测量误差，由此造成内生性。

因此如果社会制度变量不是外生的，图 8.22 中 Institutions 的系数估计量就不是无偏估计量，也不是一致估计量，需要采用工具变量法。工具变量法的关键是找到合适的工具变量，德隆·阿西莫格鲁教授提到了 3 个可能的工具变量，殖民者的死亡率、早期殖民地欧洲定居者人数和早期的社会制度，作者选择殖民者的死亡率作为主要的工具变量，原因在于它的外生性最强。

选择"分析 / 回归 / 二阶最小二乘法"选项，打开"二阶最小二乘法"对话框，如图 8.23 所示。

图 8.23　二阶最小二乘法：示例

在图 8.23 中，将 loggdp 选入"因变量"，将 latitude 和 institutions 选入"解释变量"，将 logmortality 选入"工具变量"。单击"选项"按钮，打开"二阶最小乘法: 选项"对话框，如图 8.24 所示。

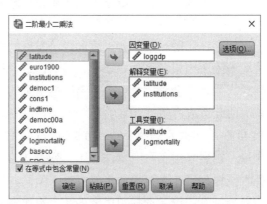

图 8.24　二阶最小二乘法：选项

在图 8.24 中，勾选"残差"复选框。单击"继续"按钮后，单击"确定"按钮，弹出提示"工具变量个数至少要和解释变量个数一样多"。这是和 R 及 STATA 软件所不同的地方。为了解决这一问题，可以用外生变量作为自身的解释变量，即 latitude 作为自身的解释变量，如图 8.25 所示。

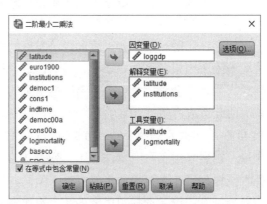

图 8.25　二阶最小二乘法

运行后可得到二阶段最小二乘法估计结果。

图 8.26 描述了模型中所包括的变量及变量类型，"loggdp"为因变量（错翻译为依赖），"institutions"为预测变量，"latitude"为预测与辅助变量，"logmortality"为工具变量（错

翻译为辅助）。

		变量类型
方程式 1	loggdp	依赖
	latitude	预测与辅助
	institutions	预测变量
	logmortality	辅助

图 8.26 模型描述

图 8.27 为模型估计结果，latitude 的系数为 -0.647，但是不显著，institutions 的系数为 0.996，远大于普通最小二乘法下的 0.468，且对经济发展的影响是显著的。

		非标准化系数		标准系数		
		B	标准错误	贝塔	t	显著性
方程式 1	（常量）	1.692	1.293		1.308	.196
	latitude	-.647	1.335	-.082	-.485	.630
	institutions	.996	.222	1.402	4.492	.000

图 8.27 模型估计系数

1. 解释变量内生性检验

采用 Wu-Hausman 检验，首先使用内生解释变量对工具变量进行回归，并保留残差。选择"分析 / 回归 / 线性"，打开"线性回归"对话框，如图 8.28 所示。

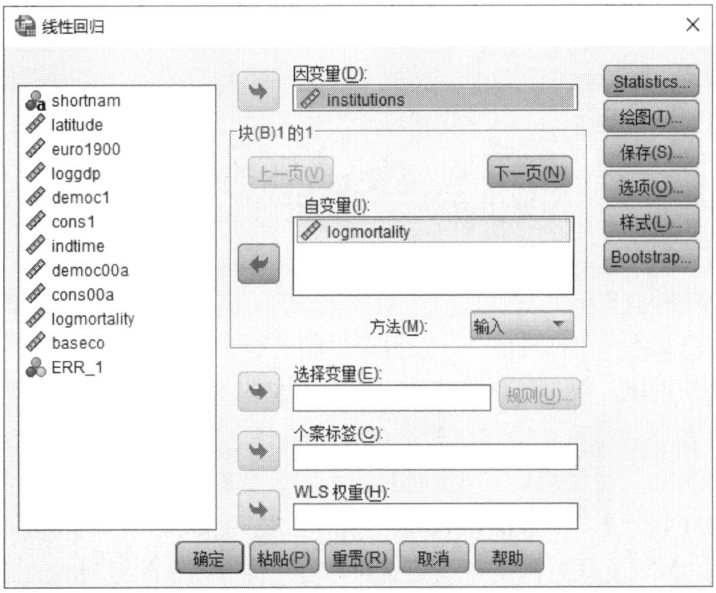

图 8.28 线性回归

在图 8.28 中，将 institutions 选入"因变量"，将工具变量 logmortality 选入"自变量"。单击"保存"按钮，打开"线性回归：保存"对话框，如图 8.29 所示。

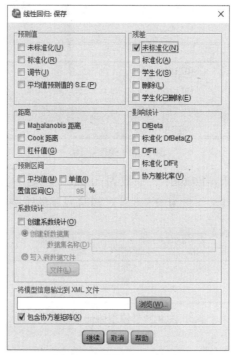

图 8.29　线性回归：保存

图 8.29 包括七个框组：

"预测值"框组：包括五个复选框，其中"未标准化"保存因变量未标准化的预测值；"标准化"保存因变量标准化的预测值；"调节"保存去掉当前个案时，当前模型对该个案因变量的预测值；"平均值预测值的 S.E"保存均值预测值的标准误。

"残差"框组：包括五个复选框，分别为"未标准化"残差，"标准化"残差，"学生化"残差，"删除"残差，"学生化已删除"残差。

"距离"框组：包括三个复选框，"马氏距离（Mahalanobis 距离）"，由印度统计学家马哈拉诺比斯提出；"库克距离（CooK 距离）"，是利用第 i 个观测的杠杆率和残差来确定观测值是否有较大的影响，如果库克距离的测度随残差和杠杆率的增大而增大，则表明这个观测值是有影响的观测值，作为经验法则，库克距离大于 1，则说明该观测值是一个有影响的观测值；"杠杆值"，主要通过帽子矩阵中对角线元素来判断。

"影响统计"框组：保存用于判断强影响点的统计量。"DfBeta"指包含某个个案时模型中参数估计与不包含某个个案时模型中参数估计之差；"标准化 DfBeta"指 DfBeta 的标准化值；"DfFit"指包含某个个案时对该个案因变量的拟合值与不包含该个案时对该个案因变量的拟合值之差；"标准化 DfFit"指对 DfFit 的标准化；"协方差比率"为不包含该条记录与包含该条记录时因变量观测值的方差－协方差矩阵行列式的比值。

"预测区间"框组：可以选择保存关于均值或个别值的 95% 置信区间。

"系数统计"框组：选择是否"创建系数统计"，以及"创建新数据集"或"写入新数据文件"。

"将模型信息输出到 XML 文件"：将模型信息保存在一个 XML 文件之中。

此处只需勾选"未标准化残差"即可。需要注意的是，此时数据窗口有两个残差变量，一个是二阶段最小二乘法的残差变量 ERR_1，另一个是刚才产生未标准化残差 RES_1。

选择"分析 / 回归 / 线性"选项，打开"线性回归"对话框，如图 8.30 所示。

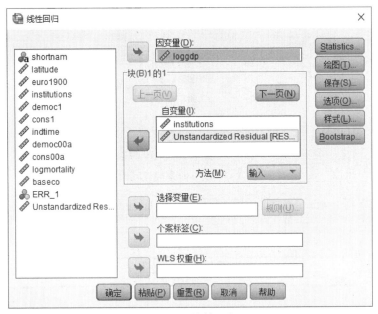

图 8.30　线性回归

在图 8.30 中，将 loggdp 选入"因变量"，将 institutions 和 RES_1 选入"自变量"，其他选择默认设置，运行后得到回归结果，此处只截取回归系数部分，如图 8.31 所示。

模型		非标准化系数		标准系数	t	显著性
		B	标准错误	贝塔		
1	（常量）	1.910	.659		2.899	.005
	institutions	.944	.100	1.329	9.404	.000
	Unstandardized Residual	-.578	.118	-.696	-4.921	.000

a. 因变量: loggdp

图 8.31　回归系数估计

由图 8.31，RES_1（Unstandardized Residual）的系数为 -0.578，p 值为 0.000，t 统计量为 -4.921，回归系数显著，拒绝 institutions 外生性假设，解释变量 institutions 是内生的。若采用 STATA 软件进行 Wu-Hausman 检验，得出的 F 统计量为 18.7508，p 值为 0.0001，同样拒绝 institutions 外生性假设。

2. 弱工具变量检验

检验工具变量的有效性，首先要检验工具变量的相关性。弱工具变量检验可通过二阶段最小二乘法的第一阶段结果进行分析。注意第一阶段回归不是内生变量对工具变量的回归，而是内生变量对工具变量及所有外生变量进行回归。

选择"分析 / 回归 / 线性"，打开"线性回归"对话框，如图 8.32 所示。

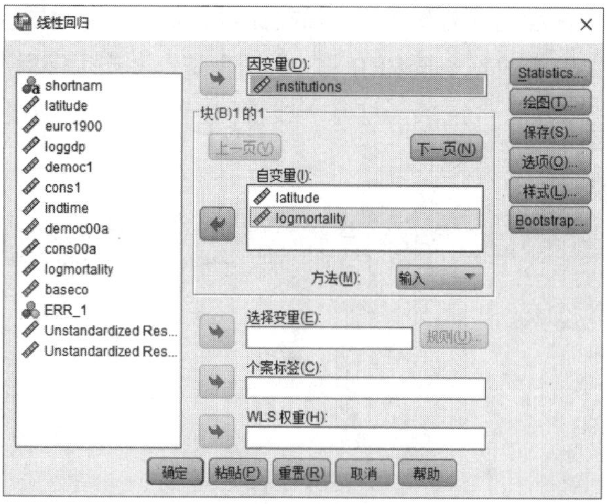

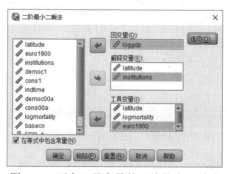

图 8.32 第一阶段线性回归

在图 8.32 中将 institutions 选入"因变量"，将 latitude 和 logmortality 选入"自变量"，其他选择默认设置。回归结果如图 8.33 所示。

模型		非标准化系数		标准系数	t	显著性
		B	标准错误	贝塔		
1	（常量）	8.529	.812		10.500	.000
	latitude	2.002	1.337	.181	1.497	.140
	logmortality	-.510	.141	-.437	-3.618	.001

a. 因变量：institutions

图 8.33 第一阶段回归结果

从图 8.33 可知，工具变量 logmortality 的系数为 -0.51，p 值为 0.001，表明 logmortality 不是弱工具变量。当采用 STATA 软件进行第一阶段回归时，会给出 F 值判断工具变量是否显著，本例 F 值为 13.09，p 值为 0.0006，同样认为不存在弱工具变量问题。

3. 外生性检验

检验工具变量有效性的另一个条件是外生性，需要工具变量个数多于内生变量个数。前面提到早期殖民地欧洲定居者人数和早期的社会制度也可以作为工具变量。下面的模型是将早期殖民地定居人数和殖民者死亡率同时作为工具变量，如图 8.34 所示。

图 8.34 两个工具变量的二阶最小二乘法

类似图 8.24，在选项中选择"残差"。运行后除了在数据窗口产生一个新的残差变量 ERR_2 外，在输出窗口还会得到过度识别下二阶最小二乘法结果，此处只截取回归系数部分，如图 8.35 所示。

		非标准化系数		标准系数		
		B	标准错误	贝塔	t	显著性
方程式 1	（常量）	1.995	1.018		1.960	.055
	latitude	-.597	1.186	-.075	-.503	.617
	institutions	.946	.173	1.348	5.455	.000

图 8.35　过度识别下二阶最小二乘法结果

图 8.35 的系数估计结果和 Stata 系数估计结果完全相同，区别在于 SPSS 采用 t 统计量，而 STATA 采用 Z 统计量，不过从 p 值来看，二者结论是一致的，社会制度对经济发展具有显著正向影响。比较恰好识别下（前文一个工具变量情形）二阶最小二乘法估计结果，二者虽有差别，但差别不大。

然后以 ERR_2 为被解释变量，所有工具变量及外生变量为解释变量，进行线性回归，如图 8.36 所示。

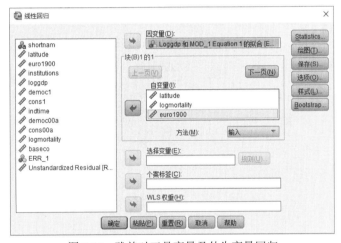

图 8.36　残差对工具变量及外生变量回归

运行后我们只取其中的判定系数，如图 8.37 所示。

模型	R^2	R^2	调整后的 R^2	标准估算的错误
1	.033[a]	.001	-.050	.96 559416

a. 预测变量：（常量），euro1900, logmortality, latitude

图 8.37　回归方程的拟合程度

图 8.37 中，R^2 为 0.001，回归的标准误（错翻译为标准估算的错误）约为 1.0。样本容量为 64 所以检验统计量 $NR^2 = 64 \times 0.001 = 0.064$，而 STATA 计算的 Sargan 卡方值为 0.072 83、Basmann 卡方值为 0.065 894。显著性水平 0.05 下 1 个自由度的卡方临界值为 3.84，因此我们无法拒绝所有工具变量都是外生的假设。

8.4 面板数据分析

基于不可观测变量选择的方法除了工具变量法外，还包括面板数据方法，其中固定效应模型方法和双重差分法是等价的。本节主要介绍面板数据模型中固定效应模型和随机效应模型的估计和检验方法。虽然 SPSS 没有直接提供面板数据的估计方法，但只要熟知面板数据的估计方法，通过适当的操作，SPSS 也可以估计面板数据。

8.4.1 SPSS 输入面板数据的方法

SPSS 默认输入的是截面数据，当输入时间序列数据时，必须首先通过“数据 / 定义日期”过程定义时间变量，然后通过“转换 / 创建时间序列”功能创建一个新的时间序列。而对于面板数据，可采用类似 STATA 软件的输入方式，除包括建模的变量外，还需要创新一个日期变量和截面变量。本节以 2010—2017 年中国 31 个省（区、市）的数据为例，说明面板数据的输入方法以及各种估计方法。

假定要分析投资对国内生产总值的影响，需要在 SPSS 中新建 4 个变量，其中 province 代表不同的省份（即截面单元），year 代表年份（即时间单元），gdp 代表国内生产总值，invest 代表投资。图 8.38 是与 STATA 软件相同的输入格式。

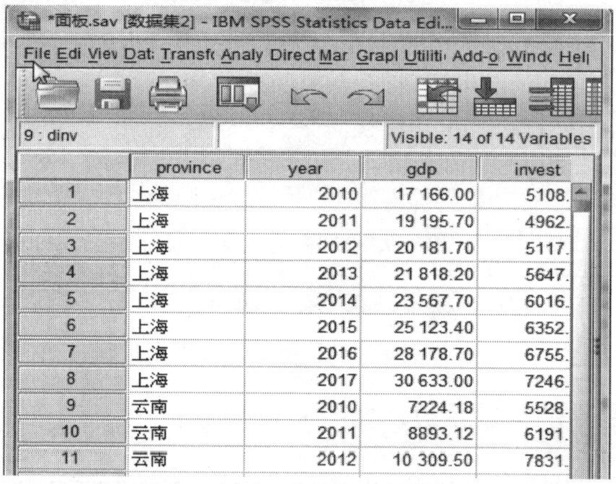

	province	year	gdp	invest
1	上海	2010	17 166.00	5108.
2	上海	2011	19 195.70	4962.
3	上海	2012	20 181.70	5117.
4	上海	2013	21 818.20	5647.
5	上海	2014	23 567.70	6016.
6	上海	2015	25 123.40	6352.
7	上海	2016	28 178.70	6755.
8	上海	2017	30 633.00	7246.
9	云南	2010	7224.18	5528.
10	云南	2011	8893.12	6191.
11	云南	2012	10 309.50	7831.

图 8.38　SPSS 面板数据输入格式

当然，也可以把图 8.38 中的数据格式按变量 year 进行排序，此时数据中前 31 行为 2010 年各省（区、市）的数据，32 ～ 62 行是 2011 年各省（区、市）的数据，以此类推。面板数据的两种排列方式并不影响分析结果。

8.4.2 混合回归模型的参数估计

如果从时间上看，不同个体之间不存在显著差异，从截面上看，不同个体之间也不存在显著差异，这种模型与一般回归模型无本质区别，只要满足经典回归基本假定条件，就可以把所有数据放在一起进行混合最小二乘估计，估计量具有线性、无偏性和有效性。

SPSS 进行混合回归很简单，在菜单中依次选择"分析 / 回归 / 线性回归"，在弹出的对话框中，因变量选择 gdp，解释变量选择 invest，其他选择默认设置，单击"确定"按钮即可得到混合回归结果，汇总如表 8.2 所示。

表 8.2　SPSS 与 Stata 混合回归结果

	SPSS 混合回归			Stata 混合回归		
	系数	t 统计量	p 值	系数	t 统计量	p 值
常数项	1350.278	1.409	0.160	1350.276	1.41	0.160
invest	1.323	25.535	0.000	1.323	25.53	0.000

由表 8.1 可以，SPSS 混合回归结果和 STATA 混合回归结果相同，解释变量 invest 的系数均为 1.323，t 统计量值均为 25.535，p 值均为 0.000。

8.4.3　固定效应模型的参数估计

面板数据模型可表示为

$$y_{it} = \alpha_i + \boldsymbol{x}_{it}'\hat{\boldsymbol{a}} + \boldsymbol{z}_i'\ddot{\boldsymbol{a}} + u_i \qquad i = 1, 2, \cdots, n; t = 1, 2, \cdots, T \qquad (8.6)$$

式中，y_{it} 是被解释变量；x_{it} 是随个体和时间而变化的解释变量；z_i 是不随时间而变的个体特征；不可观测的随机变量 α_i 代表个体异质性，随个体变化，但不随时间变化，即个体效应；β 是回归系数，对于不同个体回归系数 β 是相同的；u_i 是随机误差项。在以后的实证分析中，将用具体变量名代替 y_{it} 和 x_{it}。

若 α_i 与某个解释变量相关，则称为固定效应模型；若 α_i 与 x_{it} 和 z_i 均不相关，则称为随机效应模型。因此固定效应模型和随机效应模型在表达式上是相同的，都是式（8.6），只是根据个体效应与解释变量是否相关区分为固定效应模型和随机效应模型。

1. 组内估计量

对于固定效应模型，由于 α_i 与某个解释变量相关，故 OLS 不是一致估计。解决方法之一是对面板数据中每个个体的观测值针对时间求其平均值，利用离差变换消掉个体效应 α_i，采用 OLS 方法估计模型回归系数 β。

给定个体 i，将模型（8.6）两边对时间求平均可得

$$\bar{y}_i = \alpha_i + \overline{\boldsymbol{x}_i'}\hat{\boldsymbol{a}} + \boldsymbol{z}_i'\ddot{\boldsymbol{a}} + \bar{u}_i \qquad (8.7)$$

将式（8.6）减式（8.7）可得

$$y_{it} - \bar{y}_i = (x_{it} - \bar{x}_i)'\beta + (u_{it} - \bar{u}_i) \qquad (8.8)$$

对式（8.8）采用 OLS 估计，得固定效应估计量，记 $\hat{\beta}_{\text{FE}}$，又称为组内估计量。式（8.8）

消去了 α_i，不再含有违反模型假定条件的情形，对于个体固定效应模型，组内估计量 $\hat{\beta}_{\text{FE}}$ 是一致估计量。

在采用 SPSS 计算组内估计量时，共需要三个步骤。第一步要计算每个地区的均值，在菜单中依次选择"数据 / 分类汇总"，在弹出的对话框中，将 provicne 选入"分组变量"复选框，将 gdp 和 invest 选入"汇总变量"复选框。单击"确定"按钮后，SPSS 数据窗口增加了两个均值变量，均值变量名 SPSS 默认为 gdp_mean 和 invest_mean。第二步在菜单中依次选择"转换 / 计算变量"，在弹出的对话框中将目标变量定义为 gdpstar，数学表达式定义为"gdp-gdp_mean"，单击"确定"后可得到中心化后的因变量值。按类似的方法可得到 invest 中心化后的变量 investstar。第三步在菜单中依次选择"分析 / 回归 / 线性回归"，在弹出的对话框中，因变量选择 gdpstar，解释变量选择 investstar，其他选择默认设置，单击"确定"按钮即可得到组内估计量结果，汇总如表 8.3 所示。

表 8.3　SPSS 与 STATA 组内估计量

	SPSS 组内估计量			STATA 组内估计量		
	系数	t 统计量	p 值	系数	t 统计量	p 值
常数项	1.41E-13	0	1	8441.535	15.77	0.000
investstar	0.845	26.743	0.000	0.845	25.06	0.000

由表 8.2 可知，SPSS 计算的组内估计量中，解释变量的系数为 0.845，t 统计量值为 26.743，p 值为 0.000；STATA 计算的组内估计量中，解释变量的系数为 0.845，t 统计量值为 25.06，p 值为 0.000；除了 t 统计量值稍有差异外，系数估计值与 p 值完全相同。需要注意的是，两种软件对常数项的估计并不相同，原因在于两种软件对常数项的定义不同。在用 SPSS 进行组内估计时，由于采用按时间平均然后中心化，个体效应已经被消掉了，也就是组内回归没有常数项，这也是 SPSS 组内估计结果常数项的 p 值为 1 的原因。而 STATA 结果中的常数项实际上是个体效应的均值，即 $\bar{\alpha}$，各个地区的个体效应为 $\alpha_i - \bar{\alpha}$，根据离差和恒等于零的性质，个体效应之和等于零，因此 STATA 结果和 SPSS 结果并不矛盾。

2. 一阶差分估计量

削掉个体效应的另外一种方法是一阶差分法。对于式（8.6），取其滞后一期的关系式，得

$$y_{i,t-1} = \alpha_i + \boldsymbol{x}'_{i,t-1}\hat{\boldsymbol{a}} + \boldsymbol{z}'_i\ddot{\boldsymbol{a}} + u_{i,t-1} \tag{8.9}$$

将式（8.6）减式（8.9）可得：

$$y_{it} - y_{i,t-1} = (\boldsymbol{x}_{it} - \boldsymbol{x}_{i,t-1})'\hat{\boldsymbol{a}} + (u_{it} - u_{i,t-1}) \tag{8.10}$$

对式（8.10）采用 OLS 方法，得到一阶差分估计量，记为 $\hat{\beta}_{\text{FD}}$。当 $T > 2$ 时，u_{it} 服从独立同分布，$\hat{\beta}_{\text{FD}}$ 具有一致性，但不如组内估计量 $\hat{\beta}_{\text{FE}}$ 更有效率。

SPSS 只有定义时间序列变量后才能产生滞后变量和差分变量，而对于面板数据，SPSS 很难直接产生滞后变量和差分变量，但可以借助 STATA 软件产生差分变量，然后复制到 SPSS 软件中，当然也可以采用 EXCEL，只不过稍微烦琐一点。令 gdp 差分后的变量为 dgdp，invest 差分后的变量为 dinvest。在菜单中依次选择"分析 / 回归 / 线性回归"，在弹出的对话框中，因变量选择 dgdp，解释变量选择 dinvest，然后单击"选项"按钮，将"包含常数项"前面的对钩去掉，表示模型不包含常数项，其他选择默认设置，单击"确定"按钮即可得到一阶差分估计量结果，汇总如表 8.4 所示。

表 8.4　SPSS 与 STATA 一阶差分估计量

	SPSS 一阶差分估计量			STATA 一阶差分估计量		
	系数	t 统计量	p 值	系数	t 统计量	p 值
dinvest	0.5	11.762	0.000	0.5	11.762	0.000

由表 8.3 可以看出，SPSS 与 STATA 一阶差分估计结果完全相同。应当注意的是此处 STATA 软件估计采用的是因变量差分对解释变量差分直接回归的方法，如果采用 xtserial 命令，系数估计值和 SPSS 方法完全相同，但由于该命令采用了稳健标准误，计算出来的 t 统计量值会有所不同。

3. 最小二乘虚拟变量回归

对于固定效应式（8.6）中的个体固定效应 α_i，将其视为个体 i 的截距项，即个体 i 的待估参数。对于 n 位个体的 n 个不同的截距项，可以通过在式（8.6）中引入 $n-1$ 个虚拟变量来估计截矩项，估计模型如下：

$$y_{it} = \alpha_1 + x'_{it}\hat{a} + z'_i\ddot{a} + \sum_{i=2}^{n} \alpha_i D_i + u_t \tag{8.11}$$

式中，$D_2 = \begin{cases} 1 & \text{是个体2} \\ 0 & \text{不是个体2} \end{cases}$，$D_3 = \begin{cases} 1 & \text{是个体3} \\ 0 & \text{不是个体3} \end{cases}$，$\cdots$，$D_n = \begin{cases} 1 & \text{是个体}n \\ 0 & \text{不是个体}n \end{cases}$，常数项 α_1 表示被遗漏的虚拟变量 D_1 所对应个体 1 的截距项，而个体 i（$i>1$）的截距项是 $\alpha_1+\alpha_i$。

对式（8.11）采用 OLS 方法估计，称为"最小二乘虚拟变量法"。如果模型是正确设定的，且符合模型全部假定条件。则回归系数估计量是无偏的、有效的、一致的估计。

在 SPSS 主菜单中选择"转换 / 创建虚拟变量"选项，在弹出的"创建虚拟变量"对话框中，在"针对下列变量创建虚拟变量"下选入变量 province，在"主效应虚拟变量 - 根名称"下输入"D"，表示虚拟变量变量名以 D 开头，单击"确定"按钮后，在 SPSS 中变量窗口即会出现 31 个虚拟变量。虚拟变量名和数据中省份输入顺序有关，以本例为例，上海对应的虚拟变量为 D_1，云南对应的虚拟变量为 D_2，以此类推。在采用虚拟变量回归时，如果回归方程包括常数项，为了避免"虚拟变量陷阱"，31 个省（区、市）只能加入 30 个虚拟变量。STATA 默认将数据集中的第一个省（区、市）（本例为上海市）作为比较的基础，因此为了和 STATA 估计结果进行比较，在使用 SPSS 进行最小二乘虚拟变量回归时，不包括虚拟变量 D_1。在菜单中依次选择"分析 / 回归 / 线性回归"，在弹出的对话框中，

185

因变量选择 gdp，解释变量依次选择 invest 以及 D_2～D_31，其他选择默认设置，单击"确定"按钮即可得到最小二乘虚拟变量回归结果，汇总如表 8.5 所示。

表 8.5 SPSS 与 STATA 最小二乘虚拟变量回归

	SPSS 最小二乘虚拟变量回归			STATA 最小二乘虚拟变量回归		
	系数	t 统计量	p 值	系数	t 统计量	p 值
常数项	18 243.87	17.17	0.000	18 243.87	17.17	0.000
Invest	0.845	25.06	0.000	0.845	25.06	0.000
云南	−1578.25	−10.58	0.000	−1578.25	−10.58	0.000
内蒙古	−13 340.5	−8.91	0.000	−13 340.5	−8.91	0.000
北京	−3262.91	−2.21	0.028	−3262.88	−2.21	0.028
吉林	−14 612.39	−9.84	0.000	−14 612.39	−9.84	0.000
四川	−9538.20	−6.07	0.000	−9538.21	−6.07	0.000
天津	−11 792.65	−7.96	0.000	−11 792.65	−7.96	0.000
宁夏	−17 949.69	−12.13	0.000	−17 949.68	−12.13	0.000
安徽	−15 420.93	−9.94	0.000	−15 420.93	−9.94	0.000
山东	4818.67	2.58	0.010	4818.67	2.58	0.010
山西	−14 251.42	−9.61	0.000	−14 251.41	−9.61	0.000
广东	28 301.28	17.82	0.000	28 301.28	17.82	0.000
广西	−16 231.94	−10.76	0.000	−16 231.94	−10.76	0.000
新疆	−16 678.57	−11.29	0.000	−16 678.57	−11.28	0.000
江苏	12 032.14	6.53	0.000	12 032.12	6.53	0.000
江西	−15 542.82	−10.33	0.000	−15 542.81	−10.33	0.000
河北	−10 761.14	−6.71	0.000	−10 761.14	−6.71	0.000
河南	−9297.17	−5.56	0.000	−9297.17	−5.56	0.000
浙江	2203.76	1.40	0.164	2203.76	1.40	0.164
海南	−17 331.01	−11.71	0.000	−17 331	−11.71	0.000
湖北	−10 190.86	−6.52	0.000	−10 190.85	−6.52	0.000
湖南	−8972.64	−5.78	0.000	−8972.65	−5.78	0.000
甘肃	−17 449.93	−11.82	0.000	−17 449.92	−11.82	0.000
福建	−9400.44	−6.18	0.000	−9400.44	−6.18	0.000
西藏	−18 258.21	−12.29	0.000	−18 258.2	−12.29	0.000
贵州	−16 756.71	−11.33	0.000	−16 756.7	−11.33	0.000
辽宁	−82 32.35	−5.40	0.000	−8232.34	−5.40	0.000
重庆	−14 472.10	−9.72	0.000	−14 472.10	−9.72	0.000
陕西	−15 139.05	−10.01	0.000	−15 139.05	−10.01	0.000
青海	−18 257.38	−12.33	0.000	−18 257.37	−12.33	0.000
黑龙江	−12 358.99	−8.34	0.000	−12 359	−8.34	0.000

由表 8.5 可以看出，除个别系数因计算精度和四舍五入原因稍有差异外，SPSS 最小二乘虚拟变量回归结果和 STATA 结果完全相同。表中的常数项 18243.87 代表上海市的截距，其他省份对应的系数代表与上海的差距，如云南对应的系数 -1578.25 代表云南比上海低 1578.25。由表中 p 值可知只有浙江和北京没有显著性差异，由 t 统计量可知只有江苏、广东、山东显著高于上海。另外，最小二乘虚拟变量回归在解释变量 invest 的估计上和组内估计量相同，均为 0.845。

8.4.4 随机效应模型的参数估计

随机效应模型的参数估计方法包括广义最小二乘法和组间估计法。虽然广义最小二乘法最有效，但该方法涉及复杂的矩阵运算和较多参数估计，使用 SPSS 比较烦琐，因此此处仅介绍组间估计方法。

对于式（8.6），如果对每个个体取时间平均值，得如下模型：

$$\bar{y}_i = \alpha_i + \overline{x_i'}\hat{a} + z_i'\bar{a} + \bar{u}_i \quad (i=1,2,\cdots,n) \tag{8.12}$$

对式（8.12）使用 OLS 进行参数估计，得到的估计量称为组间估计量，记为 $\hat{\beta}_{BE}$。由于 $\bar{x}_i$ 包含了 x_{it} 的信息，如果 α_i 与解释变量 $\{x_{it}, z_i\}$ 相关，则 $\hat{\beta}_{BE}$ 不一致。因此不能在固定效应模型下使用组间估计法。组间估计法相当于面板数据被压缩为截面数据。

在采用组内估计量时，已经通过"分类汇总"功能得到各省在 gdp 和 invest 两个变量上的均值 gdp_mean 和 invest_mean，但我们并不能用这两个变量直接回归，原因在于每个省的均值都有 8 个相同的值（从 2010 年至 2018 年）。可以采用等距抽样的方法使每个省只有一个均值。为了避免观测顺序打乱，首先在数据集增加一个编号变量（id），打开需要添加 id 号的数据集，选择"文件 / 新建 / 语法"，打开弹出的"语法"窗口，并输入以下语句：

DATASET ACTIVATE 数据集名 .

COMPUTE id = $CASENUM.

EXECUTE.

单击"执行"按钮。返回到原先的数据集窗口，则可以看到 id 号变量了。选择"转换 / 计算变量"选项，弹出计算变量对话框，在"目标变量"的空白框中输入新变量名 newid，在"函数组"选项框中单击"all"按钮，在"函数和特殊变量"选项框中单击"mod"按钮，把 mod 选入"数字表达式"空白框中，把 mod(?,?) 的第一个问号改为 id-4（由于前 8 个数值相同，用 id 减去 1～8 中的任意一个数均不会影响最终结果），第二个问号改为 8。单击"确定"按钮，数据集中 newid 为 0 的即要抽选的样本单元。

选择"数据 / 选择个案"选项，打开选择个案对话框，选择第二项"如果条件满足"，单击"如果"按钮后弹出"If"对话框，将其中的条件设置为"newid=0"，即可得到等距抽样的所有样本，该样本即为进行组间估计的样本。在该样本范围内依次选择"分析 / 回归 / 线性回归"选项，在弹出的对话框中，因变量选择 gdp_mean，解释变量选择 invest_mean，其他选择默认设置，单击"确定"按钮即可得到组间估计回归结果，汇总如表 8.6 所示。

表 8.6　SPSS 与 STATA 组间估计量

	SPSS 组间估计量			STATA 组间估计量		
	系数	t 统计量	p 值	系数	t 统计量	p 值
常数项	-1066.26	-0.39	0.700	-1066.26	-0.39	0.700
Invest_mean	1.485	9.579	0.000	1.485	9.579	0.000

从表 8.6 可以看出，SPSS 与 STATA 估计组间估计量的结果相同。

从实证研究结果来看，在混合回归、组内估计、组间估计、一阶差分估计、最小二乘虚拟变量回归方面，SPSS 可以得到与 STATA 软件相同的结果。只不过 STATA 等软件有内嵌的命令，操作起来很简单，而 SPSS 由于没有内嵌选项，操作起来相对复杂而已。

8.5 双重差分法

双重差分法适用于事前所有个体都没有受到政策干预，而事后只有一组个体受到政策干预，受到政策干预的组称为干预组（处理组），没有受到政策干预的组称为控制组。在实际应用中，如果假设条件期望为线性函数或利用线性函数去近似所关心的条件期望函数，可以利用回归方法估计双重差分模型。

8.5.1 回归双重差分法

当使用面板数据或重复截面数据时，可用下面回归方程得到双重差分估计量：

$$Y_{it} = \beta_0 + \beta_1 D_i + \beta_2 T + \beta_3 (D_i \times T) + u_{it}$$

式中，i 代表个体；t 代表时间；D_i 是分组虚拟变量，如果个体 i 属于处理组，则 $D_i=1$，否则 $D_i=0$；T 是分期虚拟变量，如果时间 t 在处理事件发生之后，则 $T=1$，否则 $T=0$；处置变量是外生的，即 $E(u_{it}|D_i,T)=0$。

控制组在处置事件发生前 Y_{it} 均值为

$$E(Y_{it}|D_i=0, T=0) = \beta_0$$

控制组在处置事件发生后 Y_{it} 均值为

$$E(Y_{it}|D_i=0, T=1) = \beta_0 + \beta_2$$

处理组在处置事件发生前 Y_{it} 均值为

$$E(Y_{it}|D_i=1, T=0) = \beta_0 + \beta_1$$

处理组在处置事件发生后 Y_{it} 均值为

$$E(Y_{it}|D_i=1, T=1) = \beta_0 + \beta_1 + \beta_2 + \beta_3$$

处理组处置事件前后平均结果的变化为

$$E(Y_{it}|D_i=1, T=1) - E(Y_{it}|D_i=1, T=0) = \beta_2 + \beta_3$$

控制组处置事件前后平均结果的变化为

$$E(Y_{it}|D_i=0, T=1) - E(Y_{it}|D_i=0, T=0) = \beta_2$$

处理组处置事件前后平均结果的变化中包括政策影响和共同趋势，而控制组处置事件前后平均结果的变化即为共同趋势，最终的处置效应为

$$E(Y_{it}|D_i=1,T=1)-E(Y_{it}|D_i=1,T=0)-[E(Y_{it}|D_i=0,T=1)-E(Y_{it}|D_i=0,T=0)]=\beta_3$$

即交乘项的系数为因果效应。

如果共同趋势必须在控制协变量 X_{it} 后才成立，并且这些协变量不会受到政策干预的影响，相应的回归双重差分模型可以表示为

$$Y_{it}=\beta_0+\beta_1 D_i+\beta_2 T+\beta_3(D_i\times T)+X_{it}'\gamma+u_{it}$$

若不同个体在不同时间接受处置，则将 T 表示为 T_i 即可。相应的模型变换为

$$Y_{it}=\beta_0+\beta_1 D_i+\beta_2 T_i+\beta_3(D_i\times T_i)+X_{it}'\gamma+u_{it}$$

8.5.2 双因素固定效应方法

基本的双重差分模型也是一种固定效应模型。常数项 β_0 是控制组的固定效应，β_1 是处理组（在未处置状态下）与控制组固定效应的差异，β_2 是控制组事件发生前后固定效应的差异，β_3 是事件的固定效应（即处置效应或因果效应）。

如果有同一个个体在不同时间信息的面板数据，就可以通过细化组别和时期固定效应，进一步提高模型的精度。可以把处理组和控制组的固定效应（β_0、β_1）细化为个体效应 α_i，把处置事件前后的时期固定效应（β_2）细化为每年的固定效应（Year$_t$）。细化后的模型为

$$Y_{it}=\alpha_i+\text{Year}_t+\beta_3(D_i\times T)+u_{it}$$

双因素固定效应模型相对于回归双重差分法的优点是，α_i 和 Year$_t$ 是比 β_0、β_1 和 β_3 更精细的固定效应。α_i 是每个个体的固定效应，而 β_0、β_1 是组固定效应。事实上，处理组（控制组）的组固定效应是处理组（控制组）个体固定效应的平均值。Year$_t$ 是每年的固定效应，Y_{it} 是时期固定效应，时期固定效应是时期内每年固定效应的均值。因此使用 α_i 和 Year$_t$ 替代 D_i 和 T 提高了模型精度，这反映在估计系数的方差会降低。

189

8.5.3 应用案例

本节案例采用邱嘉平教授税法改革对企业业绩影响的例子。该例包含 4 个企业数据，每个企业有 8 年的观测点。企业 1 和企业 2 所在省份受到税法改革的影响，为处理组；企业 3 和企业 4 所在省份未实施税法改革，为控制组。id 表示企业编号，取值为 1 ～ 4；year 表示年份，取值为 2010—2017 年；tax 表示所有省份是否实施了税法改革，取值为 1时实施了税法改革，取值为 0 时未实施税法改革，新税法于 2014 年开始实施；q 表示企业业绩。

1. 回归双重差分法

SPSS 有直接产生虚拟变量的模块，为了加深对 SPSS 的理解，此处采用另外一种方

式产生虚拟变量。

选择"转换 / 重新编码为不同变量",打开"重新编码为不同变量"对话框,如图 8.39 所示。

图 8.39　重新编码为其他变量

在图 8.39 中,将 id 选入"数字变量(应为输入变量)→输出变量",在"输出变量"框组的"名称"栏输入"D",然后单击下方的"更改"。单击"旧值和新值",进行数值转换,如图 8.40 所示。选择"范围,从最低到值",在下方文本框输入"2",然后在"新值"框组中的"值"右侧输入"1",单击下方的"添加"按钮,即可实现将企业 1 和 2 设定为处理组。然后选择"旧值"框组最下方的"所有其他值",在"新值"框组中的"值"右侧输入"0",单击下方的"添加"按钮,即可实现将企业 3 和 4 设定为控制组。执行完毕后会在数据窗口产生一个新变量 D。

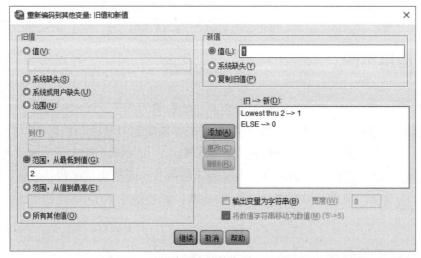

图 8.40　重新编码为其他变量:旧值和新值

按类似方法可产生新变量 T,此处不再详细列示。

接下来产生交叉变量。选择"转换/计算变量"选项，打开"计算变量"对话框，如图8.41所示。

图8.41 计算变量

在图8.41中，在"目标变量"中输入DT，代表交叉项；在"数字表达式"中输入"D*T"，单击"确定"按钮后即可得到交叉变量。

在主菜单中选择"分析/回归/线性"选项，打开"线性回归"对话框，如图8.42所示。

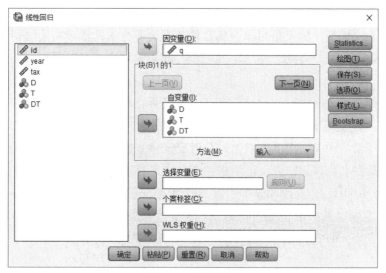

图8.42 线性回归

在图8.42中，将q选入"因变量"，将D、T、DT选入"自变量"。单击"确定"按钮后得到回归结果。

图8.43为方差分析结果，其中回归平方和为12.935，残差平方和为2.048，总平方和为14.983，F统计量为58.949，p值为0，表明回归方程在整体上是显著的。

模型		平方和	自由度	均方	F	显著性
1	回归	12.935	3	4.312	58.949	.000[b]
	残差	2.048	28	.073		
	总计	14.983	31			

a. 因变量：q
b. 预测变量：(常量)，DT, T, D

图8.43 方差分析

图 8.44 为回归双重差分的回归系数及相应统计量。$\hat{\beta}_0 = 5.78$，表明在 2014 年税改发生之前，控制组的平均业绩为 5.78；$\hat{\beta}_1 = 1$，表明在 2014 年税改发生前，处理组比控制组的平均业绩高 1；$\hat{\beta}_2 = 0.17$，表明在 2014 年税改发生前后，控制组的平均业绩提高了 0.17，由于 p 值为 0.219，这个差异并不显著；$\hat{\beta}_3 = 0.4$，表明在 2014 年税改发生的前后，处理组的平均业绩变化比控制组的平均业绩变化高 0.4。这反映了新税法与企业业绩的因果效应。

模型		非标准化系数		标准系数	t	显著性
		B	标准错误	贝塔		
1	（常量）	5.780	.096		60.449	.000
	D	1.000	.135	.731	7.395	.000
	T	.170	.135	.124	1.257	.219
	DT	.400	.191	.253	2.092	.046

图 8.44　回归双重差分回归系数

2. 双因素固定效应法

对于固定效应模型，如果采用组内估计量或一阶差分估计量，将无法得到个体固定效应和时间固定效应。为了得到个体固定效应和时间固定效应，可以采用最小二乘虚拟变量回归方法。

在采用回归双重差分法时，已经得到了交叉变量，此处只需产生个体虚拟变量和年份虚拟变量即可。首先将 id 和 year 的测量更改为名义型，然后按第一节方法产生个体虚拟变量和年虚拟变量。由于采用回归双重差分时已产生了虚拟变量 D 和 T，为避免重复，此处个体虚拟变量根名称以 DU 开头，年虚拟变量根名称以 TY 开头。基于 id 产生了 4 个虚拟变量：DU_1 ～ DU_4，基于 year 产生了 8 个虚拟变量：TY_1 ～ TY_8。

虽然双因素固定效应模型没有常数项，但也不能把 DU_1 ～ DU_4 和 TY_1 ～ TY_8 全部纳入模型。若 DU_1 ～ DU_4 组合成一个取值全为 1 的向量，TY_1 ～ TY_8 也组合成一个取值全为 1 的向量，这就会造成完全共线。因此在采用最小二乘虚拟变量回归时，在这 12 个虚拟变量中必须去掉一个，本例去掉 TY_1。读者可以去掉以上 12 个虚拟变量中的任何一个，只不过在结果解释上会稍有不同。

选择"分析 / 回归 / 线性"，打开"线性回归"对话框，将 q 选入"因变量"，将 DT、DU_1 ～ DU_4 和 TY_2 ～ TY_8 选入"自变量"，如图 8.45 所示。

在图 8.45 中单击"选项"，打开选项对话框，将"在等式中包含常量"前面的"√"去掉。需要注意的是如果勾选了"在等式中包含常量"，为了避免共线回归结果中将自动删除 ID_1。运行后可得到最小二乘虚拟变量回归结果，此处只截取回归系数部分，如图 8.46 所示。

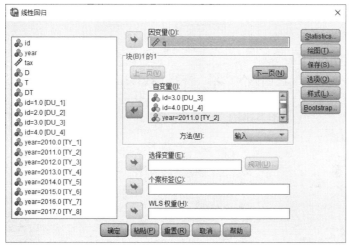

图 8.45　线性回归

模型		非标准化系数		标准系数		
		B	标准错误	贝塔	t	显著性
1	DT	.400	.030	.031	13.522	.000
	id=1.0	7.000	.026	.538	273.252	.000
	id=2.0	6.500	.026	.500	253.734	.000
	id=3.0	6.000	.026	.461	234.216	.000
	id=4.0	5.500	.026	.423	214.698	.000
	year=2011.0	.020	.030	.001	.676	.507
	year=2012.0	.040	.030	.002	1.352	.191
	year=2013.0	.060	.030	.003	2.028	.056
	year=2014.0	.225	.033	.012	6.803	.000
	year=2015.0	.175	.033	.010	5.292	.000
	year=2016.0	.200	.033	.011	6.047	.000
	year=2017.0	.200	.033	.011	6.047	.000

图 8.46　最小二乘虚拟变量回归

该结果和 STATA 结果完全相同。交叉项系数为 0.4，与回归双重差分结果一致。但其标准误仅为 0.03，比回归双重差分模型中交叉项的标准误 0.191 低很多。

也可以将交叉项细化，比如将 D_iT_i 细化为 α_iT_i，此时就可以得到政策对处理组每个体在政策发生后每一年的因果效应。但如果个体数量太多，交叉项要估计的系数就很多。通常我们只关注政策的处理组的平均因果效应，因此 D_iT_i 一般不再细化。如果要研究政策对处理组在不同时间的影响，可以将交叉项 D_iT_i 中的 T_i 细化。如果要特别关注前两年的影响，可以将 D_iT_i 细化为 $D_iT_1 + D_iT_2 + D_iT_{3+4}$，其中 T_1 是政策发生后第一年的虚拟变量，T_2 是政策发生后第二年的虚拟变量，T_{3+4} 是政策发生后第三年、第四年的虚拟变量。这样就可以研究政策对处理组在事件发生后第一年、第二年和两年后的影响。具体模型如下：

$$Y_{it} = \alpha_i + \text{Year}_t + \beta_3^1\left(D_i \times T_1\right) + \beta_3^2\left(D_i \times T_2\right) + \beta_3^3\left(D_i \times T_{3+4}\right) + u_{it}$$

对于 T_1、T_2、T_{3+4} 这 3 个虚拟变量，不适宜直接采用"转换 / 创建虚拟变量"方法，选择"转换/重新编码为不同变量"较为方便。前文已经讲述，此处不再赘述，相信读者自己能够完成。由于 T_{3+4} 在 SPSS 中不便展示，产生后的虚拟变量用 T3 表示。产生这 3 个虚拟变量后，再与 D_i 相乘产生相应的交叉项。

选择"分析/回归/线性回归"选项，打开"线性回归"对话框，将 q 选入"因变量"，将 DT1、DT2、DT3、DU_1～DU_4 和 TY_2～TY_8 选入"自变量"，如图 8.47 所示。

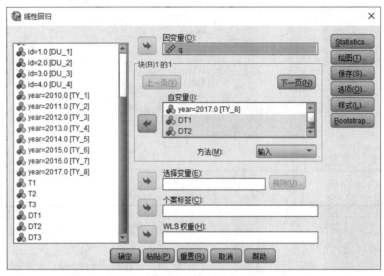

图 8.47　线性回归

在图 8.47 中单击"选项"按钮，打开选项对话框，将"在等式中包含常量"前面的"√"去掉。运行后可得到最小二乘虚拟变量回归结果，此处只截取回归系数部分，如图 8.48 所示。该结果仍然与 STATA 结果完全相同。D_iT_1、D_iT_2、D_iT_3 的系数分别为 0.45、0.35、0.4，表明税改政策第一年影响最大，第二年有所下降，后两年有所反弹。

模型		非标准化系数		标准系数	t	显著性
		B	标准错误	贝塔		
1	id=1.0	7.000	.025	.538	280.000	.000
	id=2.0	6.500	.025	.500	260.000	.000
	id=3.0	6.000	.025	.461	240.000	.000
	id=4.0	5.500	.025	.423	220.000	.000
	year=2011.0	.020	.029	.001	.693	.497
	year=2012.0	.040	.029	.002	1.386	.183
	year=2013.0	.060	.029	.003	2.078	.052
	year=2014.0	.200	.037	.011	5.435	.000
	year=2015.0	.200	.037	.011	5.435	.000
	year=2016.0	.200	.034	.011	5.908	.000
	year=2017.0	.200	.034	.011	5.908	.000
	DT1	.450	.046	.017	9.859	.000
	DT2	.350	.046	.013	7.668	.000
	DT3	.400	.035	.022	11.314	.000

图 8.48　最小二乘虚拟变量回归结果

3. 平行趋势检验

双重差分法的一个关键假设是共同趋势假设，它要求如果没有受到政策影响的话，干预组个体的变化模式与控制组个体的变化模式相同。平行趋势检验通常有两种方法：图形法和回归验证法。

1）图形方法

用图形方法检验共同趋势，就是考察处理组和控制组在政策发生前被解释变量的变化趋势是否一致。选择"图形/旧对话框/折线图"，打开"折线图"对话框，如图8.49所示。

图 8.49　折线图

在图8.49中，选择"多线线图"选项，在"图表中的数据为"框组选择"个案组摘要"。单击"定义"按钮后，进行具体设置，如图8.50所示。

图 8.50　定义多线图：个案组摘要

将 year 选入"类别轴",将虚拟变量 D 选入"定义线的方式"。在"线的表征"框组选择"其他统计(例如平均值)",然后将 q 选入下方的"变量"。单击"确定"按钮后即可得到多线图,如图 8.51 所示。

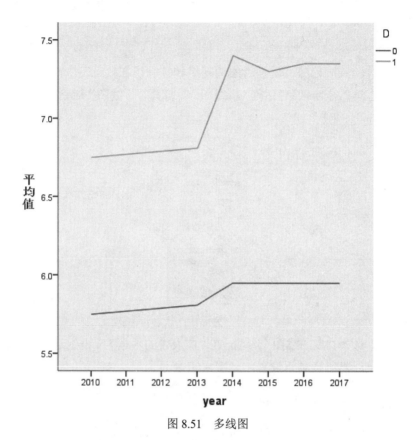

图 8.51　多线图

从图 8.51 可知,在 2014 年税改政策出台之前,处理组和控制组两条线是平行的,满足平行趋势假设。

2)回归验证法

对于如下回归双重差分模型:

$$Y_{it} = \beta_0 + \beta_1 D_i + \beta_2 T_i + \beta_3 \left(D_i \times T_i\right) + u_{it}$$

$$E\left(Y_{it} \middle| D_i = 1, T_i = 0\right) - E\left(Y_{it} \middle| D_i = 0, T_i = 0\right) = \beta_1$$

即 β_1 是处理组和控制组在政策发生前的平均差异。我们可以进一步分析处理组和控制组在政策发生前每年的差异,如果平行趋势假设成立,那么两组之间每年的差异应该没有显著区别。将回归双重差分模型进一步拓展为

$$Y_{it} = \beta_0 + \beta_1^{2010} D_i + \beta_1^{2011} D_i T_{2011} + \beta_1^{2012} D_i T_{2012} + \beta_1^{2013} D_i T_{2013} + \beta_2 T_i + \beta_3 D_i T_i + u_{it}$$

在这个模型中,β_1^{2010} 估计了处理组和控制组在税改发生前的 2010 年的差异(基准差异)。β_1^{2011}、β_1^{2012}、β_1^{2013} 反映了税改发生前的 2011 年、2012 年、2013 年处理组和控制组的差异相较于它们在 2010 年差异的变化。如果共同趋势假设成立(即差异不变),意

味着 $\beta_1^{2011} = \beta_1^{2012} = \beta_1^{2013} = 0$。$\beta_3$ 是税改发生后处理组和控制组的差异相较于它们在 2010 年差异的变化，也就是因果效应。

选择"转换 / 重新编码为不同变量"，产生虚拟变量 T2011、T2012、T2013，再与 D_i 相乘产生相应的交叉项 DT2011、DT2012、DT2013(选择"转换 / 产生新变量")。

选择"分析 / 回归 / 线性回归"选项，打开"线性回归"对话框，将 q 选入"因变量"，将 DT2011、DT2012、DT2013、D、T 和 DT 选入"自变量"，如图 8.52 所示。

图 8.52　线性回归

需要注意的是，回归双重差分法需要保留截距项，而最小二乘虚拟变量回归不需要截距项。运行后可得到回归结果，此处只截取回归系数部分，如图 8.53 所示。

模型		非标准化系数		标准系数	t	显著性
		B	标准错误	贝塔		
1	(常量)	5.780	.101		57.175	.000
	D	.970	.226	.709	4.291	.000
	T	.170	.143	.124	1.189	.246
	DT	.430	.267	.272	1.608	.120
	DT2011	.020	.286	.007	.070	.945
	DT2012	.040	.286	.014	.140	.890
	DT2013	.060	.286	.021	.210	.835

图 8.53　线性回归结果

该回归结果和 STATA 结果完全相同。$\beta_1^{2010} = 0.97$，即处理组和控制组在税改发生前的 2010 年的差异为 0.97，且该差异显著（p 值为 0.000）。$\beta_1^{2011} = 0.02$、$\beta_1^{2012} = 0.04$、$\beta_1^{2013} = 0.06$，差异均不显著（p 值分别为 0.945、0.890、0.835），表明在税改发生前的第 3 年、第 2 年和第 1 年，处理组和控制组的差异相较于它们在 2010 年差异的变化为 0，即满足税改前共同趋势假设。另外此处因果效应为 0.43，与前面的 0.4 有所不同，原因在于此处得到的系数是以 2010 年差异为基准差异，前面得到的系数是以税改前所有年份的平均差异为基准差异。

8.6　回归控制法

在某些政策研究中，政策干预的个体往往只有一个，如何科学评价政策干预对该个体的影响成为一个重要的议题。阿巴迪（Abadie，2010）等提出了合成控制法，赵西亮教授将其基本思想总结为：尽管控制组中的任何个体与处理组个体都不相似，但是通过为每个控制组个体赋予一个权重，加权平均后构造出一个合成的控制组。权重的选择使得合成控制组的行为与处理组政策干预之前的行为非常相似，从而期望事后处理组如果没有受到政策干预，其行为仍然与合成控制组非常相似，即合成控制组事后的结果可以作为处理组个体的反事实结果，处理组和合成控制组事后结果的差异就是政策干预的影响。萧政（Hsiao，2012）等提出了一种类似合成控制法的面板数据评估方法，又被称为回归合成法或回归控制法，其基本思想是利用截面个体之间的相关性估计处理组个体事后的反事实结果，他们将这种相关性归因于驱动截面个体的共同因子。合成控制法和回归控制法的区别在于前者要求权重非负，不允许外推，而后者允许权重为负。

回归合成法假设所有个体的基线潜在结果服从下列共同因子模型：

$$Y_{0it} = \mu + Bf_t + \varepsilon_t$$

其中，$Y_{0it} = (Y_{01t}, \cdots, Y_{0N+1t})'$；$\mu = (\mu_1, \cdots, \mu_{N+1})'$；$\varepsilon_t = (\varepsilon_{1t}, \cdots, \varepsilon_{N+1t})'$；$B = (b_1, \cdots, b_{N+1})'$ 为 $(N+1) \times K$ 的共同因子系数矩阵。

陈强教授通过 R 和 Python 软件，使用主成分回归重现了萧政等的结果。SPSS 并没有主成分分析模块，只有因子分析模块，虽然可以因子分析手工计算出主成分分析结果，但若采用手工计算的方法也就失去使用软件的意义了。

从回归控制法的思想来看，本质上是对公因子进行回归，而不是对主成分进行回归。但统计上有主成分回归的概念，尚没有公因子回归的概念。本节采用公因子回归思想再现萧政等人的结果。萧政的论文用于研究中国香港与内地经济整合之后的"处理效应"。萧政（2012）根据与香港相邻或有密切贸易关系的 24 个国家或地区的经济增长率，预测香港未与内地经济整合的"反事实结果"。

该文数据集可从 R 包 pampe 获得。首先安装 R 包 pampe，然后载入数据框 growth 并显示其行名。

```
Install.packages（"pampe"）
Library(pampe)
data(growth)
rownames(growth)
[1] "1993Q1" "1993Q2" "1993Q3" "1993Q4" "1994Q1" "1994Q2" "1994Q3" "1994Q4"
[9] "1995Q1" "1995Q2" "1995Q3" "1995Q4" "1996Q1" "1996Q2" "1996Q3" "1996Q4"
[17] "1997Q1" "1997Q2" "1997Q3" "1997Q4" "1998Q1" "1998Q2" "1998Q3" "1998Q4"
[25] "1999Q1" "1999Q2" "1999Q3" "1999Q4" "2000Q1" "2000Q2" "2000Q3" "2000Q4"
```

[33] "2001Q1" "2001Q2" "2001Q3" "2001Q4" "2002Q1" "2002Q2" "2002Q3" "2002Q4"

[41] "2003Q1" "2003Q2" "2003Q3" "2003Q4" "2004Q1" "2004Q2" "2004Q3" "2004Q4"

[49] "2005Q1" "2005Q2" "2005Q3" "2005Q4" "2006Q1" "2006Q2" "2006Q3" "2006Q4"

[57] "2007Q1" "2007Q2" "2007Q3" "2007Q4" "2008Q1"

结果显示，数据框 growth 包含 61 个季度的观测值，从 1993Q1 至 2008Q1，以行名来体现时间变量。

将数据集 growth 导入 SPSS：

install.packages（"haven"）

library(haven)

write_sav(growth，"growth"）

以上命令虽然将数据导入了 SPSS，但行名称却没有导入，因此通过前文讲述的方法产生一个 id 变量。id=1 时对应 1993Q1，id=61 时对应 2008Q1。

选择"分析 / 降维 / 因子分析"选项，打开"因子分析"对话框，如图 8.54 所示。

图 8.54　因子分析

在图 8.54 中，将除 id 和中国香港外的其他变量选入"变量"。单击主对话框右侧的"描述"按钮，进入"因子分析：描述统计"子对话框，对需要输出的描述统计量进行设置，如图 8.55 所示。

图 8.55　因子分析：描述统计

Statistics(统计) 复选框是对常用描述统计量进行的设置。

单变量描述：输出每个变量的均值、标准差和样本量。

原始分析结果：为系统默认值，包括原始变量的公因子方差，全部的因子个数、各因子的特征根及其所占总方差的百分比及累计百分比。

相关性矩阵复选框给出的是变量的相关矩阵及有关检验。"系数"用于输出相关系数矩阵；"显著性水平"用于输出变量相关系数单侧检验的 p 值；"行列式"用于输出相关系数矩阵行列式的值；"KMO 和巴特利特球形检验"（KMO and Bartlett's test of sphericity）用于考查变量间的偏相关性，一般认为变量间偏相关性较强时做因子分析有意义，这时 KMO 的值越接近 1 越好；"逆模型"用于输出相关系数矩阵的逆矩阵；"再生"用于再生相关矩阵；"反映象"用于反映像协方差阵和相关阵。一般情况下系数、KMO 和巴特利特球形检验用得比较多。

在图 8.54 中单击"抽取"按钮进入"因子分析：抽取"子对话框，如图 8.56 所示，对因子分析的方法、提取标准、显示结果等进行设置。

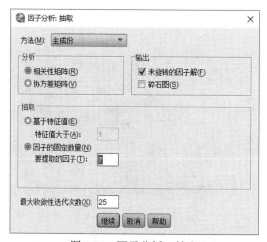

图 8.56　因子分析：抽取

图 8.56 中的"方法"下拉列表框给出了因子分析中因子的提取方法，主要有主成分分析法等 7 种方法。其中主成分分析法是默认选项，是用得最多的方法，也是进行主成分分析时的必选项。"分析"单选按钮下有两个选项，分别指按相关性矩阵进行分析还是按协方差矩阵进行分析，系统默认为按相关性矩阵进行分析。"输出"复选框中的两项功能分别是："未旋转因子解"用于显示没有经过旋转的因子提取结果；"碎石图"用于输出碎石图，观察各因子的重要程度。"抽取"单选按钮提供了公因子的提取标准。"基于特征值"要求提取公因子时按特征值大于某个值来提取，默认值为 1；"因子的固定数量"是自行设定提取因子的个数。本例选择此项，并将因子个数设定为 7，主要原因在于陈强教授在采用 R 软件再现本例时，提取了 7 个主成分，为了进行对比和验证，我们也提取 7 个主成分。

最大收敛迭代次数设定迭代时的最大迭代次数，默认值为 25。

在图 8.54 中单击"旋转"按钮进入因子旋转子对话框，用于设定因子旋转，如图 8.57 所示。

图 8.57　因子分析：旋转

"方法"复选框用于选择是否进行因子旋转以及采用何种方法进行旋转。常用的是两种，最大方差法（Varimax）用于方差最大化正交旋转和最优斜交法（Promax）用于最大斜交旋转。

"输出"复选框用于输出因子旋转的两个结果。"旋转解"要求给出主成分转换矩阵。"载荷图"用于给出三维或二维的因子空间载荷图。

"最大收敛迭代次数"仍然是设定迭代时的最大迭代次数，默认值仍为 25。

在图 8.54 中单击"得分"按钮，打开"因子分析：因子得分"子对话框，如图 8.58 所示。

图 8.58　因子分析：因子得分

"保存为变量"复选框表示将因子得分作为变量存入数据文件中。默认不保存，此处选择保存。

"方法"单选按钮提供了三种计算因子得分的方法，默认回归法。

"显示因子得分系数矩阵"复选框，该矩阵可以将所有公因子表示为各个变量的线性组合。

在图 8.54 中单击"选项"按钮，打开"因子分析：选项"子对话框，如图 8.59 所示。

图 8.59　因子分析：选项

图 8.59 提供了缺失值的处理方式和系数的输出方式，缺失值可以采取成列删除或成对删除，也可以替换为平均值。系数显示格式可以选择是否按大小排序、是否不显示小系数（取消小系数），如果选择了取消小系数，在下方的"绝对值如下"文本框中输入一个数值，默认为 0.1，即小于 0.1 的系数不显示。

按以上设置运行后可得到因子分析结果，其中 KMO 统计量为 0.681，巴特利特球形检验的 p 值为 0，表明数据适合进行因子分析。因为本例的目标是得到 7 个公因子得分，所以因子得分系数矩阵及因子载荷矩阵不再列示。

接下来将 1999Q1 ～ 2003Q4 作为训练样本集，暂时将第 45 ～ 61 期中国香港 HongKong 数据删掉。选择"分析 / 回归 / 线性回归"，如图 8.60 所示。

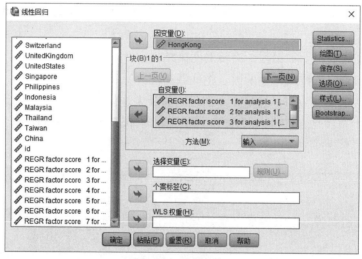

图 8.60　线性回归

在图 8.60 中，将中国香港 HongKong 选入"因变量"，将产生的 7 个因子得分选入"自变量"。单击"保存"按钮，在弹出的对话框中选择保存"未标准化预测值"。运行后截取回归系数部分，如图 8.61 所示。

模型		非标准化系数		标准系数	t	显著性
		B	标准错误	贝塔		
1	（常量）	.035	.003		11.320	.000
	REGR factor score 1 for analysis 1	.015	.002	.395	6.196	.000
	REGR factor score 2 for analysis 1	.030	.002	.844	15.136	.000
	REGR factor score 3 for analysis 1	.000	.002	.006	.112	.912
	REGR factor score 4 for analysis 1	-.008	.002	-.211	-3.667	.001
	REGR factor score 5 for analysis 1	.002	.003	.044	.670	.507
	REGR factor score 6 for analysis 1	-.001	.003	-.020	-.281	.780
	REGR factor score 7 for analysis 1	2.702E-6	.003	.000	.001	.999

图 8.61　公因子回归的系数

从图 8.61 可知，只有第 1 个公因子得分、第 2 个公因子得分、第 4 个公因子得分对因变量的影响是显著的。我们可以选取这 3 个因子得分重新进行回归，但为了和 Stata、R、Python 结果进行比较，仍保留 7 个公因子回归。

重新补齐第 45 ～ 61 期中国香港 HongKong 数据。选择"图形 / 旧对话框 / 折线图"，打开"折线图"对话框，如图 8.62 所示。

图 8.62 折线图

在图 8.62 中，选择"多线线图"，在"图表中的数据为"选择"各个变量的摘要"，单击"定义"按钮，弹出定义各变量摘要对话框，如图 8.63 所示。

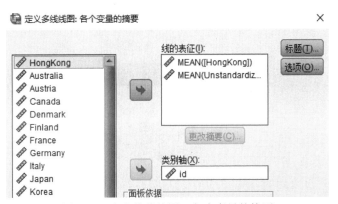

图 8.63 定义线线线图：各个变量的摘要

在图 8.63 中，将 id 选入"类别轴"，将公因子回归产生的未标准化预测值和中国香港 HongKong 选入"线的表征"，不需要"更改摘要"，虽然显示是各个变量的均值，由于每个观测只有一个数值，各个观测的均值等于各个观测的实际取值。单击"确定"按钮后可得到折线图，如图 8.64 所示。

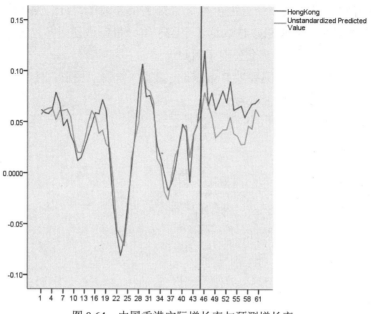

图 8.64　中国香港实际增长率与预测增长率

　　该图结果和 R 或 Python 主成分回归的结果基本相同，在 2004 年第一季度政策实施之前，公因子回归的预测增长率较好地拟合了中国香港的实际增长率。2004 年第一季度政策实施后，二者开始背离，中国香港实际增长率一直高于预测增长率（即如果未实施政策的反事实增长率），二者的差距即为对该政策因果效应的估计。

　　图 8.64 是编辑后的结果，方法是双击产生的图形，进入编辑方式，然后右键单击 x 轴，在弹出的选项中选择"添加 x 轴参考线"，最后在弹出的对话框中设置在位置 45 处添加参考线。

204

自 测 题

即测即练

第 9 章
机 器 学 习

随着大数据的兴起，机器学习得到越来越多的重视，SPSS 也逐渐增加了一些机器学习模块。虽然 SPSS 的机器学习模块相对较少，但其良好的人机互动功能仍具有一定的优势。从广义上讲，一些传统统计方法，如线性回归、logisitc 回归、聚类分析、因子分析等都属于机器学习内容。因此本章的机器学习不包括传统统计方法，仅包括 K 近邻、决策树、神经网络等算法。

9.1 K 近 邻 法

K 近邻法的基本思想是：在对预测样品进行预测时，首先在训练样本集中根据解释变量集找到与预测样品最近的 K 个观测，然后取这 K 个观测在输出变量（或称目标变量）上的均值，并以此作为预测样品在输出变量上的预测值。

当输出变量是二分类变量时，均值为变量取 1 的概率，当概率大于 0.5 时，意味着超过半数的近邻的类别值为 1，预测值应为 1 类，否则预测值为 0 类。

当输出变量是多分类变量时，会计算出类别值取 m 类的概率，预测值应为最大概率值对应的类别。

当输出变量是数值型变量时，预测值就是近邻在输出变量上的均值。

K 近邻法寻找邻居的依据是距离，常用的距离包括以下几种：

闵可夫斯基距离：$d_{ij}(q) = \left[\sum_{k=1}^{p} \left| x_{ik} - x_{jk} \right|^q \right]^{1/q}$

（1）当 $q=1$ 时，$d_{ij}(1) = \sum_{i=1}^{p} \left| x_{ik} - x_{jk} \right|$，称为绝对值距离，常被形象地称作"城市街区"距离；

（2）当 $q=1$ 时，$d_{ij}(2) = \left[\sum_{i=1}^{p} \left(x_{ik} - x_{jk} \right)^2 \right]^{1/2}$，称为欧氏距离，这是聚类分析中最常用的一个距离；

（3）当 $q=\infty$ 时，$d_{ij}(\infty) = \max_{1 \leqslant k \leqslant p} \left| x_{ik} - x_{jk} \right|$，称为切比雪夫距离。

兰氏距离：$d_{ij}(\mathrm{L}) = \sum_{k=1}^{p} \dfrac{|x_{ik} - x_{jk}|}{x_{ik} + x_{jk}}$

马氏距离：$d_{ij}(\mathrm{M}) = \sqrt{(x_i - x_j)^{\mathrm{T}} S^{-1}(x_i - x_j)}$

平方欧氏距离：$d^2(x, y) = (x - y)^{\mathrm{T}}(x - y)$

斜交空间距离：$\left[\dfrac{1}{p^2} \sum_{k=1}^{p} \sum_{l=1}^{p} (x_{ik} - x_{jk})(x_{il} - x_{jl}) r_{kl}\right]^{1/2}$

夹角余弦：$c_{ij}(1) = \dfrac{\sum_{k=1}^{n} x_{ki} x_{kj}}{\left[\left(\sum_{k=1}^{n} x_{ki}^2\right)\left(\sum_{k=1}^{n} x_{kj}^2\right)\right]^{1/2}}$

本节案例选用费希尔经典数据集 iris，该数据集是对 3 种鸢尾花分组：刚毛鸢尾花（第 1 组）、变色鸢尾花（第 2 组）和弗吉尼亚鸢尾花（第 3 组），每组各抽取一个容量为 50 的样本，测量其花萼长（x1）、花萼宽（x2）、花瓣长（x3）、花瓣宽（x4）。

选择"分析 / 分类 / 最近邻元素"，打开最近邻元素分析对话框，如图 9.1 所示。

图 9.1　最近邻元素分析：变量对话框

图 9.1 中包括"变量""邻元素""特征""分区""保存""输出""选项"7 个选项卡，默认打开的是"变量"选项卡。在"变量"选项卡中，左侧为候选变量列表，包括数据集中的所有变量。变量列表框下有一行提示"要更改变量的变量级别，请在变量列表中右键单击该变量"，该提示的含义是如果变量的测量尺度不符合分析要求，可以通过右键单击变量名重新设置。"目标"框用于选择输出变量或目标变量，本例将 group 选入。"特征"框用于选择输入变量。在机器学习中，一般不使用解释变量的名称，而使用输入变量或特征，

也不使用被解释变量名称，而使用目标变量。"正态化标度特征"指是否对变量进行标准化。"焦点个案标识"用于选择一个变量，该变量把焦点个案进行了标识，如将焦点个案取值为1，非焦点个案取值为0。焦点个案通常是研究者感兴趣的个案或重点想要研究的个案。"个案标签"用于选择标签变量。本例将 x1～x4 变量选入。单击"邻元素"选项卡，可以对近邻相关选项进行设置，如图 9.2 所示。

图 9.2　最近邻元素分析：邻元素

在图 9.2 中，"最近邻元素数目"中可以指定固定的 k，如果指定 3，则表示选择 3 个邻居。如果选择"自动选择"，则可以在"最小值"和"最大值"中输入相应数值。如果最大值输入"5"，则表示最多选择 5 个邻居。

在"距离计算"中有两个选项，可以采用欧氏度量（度量应翻译为距离）或街区度量，默认采用欧氏度量。单选框"计算距离时按重要性对特征进行加权"，指按变量重要性进行加权的 K 近邻。另外还有一种按观测重要性加权的 K 近邻，但 SPSS 软件没有该方法的选项，有兴趣的读者可以采用 R 或 Python 得到该种方法的结果。

在图 9.1 或图 9.2 中单击"特征"选项卡，打开"特征"对话框，如图 9.3 所示。

图 9.3　最近邻元素分析：特征

特征选择是机器学习特有的内容。所谓特征选择就是从众多输入变量中，找出对输出变量预测有积极贡献的重要变量。变量重要性主要从两个方面考查，一是从变量自身考查，二是从输入变量和输出变量相关性的角度考查。

从变量自身角度考查，对数值型变量，如果变量的标准差越大，更严格来讲标准差系数越大，则变量越重要；对类别变量，如果某个类别值个数占样本量的比例大于某个标准值，则该变量被视为不重要变量。

从输入变量和输出变量相关性角度考查，如果输入变量和输出变量均为数值型变量，则相关系数越大输入变量越重要；如果输入变量和输出变量均为类别型变量，则卡方值越大输入变量越重要；如果输入变量和输出变量为不同类型（类别型和数值型），则 F 值越大输入变量越重要。

图 9.3 中默认不执行特征选择，若执行特征选择，可以在其前言框内打钩。"向前选择"指对图 9.1 中选择的所有输入变量执行特征选择。如果要求模型中必须包括某个变量，则可将该变量选入右侧的"强制进入"。停止条件有两个选择，"在选择指定数目的特征后停止"，在下方的"待选择数目"中输入数字，比如 3，指选择 3 个最重要的输入变量后停止。"在绝对误差率变化量小于或等于最小值时停止"，系统默认为 0.01，即绝对误差率变化量小于等于 0.01 时停止。

在图 9.3 中单击"分区"选项卡，可以设置分区方法，如图 9.4 所示。

图 9.4　最近邻元素分析：分区

图 9.4 中，"训练和坚持分区"应翻译为"训练和测试分区"，该框组主要有两个选项："将个案随机分配到分区"可以划分训练样本集和测试样本集的比重，默认 70% 作为训练样本集，剩余 30% 作为测试样本集；"使用变量来分配个案"指根据某个变量的取值进行分配，一般应选择二分类变量，将取值为"1"的个案分配给训练样本集，取值为"0"的个案分配给测试样本集。

"交叉验证折数"用来设置 N 折交叉验证，其中的"将个案随机分配至折"默认进行 10 折交叉验证，当然可以改变"折数"后面的数值，如改为 8，则为 8 折交叉验证；"使用变量来分配个案"指选择分类变量，分类变量有几个类别，即采用几折交叉验证。N 折交叉验证是指将样本随机划分成不相交的 N 组，令其中的 N-1 组作为训练样本集用于建立模型，剩余的一组作为测试样本集用于计算模型误差，然后反复进行组的轮换。对于 10 折交叉验证，即采用 9 组作为训练样本集建立模型，剩余的一组作为测试样本集用于计算模型误差。

"设置梅森旋转算法种子"用于设置随机数种子，以重复 K 近邻法的输出结果。

在图 9.4 中单击"保存"选项卡，可以设置保存选项，如图 9.5 所示。

图 9.5　最近邻元素分析：保存

图 9.5 主要包括两项框组，"保存的变量的名称"框组用于设定保存变量的名称，可以选择"自动生成在唯一名称"或"定制名称"，二者的区别在于多次运行时是否会覆盖上次运行的变量名。"要保存的变量"框组用于选择需要保存的变量，通常选择"预测值或类别"及"预测概率（分类目标）"，此时会生成两个新变量，并且可以识别预测概率大小和预测值的关系。变量名或根名称可以使用默认名称也可以自己设定，建议使用默认名称，从默认名称可以直接了解该变量的含义。"训练/坚持分区变量"应为训练/测试分区变量；交叉验证折变量用于说明每个观察分别属于哪一折。

"要为分类目标保存的最大类别数"默认为 25，即当分类变量的类别超过 25 时，最多输出 25 类。

在图 9.5 中单击"输出"选项卡，可以选择输出方式，如图 9.6 所示。在图 9.6 中，第一个框组选择在"查看器输出"，也就是在结果浏览窗口输出，默认输出"个案处理摘要"和"图表和表"。第二个框组选择输出到外部文件，包括"将模型导出到 XML 文件"
或"导出焦点个案与 K 个最近邻元素之间的距离"，由于在图 9.1 中我们没有设置"焦点
个案标识"，此处"导出焦点个案与 K 个最近邻元素之间的距离"没有被激活。

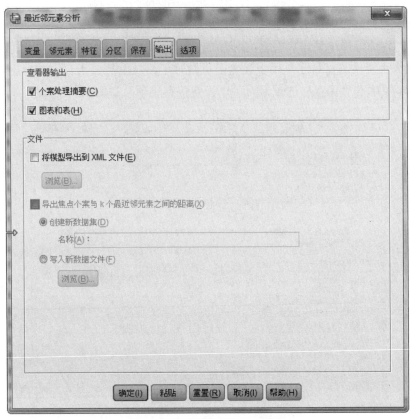

图 9.6　最近邻元素分析：输出

最后一个选项卡为"选项"，主要设置缺失值的处理方式，此处不再赘述。单击"确
定"后即可得到 K 近邻法结果。

图 9.7 为个案处理摘要，其中训练样本集为 109，占 72.7%，测试样本集为 41，占
27.3%，有效样本容量为 150，没有缺失值。

个案处理摘要

		个案数	百分比
样本	训练	109	72.7%
	坚持	41	27.3%
有效		150	100.0%
排除		0	
总计		150	

图 9.7　个案处理摘要

图 9.8 为预测变量空间，从图中可看出第 1 类和其他两类分得比较开，而第 2 类和第
3 类则相对混合在一起。

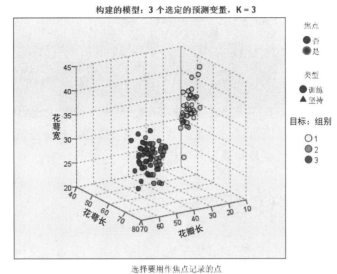

图 9.8　预测变量空间

K 近邻法最关键的是保存的预测值和预测概率，如图 9.9 所示。

x1	x2	x3	x4	g	KNN_Predict...	KNN_Probability_1	KNN_Probability_2	KNN_Probability_3
50	33	14	2	1	1	.667	.167	.167
46	34	14	3	1	1	.667	.167	.167
46	36	10	2	1	1	.667	.167	.167
51	33	17	5	1	1	.667	.167	.167
55	35	13	2	1	1	.667	.167	.167
48	31	16	2	1	1	.667	.167	.167
52	34	14	2	1	1	.667	.167	.167
49	36	14	1	1	1	.667	.167	.167
44	32	13	2	1	1	.667	.167	.167

图 9.9　预测结果

图 9.9 只截取了前 10 条观测，从图中可知新增加了 4 个变量，1 个变量是预测值，另外 3 个变量是预测概率，以第 1 条观测为例，预测为第 1 类的概率为 0.667，预测为第 2 类和第 3 类的概率均为 0.167，所以预测值为 1。

9.2　决　策　树

决策树因输出结果类似一棵树而得名，主要包括根节点、中间节点、叶节点等。决策树算法包括两个核心问题：决策树的生长和决策树的剪枝。而决策树的生长又包括最佳分组变量的选择和最佳分割点的确定两个关键环节。不同算法的区别在于对决策树生长和剪枝的处理不同。

9.2.1 C5.0 算法

C5.0 算法起源于 ID3，ID3 是昆兰 1979 年在他的博士论文中提出的。其主要特点是可以生成多叉树；输入变量既可以是分类型也可以是数值型；输出变量是分类型；以信息增益率为标准确定最佳分组变量和最佳分割点。

9.2.2 分类回归树（CART）

分类回归树包括分类树和回归树。如果输出变量为类别变量，称为分类树；如果输出变量为数值变量，则称为回归树。分类回归树的主要特点是：输入变量和输出变量既可以是分类型也可以是数值型；只能建立二叉树；以基尼系数和方差为基础选择最佳分组变量和分割点（类别变量采用基尼系数，数值变量采用方差）；依据验证样本集进行剪枝。

9.2.3 CHAID 算法

CHAID 是卡方自动交互检测法(CHi-squared automatic interaction detector)的英文缩写，1980 年由戈登 V. 卡斯（Gordon V. Kass）等人提出。其主要特点是：输入变量和输出变量既可以是分类型也可是数值型；可以建立多叉树；从统计显著性角度确定最佳分组变量和最优分割点；对数值型和分类型输入变量采用不同的统计检验方法。

CHAID 的拓展是穷尽的 CHAID(Exhaustive CHAID)，其基本思想是计算检验统计量的概率 -P 值时，继续合并输入变量分组，直到形成两个组或两个"超类"为止。

9.2.4 QUEST 算法

QUEST 算法是快速无偏有效统计树(quick unbiased efficient statistical tree)的英文缩写，洛（Loh）和施（Shih）在 1997 年提出的一种比较新的二叉树建立方法。其基本特点是：输入变量可以是分类型也可是数值型，输出变量为分类型变量；只能建立二叉树；最佳分组变量和分割点的确定吸纳了许多统计学的经典统计方法。

本节使用 SPSS Modeler 自带数据集 tree-credit.sav，该数据集包括 6 个变量，credit_rating 代表信用级别，age 代表年龄，income 代表收入水平，credit_cards 代表信用卡数量，eduction 代表教育水平，car_loans 代表是否有汽车贷款。

在主菜单中选择"分析 / 分类 / 决策树"选项，打开"决策树"对话框，如图 9.10 所示。

图 9.10　决策树

在图 9.10 中，左侧为候选变量列表，包括数据集中所有变量，将 age、income、credit_cards、education、car_loans 选入"自变量"，将 credit_rating 选入"因变量"。"生长法"包括了 4 种方法：CHAID、穷尽 CHAID、CRT、QUEST，CRT 即分类回归树。单击"因变量"下方的"类别"按钮，弹出"决策树：类别"对话框如图 9.11 所示。

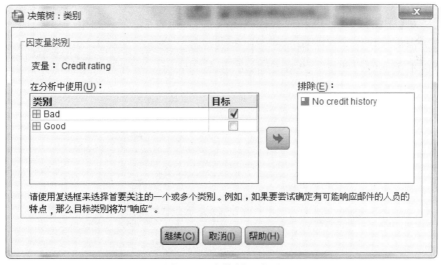

图 9.11　决策树：类别

图 9.11 用于设定因变量类别，即选择首要关注的类别。本案例要预测信用卡是否违约，所以选择"Bad"为关注类别。另外需要将没有信贷记录（"No credirt history"）的排除掉。

在图 9.10 中单击"输出"按钮，打开"决策树：输出"对话框，如图 9.12 所示。

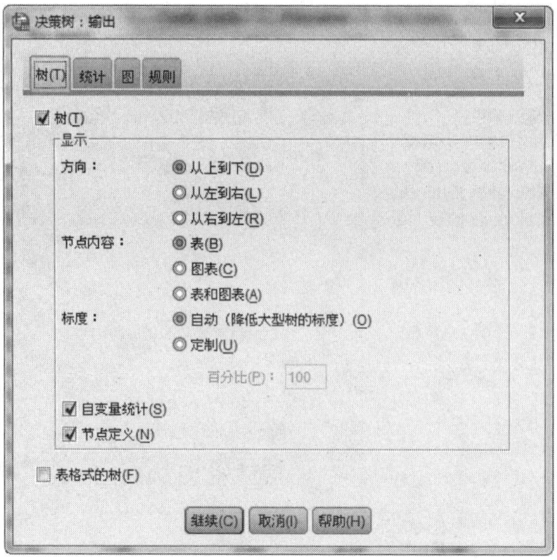

图9.12 决策树：输出

图9.12默认"树"选项卡，选择是否输出"树"，默认输出。可以选择决策树的方向，包括从上到下、从左往右、从右往左，默认选择从上到下。可以选择节点内容，节点内容可以只包含表、只包含图，或同时包含表和图，默认只包含表。尽量不要选择表和图表，此时输出比较繁杂。可以选择自动设置标度和自定义标度。同时默认输出"自变量统计"和"节点定义"，另外也可以选择是否输出"表格式的树"。

在图9.12中单击"统计"选项卡，可以选择输出的统计量，如图9.13所示。图中的"模型"框组默认输出"摘要""风险"和"分类表"，其中分类表最为重要。分类表可以看出正确预测例数、正确预测概率、错误预测例数、错误预测概率等。"自变量"框组选择是否输出"对模型的重要性"和"替代变量（按拆分排序）"。如果选择"对模型的重要性"，则会输出条形图，条形图的长度代表重要性，最长的条代表最重要的自变量，最短的条代表最不重要的自变量。"节点绩效"框组用来输出各节点的绩效指标。

图9.13 决策树：输出（统计）

"图"选项卡用于选择是否输出节点绩效图，此处不进一步阐述，单击"规则"选项卡，选择是否输出分类规则，如图 9.14 所示。

图 9.14　决策树：输出（规则）

图 9.14 中最重要的选项是"生成分类规则"。需要注意在生成的决策树中，每一个叶节点都代表一条分类规则，有多少个叶节点就有多少个分类规则，但决策树的推理规则的表述比较烦琐，且各规则之间不独立。此处的"生成分类规则"并不是直接来自决策树，而是来自称为 PRISM 的算法。当选中"生成分类规则"后，其下方的各选项将被激活，可以进一步细化设置。

PRISM（patient rule induction space method）算法的基本思路是：首先确定输出变量中的一个类别为期望类别，在当前范围内寻找一条能最大限度覆盖属于该类别样本的推理规则；然后按照正确覆盖率最大的原则确定附加条件，得到一个再小些的样本范围；最后在此基础上不断附加逻辑与条件，不断缩小样本范围，直到推理规则不能再覆盖其他类别的样本时，一条推理规则便形成了。

在图 9.10 中单击"验证"按钮，打开"决策树：验证"对话框，如图 9.15 所示。"无"表示不进行验证。"交叉验证"用于设定交叉验证的折数，图中的 10 表示采用 10 折交叉验证。"拆分样本验证"可以"使用随机分配"（直接确定训练样本所占比例）或"使用变量"，当使用变量时，取值为"1"的观测分配给训练样本，取其他值的分配给测试样本。"显示以下对象的结果："可以选择同时显示训练样本和测试样本结果，或仅显示测试样本结果。虽然图 9.15 中显示的是训练样本和检验样本（属于汉化错误，英文原文为 test，应翻译为测试样本）。机器学习中有训练样本、测试样本和验证样本之分，此处应为测试样本，英语较好的读者最好还是使用英文版。

215

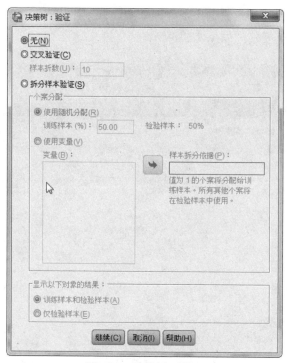

图 9.15　决策树：验证

在图 9.10 中单击"条件"按钮,打开"决策树:条件"对话框,如图 9.16 所示。

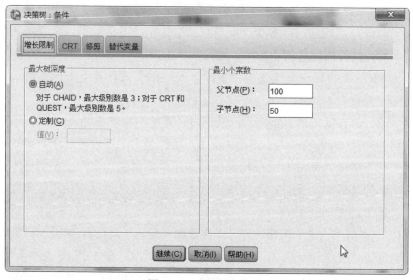

图 9.16　决策树:条件

图 9.16 包括 4 个选项卡,其中所有决策树方法均包含第一个选项卡,因此此处仅介绍第一个选项卡。"增长限制"选项卡主要设置决策树的剪枝,一种是事先决定树的最大深度,可以选择"自动"或"定制"。若选择"自动",CHAID 树的最大深度为 3,而CRT 和 QUEST 最大深度为 5;一般不选择"定制",因为很难事先判断决策树几层比较合适。另一种剪枝方式是事先确定节点所包含的最小样本容量,默认父节点不少于 100,

子节点不少于 50。

在图 9.10 中单击"保存"按钮，打开"决策树：保存"对话框，如图 9.17 所示。

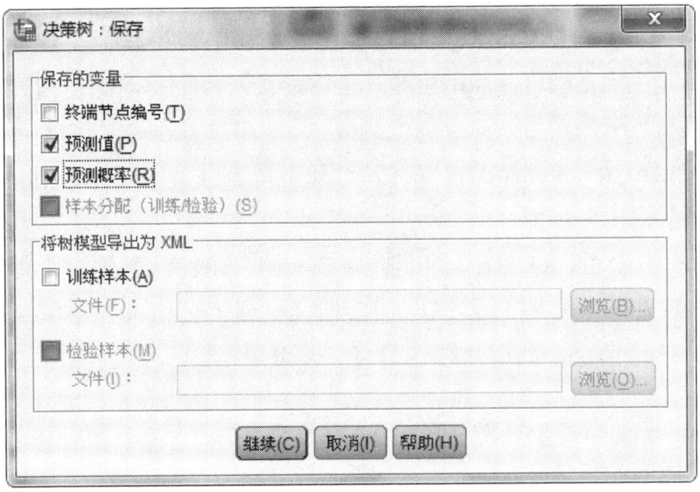

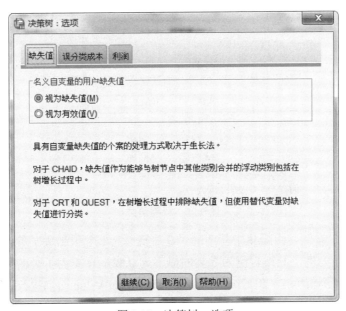

图 9.17　决策树：保存

图 9.17 主要用于设置保存选项，"保存的变量"指在数据文件中添加什么变量。"终端节点编号"指在数据中增加一个变量，该变量说明每个观测属于哪个终端节点（叶节点）；"预测值"指在数据中增加一个变量，说明每个观测在输出变量上的预测值；而"预测概率"则说明每个观测属于每个类别的概率；"样本分配（训练 / 检验）"指在数据中增加一个变量，说明每个观测是属于训练样本还是测试样本。"将树模型导出为 XML"指将"训练样本"模型或"测试样本"模型导出为外部文件，可以都输出。

在图 9.10 中单击"选项"按钮，打开"决策树：选项"对话框，如图 9.18 所示。

图 9.18　决策树：选项

图9.18包括3个选项卡，"误分类成本"指错判成本，默认各种错判成本相等。"利润"主要确定收入和费用值，在没有财务数据的情况下，这两个选项卡不能设置。"缺失值"选项卡用于设置缺失值的处理方式，图中注释了CHAID和CRT、QUEST对缺失值的处理方式不同，即对CHAID，缺失值作为能够和树节点中其他类别合并的浮动类别包括在树增长过程中，对于CRT和QUEST，在树增长过程中排除缺失值，使用替代变量对缺失值进行分类。

在图9.10中选择CRT，单击"确定"按钮后，即可得到分类回归树结果。由于决策树较大，此处略去决策树的输出。

图9.19指出模型采用CRT算法，因变量为Credit_rating，自变量为前文选定的5个变量，没有进行验证，最大树深度为5，父节点中的最小个案数为100，子节点中的最小个案为50，模型共包括27个节点，其中（终端节点）叶节点14个。

指定项	生长法	CRT	
	因变量	Credit rating	
	自变量	Age, Income level, Number of credit cards, Education, Car loans	
	验证	无	
	最大树深度		5
	父节点中的最小个案数		100
	子节点中的最小个案数		50
结果	包括的自变量	Income level, Number of credit cards, Car loans, Age, Education	
	节点数		27
	终端节点数		14
	深度		5

图9.19　模型摘要

从图9.20得知，总预测正确率为80.4%，Bad和Good两个类别的预测正确率恰好也是80.4%。

	预测		
实测	Bad	Good	正确百分比
Bad	820	200	80.4%
Good	283	1161	80.4%
总体百分比	44.8%	55.2%	80.4%

生长法：CRT
因变量：Credit rating

图9.20　分类结果

从图9.21可以看到，数据集中新增加了3个变量、1个预测值变量和2个预测概率变量，以第2条观测为例，其被预测为0类的概率为0.82，预测为1类的概率为0.18，因此预测为0类，即预测值为1。将Credit_rating和PredictedValue两列进行比较，可以判断个案是否被正确预测：当某个个案在这两个变量上的取值相等时，属于正确预测；当某个个案在这两个变量上的取值不等时，属于误判。

⁵	Education	Car_loans	Credit_rating	PredictedVaue	PredictedProbability_1	PredictedProbability_2
0	2.00	2.00	.00	.00	.50	.50
0	2.00	2.00	.00	.00	.82	.18
0	1.00	2.00	.00	.00	.93	.07
0	2.00	1.00	.00	.00	.93	.07
0	2.00	2.00	.00	.00	.50	.50
0	2.00	2.00	.00	.00	.50	.50
0	2.00	2.00	.00	.00	.50	.50
0	1.00	2.00	.00	.00	.93	.07
0	1.00	2.00	.00	.00	.93	.07
0	2.00	2.00	.00	.00	.82	.18

图 9.21 数据窗口

在图 9.10 中选择 CHAID 算法，其他设置不变，单击"确定"按钮后可得到结果。该算法同样会输出模型摘要表，此处不再列示。当决策树较大时通常显示不清楚。但决策树不是必需的，若想得到决策规则，可以在图 9.14 中选择输出决策规则。

从图 9.22 得知，总预测正确率为 81.1%，Bad 被预测正确的概率为 70%，Good 被预测正确的概率是 88.9%。Bad 是我们感兴趣的类别，虽然总预测正确率 CHAID 高于 CRT，但由于 Bad 被预测正确的概率较低，因此 CHAID 对本案例的预测效果不如 CRT。

实测	预测		
	Bad	Good	正确百分比
Bad	714	306	70.0%
Good	160	1284	88.9%
总体百分比	35.5%	64.5%	81.1%

生长法：CHAID
因变量：Credit rating

图 9.22 CHAID 分类结果

CHAID 方法也会在数据窗口产生一个预测值变量和两个预测概率变量，通过查看类似图 9.21 数据集中的结果，可以查看哪些观测被正确预测，哪些观测被误判。

在图 9.10 中选择 QUEST 算法，其他设置不变，单击"确定"按钮后可得到结果。其他结果和以上两种算法的解释类似，此处仅列出分类表，以在 3 种决策树算法之间进行比较。

从图 9.23 分类表得知，总预测正确率为 80.4%，Bad 被预测正确的概率为 66.6%，Good 被预测正确的概率是 90.1%。

实测	预测		
	Bad	Good	正确百分比
Bad	679	341	66.6%
Good	143	1301	90.1%
总体百分比	33.4%	66.6%	80.4%

生长法：QUEST
因变量：Credit rating

图 9.23　QUEST 分类结果

9.3　神　经　网　络

人工神经网络是一种模拟人脑思维的计算机建模方式，它由相互连接的神经元（节点或处理单元）组成。神经网络由输入层、输出层和隐层组成，输入节点负责接收和处理训练样本集中各输入变量的值，有多少个输入变量，就有多少个输入节点。隐节点负责实现非线性样本的线性变换，输出节点给出关于输出变量的预测结果。

根据层间连接方式，神经网络可分为前馈式神经网络和反馈式神经网络。前馈式神经网络的连接是单向的，上层节点的输出是下层节点的输入。反馈式神经网络除单向连接外，输出节点的输出又作为输入节点的输入。

在前馈式神经网络中，最经典的是 B-P 反向传播网络和径向基函数网络。B-P 反向传播网络的主要特点是：包含隐层、反向传播、激活函数采用 Sigmoid 函数。B-P 反向传播网络可以是更多层的网络结构，而径向基函数网络是三层网络结构，只包含一个隐层；B-P 反向传播网络中，隐节点和输出结点均有相同的加法器和激活函数，而径向基函数网络则不同，其隐节点采用径向基函数，输出节点采用线性加法器和 Sigmoid 函数；B-P 反向传播网络的输入层和隐层、隐层和输出层之间的网络权值都需调整，而径向基函数网络的输入层和隐层之间的网络权值固定为 1，无须调整，只有隐层和输出层之间的网络权值需要在学习过程中调整。

本节案例利用经济发展基本数据预测各地区 GDP。该数据集中包括地区、居民消费水平、固定资产投资、职工平均工资、货物周转量、居民消费价格指数、商品零售价格指数、工业总产值和 GDP。

9.3.1　多层感知器

选择"分析 / 神经网络 / 多层感知器"，打开"多层感知器"对话框，如图 9.24 所示。在图 9.24 中，首先显示的是"变量"选项卡，其中左侧为候选变量列表，包括数据集中所有变量。将 GDP 选入"因变量"列表框，因变量列表框较大意味着可以同时选入多个因变量。将除"地区"外的其他变量选入"协变量"列表框。"协变量"列表框选入的是数值型变量,而"因子"列表框应选入类别变量。"协变量重新标度"提供了"标准化""正态化""调整正态化""无"5个选项,默认采用"标准化"。

图9.24 多层感知器(变量)

在图9.24中单击"分区"选项卡,可以设置分区方式,如图9.25所示。

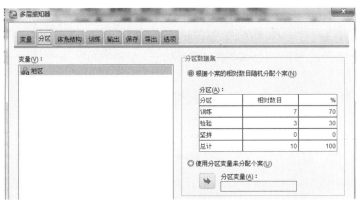

图9.25 多层感知器(分区)

在图9.25中,有两种分区方式,默认采用"根据个案的相对数目随机分配个案",默认训练样本集占70%,测试样本集占30%。另外也可使用"使用分区变量来分配个案",此时应选择一个分区变量,该分区变量取值为1的作为训练样本集,取其他值的作为测试样本集。

在图9.25中,单击"体系结构"选项卡,可以设置神经网络的结构,如图9.26所示。

图 9.26　多层感知器（体系结构）

在图 9.26 中，可以自动选择"体系结构"，也可以"定制体系结构"（自定义）。若自动选择体系结构，默认隐层包含最少 1 个节点（单元），最多 50 个节点（单元）。由于隐层类似一个黑箱，很难对其有先验认识，通常选择"体系结构自动选择"。

在图 9.26 中，单击"输出"选择卡，可以设置输出选项，如图 9.27 所示。

222

图 9.27　多层感知器（输出）

图 9.27 上侧为"网络结构"框组，可以选择输出"描述""图"和"突触权重（实际就是边线权重）"。中间为"网络性能"框组，共有 7 个选项，默认选择"模型摘要"。若要选择"预测 - 实测图"，则可从图上查看预测效果；"残差 - 预测图"可以查看预测残差的大小；ROC 曲线、累积增益图、效益图这三个选项只有设置成本收益后才能激活。

另外也可以选择"个案处理摘要"和"自变量重要性分析",自变量重要性分析可以给出每个变量对输出变量预测的重要性。

在图9.27中,单击"保存"选择卡,可以设置"保存"选项,如图9.28所示。

图9.28 多层感知器(保存)

在图9.28中,"保存每个因变量的预测值或类别"虽然不是默认选项,但是应该选中,此时可以在数据窗口得到预测值。选中该项后,下方"变量"框中gdp对应的预测变量名默认为MLP_PredictedValue,当然也可以修改成自己需要的名字。"保存的变量的名称"可以选择"自动生成唯一名称",也可以选择"定制名称",建议选择前者,因为在多次执行时不会覆盖原来的变量。

在图9.28中,单击"选项"选择卡,如图9.29所示。

图9.29 多层感知器(选项)

在图 9.29 中，"用户缺失值"框组设置缺失值的处理方式，默认将缺失值剔除。"中止规则"框组用于设置模型中止条件：误差未减小情况下的最大步骤数默认为 1；用于计算预测误差的数据可以自动选择，也可来自训练及测试数据；最长训练时间默认 15 分钟；训练误差的最小相对变化量为 0.0001，训练误差率的最小相对变化量为 0.001。以上选项的基本含义是当符合以上任一条件时则模型训练中止。最后一项是设置"存储在内存中的最大个案数"，默认 1000，该选项主要影响运算速度。

"训练"选项卡和"导出"选项卡不再详细介绍。

在图 9.29 中单击"确定"后，可得到神经网络分析结果。

图 9.30 为个案处理摘要：表明训练样本有 23 个，约占 76.7%；测试样本 7 个，约占 23.3%。总计 30 个，没有缺失值。

		个案数	百分比
样本	训练	23	76.7%
	检验	7	23.3%
有效		30	100.0%
排除		0	
总计		30	

图 9.30 个案处理摘要

图 9.31 上部为输入层，列出了 7 个协变量，相应的单元数（输入节点）也为 7 个，因为在神经网络中,输入节点个数就是输入变量个数,有几个输入变量,就有几个输入节点。隐藏层 1 个，包含 4 个隐节点，隐节点采用了双曲正切激活函数。输出层由于只有 1 个因变量，因此单元数（输出节点）也是 1 个。因变量进行了标准化。输出层是不需要激活函数的，所以此处的激活函数为恒等式，也就是原变量。误差函数采用误差平方和形式。

输入层	协变量	1		居民消费水平
		2		固定资产投资
		3		职工平均工资
		4		货物周转量
		5		居民消费价格指数
		6		商品零售价格指数
		7		工业总产值
	单元数[a]			7
	协变量的重新标度方法		标准化	
隐藏层	隐藏层数			1
	隐藏层 1 中的单元数[a]			4
	激活函数		双曲正切	
输出层	因变量	1	GDP	
	单元数			1
	标度因变量的重新标度方法		标准化	
	激活函数		恒等式	
	误差函数		平方和	

a.排除偏差单元

图 9.31 网络信息

由于在图 9.27 中没有选择"突触权重"选项，因此图 9.32 中的神经网络图中没有显

224

示各条边的系数（权重），只是用颜色深浅区分系数大于 0 还是小于 0，其中深颜色代表
权重大于 0，而浅色代表权重小于 0。

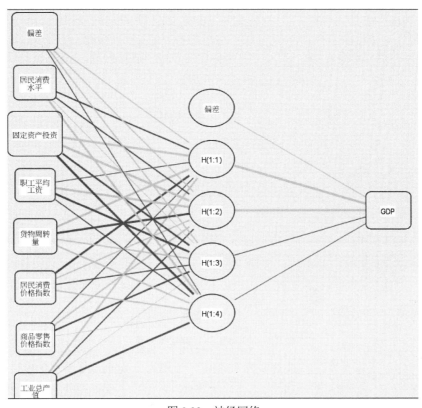

图 9.32　神经网络

图 9.33 中，训练样本的平方和误差为 0.754、相对误差为 0.069，测试样本的平方和
误差为 0.148、相对误差为 0.034。测试样本集的误差更小。

训练	平方和误差	0.754
	相对误差	0.069
	使用的中止规则	误差在 1 个连续步骤 中没有减小[a]
	训练时间	0:00:00.00
检验	平方和误差	0.148
	相对误差	0.034

因变量：GDP
a. 误差计算基于检验样本。

图 9.33　模型摘要

图 9.34 为输出变量实际值和预测值的散点图，若散点大多在一条直线上，则说明预
测效果较好。从散点图看，本例的预测效果相对较好。

225

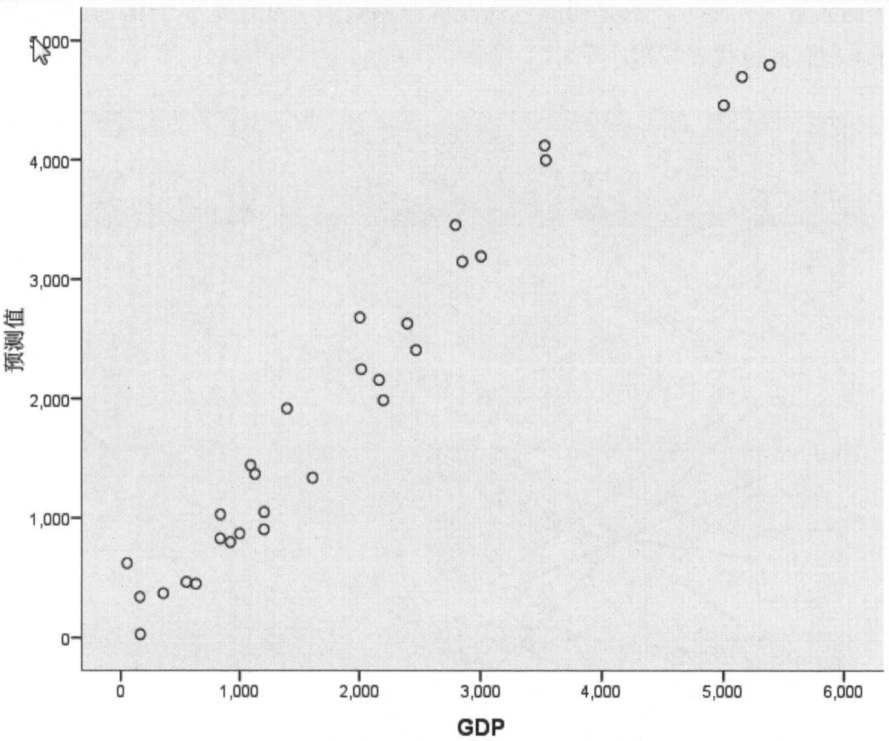

图 9.34　实际值和预测值散点图

图 9.35 为自变量重要性，按重要性大小排序分别为固定资产投资（0.393）、货物周转量（0.142）、居民消费水平（0.129）、工业总产值（0.123）、居民消费价格指数（0.091）、职工平均工资（0.079）、商品零售价格指数（0.043）。所谓"正态化重要性"指对重要性进行标准化，标准化方法是每个变量的重要性除以重要性的最大值。固定资产投资的重要性最大，为 0.393，标准化后为 100%；居民消费水平的重要性为 0.129，标准化后为32.8%(0.129/0.393)。其他变量的正态化重要性类似。

	重要性	正态化重要性
居民消费水平	0.129	32.8%
固定资产投资	0.393	100.0%
职工平均工资	0.079	20.2%
货物周转量	0.142	36.2%
居民消费价格指数	0.091	23.0%
商品零售价格指数	0.043	11.0%
工业总产值	0.123	31.3%

图 9.35　自变量的重要性

从图 9.36 可知，最后两列分别为 GDP 实际值和预测值，可以判断每个个案预测准确性。

平均工资	货物周转量	居民消费价格指数	商品零售价格指数	工业总产值	GDP	MLP_Predict edValue
8144	373.9	117.3	112.6	843.43	1394.89	2315.70
6501	342.8	115.3	110.6	582.51	920.11	1579.19
4839	2033.3	115.2	115.8	1234.85	2849.52	2715.26
4721	717.3	116.9	115.6	697.25	1092.48	1236.88
4134	781.7	117.5	116.8	419.39	832.88	935.40
4911	1371.1	116.1	114.0	1840.55	2793.37	3024.94
4430	497.4	115.2	114.2	762.47	1129.20	1039.26

图 9.36 运行后的数据

9.3.2 径向基函数

选择"分析/神经网络/径向基函数"选项,打开"径向基函数"对话框,如图9.37所示。

图 9.37 径向基函数

227

从图9.37可以看出,除了标题和9.24不同外,其余内容和图9.24完全相同。因此此处不再解释。实际上除了"体系结构"选项卡和多层感知机有所区别外,其他选项卡和多层感知机基本相同,因此此处仅介绍"体系结构"选项卡,如图9.38所示。图中包含三个框组:"隐藏层中的单元数"设定隐藏中的节点个数,可以选择"在某个范围内查找最佳单元数",也可以自行设定节点数("使用指定单元数");"隐藏层激活函数"默认选择"正态化径向基函数",也可以选择"普通径向基函数";"隐藏单元之间的重叠"

可以设定隐节点之间的重叠量。本例采用和多层感知器相同的设置。单击"确定"按钮后即可得到输出结果。

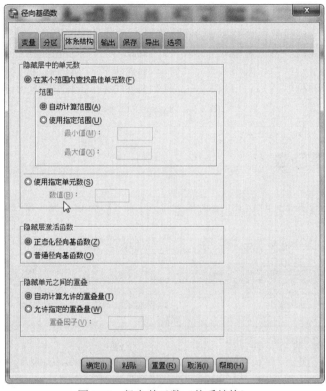

图 9.38　径向基函数（体系结构）

径向基函数同样输出个案处理摘要、网络信息、神经网络图，不再列示和解释。

图 9.39 中，训练样本的平方和误差为 1.744、相对误差为 0.159，测试样本的平方和误差为 0.960、相对误差为 0.769。与图 9.33 多层感知器相比，径向基函数的预测误差明显偏大。

训练	平方和误差	1.744
	相对误差	.159
	训练时间	0:00:00.04
检验	平方和误差	.960ᵃ
	相对误差	.769

因变量：GDP

a. 隐藏单元数由检验数据条件确定：隐藏单元的"最佳"数目是指在检验数据中产生误差最小的数目。

图 9.39　模型摘要

比较图 9.34 和图 9.40，也可以看出径向基函数的预测结果不如多层感知器。在数据窗口同样可以产生一列预测值，此外不再列示。

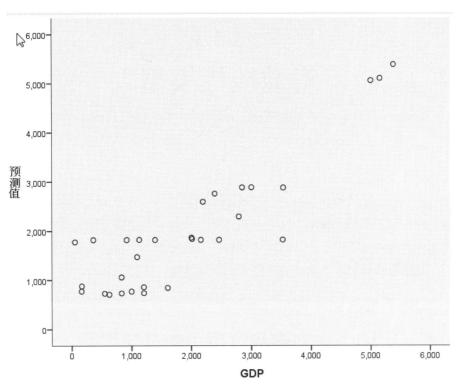

图 9.40 输出变量实际值和预测值散点图

自 测 题

即测即练

第 10 章
对数线性模型

对于类别数据来说，常用的统计方法除简单的频数表、多重响应表外，还可以进行列联表的独立性检验、一致性检验和拟合优度检验。另外对应分析可通过降维反映行点和列点之间的意涵，而对数线性模型则将卡方检验与多因素方差分析、多元线性回归分析等方法相结合，以达到解释对数变化成因、拟合对数频数变化规律的目的。

10.1　对数线性模型的基本思想

对于二维的列联表，可以构建如下饱和模型：

$$F_{ij} = \eta \tau_i^A \tau_j^B \tau_{ij}^{AB} \tag{10.1}$$

式中，F_{ij} 代表如果模型设定正确，单元格 i、j 中的期望频数；η 是列联表中每个单元格中频数的几何平均数，是测量影响效应的基准或起点，本身没有实质性的含义；τ_i^A 代表行变量 A 对单元格频数的影响，如果行变量在列变量各个类别上的分布平均而言不相等，那么就存在 τ_i^A 效应（行变量每个水平 i 的效应）；τ_j^B 代表列变量 B 对单元格频数的影响，如果列变量在行变量各个类别上的分布平均而言不相等，那么就存在 τ_j^B 效应（列变量每个水平 j 的效应）；τ_{ij}^{AB} 为行变量和列变量之间的交互效应。

该模型之所以被称为饱和模型，是因为所有可能的效应参数都进入了模型。由于单元格频数被表示为一系列项的乘积，除了用 η 表示平均单元格频数外，效应的大小可以通过对数值 1 的偏离程度来表示。如果效应值等于 1，则表示没有影响，因为乘积没有改变。如果每个效应都没有影响，则每个单元格频数都相等，且都等于 η 值。如果某个效应参数大于 1，则那个单元格中的频数就会大于期望的平均频数；如果某个效应参数小于 1，则那个单元格的频数就会小于期望的平均频数。

对于两行两列的列联表，包括 η、τ_1^A、τ_2^A、τ_1^B、τ_2^B、τ_{11}^{AB}、τ_{12}^{AB}、τ_{21}^{AB}、τ_{22}^{AB} 共 9 个参数，但单元格频数只有 4 个，只有加上至少 5 个限制条件，饱和模型才能被估计出来。2 行 2 列列联表效应参数的限制条件为

$$\tau^A = \tau_1^A = 1 / \tau_2^A \tag{10.2}$$

$$\tau^B = \tau_1^B = 1 \Big/ \tau_2^B \tag{10.3}$$

$$\tau^{AB} = \tau_{11}^{AB} = \tau_{22}^{AB} = 1 \Big/ \tau_{12}^{AB} = 1 \Big/ \tau_{21}^{AB} \tag{10.4}$$

这些限制条件意味着只有 4 个效应参数是独立的（分别为 η、A、B、AB），有了这 4 个独立的效应参数和 4 个单元格，饱和模型将在生产出观测单元格频数时而不会剩余自由度，因此对于饱和模型来说，可以将观测频数等同于饱和模型中的期望值 F_{ij}。当效应参数小于列联表中单元格数目时，可以获得用于检验模型数据与观测数据之间拟合程度的自由度。

这种限制条件可以确保行变量每个水平 τ_i^A 的乘积、列变量每个水平的 τ_j^B 的乘积、交互效应 τ_{ij}^{AB} 的联合乘积都等于 1。

基于优势比，可以推导出效应参数的公式，即

$$\frac{F_{11}/F_{21}}{F_{12}/F_{22}} = \frac{\left(\eta \tau_1^A \tau_1^B \tau_{11}^{AB}\right)\left(\eta \tau_2^A \tau_2^B \tau_{22}^{AB}\right)}{\left(\eta \tau_1^A \tau_2^B \tau_{12}^{AB}\right)\left(\eta \tau_2^A \tau_1^B \tau_{21}^{AB}\right)} = \frac{\tau_{11}^{AB} \tau_{22}^{AB}}{\tau_{12}^{AB} \tau_{21}^{AB}} = \left[\tau^{AB}\right]^4 \tag{10.5}$$

或

$$\tau^{AB} = \left(F_{11}F_{22} / F_{12}F_{21}\right)^{\frac{1}{4}} \tag{10.6}$$

因此，行变量和列变量共变关系的参数是模型中期望频数交互乘积比的四次方根。

$$\left(\frac{F_{11}}{F_{21}}\right)\left(\frac{F_{12}}{F_{22}}\right) = \left(\frac{\eta \tau_1^A \tau_1^B \tau_{11}^{AB}}{\eta \tau_2^A \tau_1^B \tau_{21}^{AB}}\right)\left(\frac{\eta \tau_1^A \tau_2^B \tau_{12}^{AB}}{\eta \tau_2^A \tau_2^B \tau_{22}^{AB}}\right) = \left(\frac{\tau_1^A \tau_{11}^{AB}}{\tau_2^A \tau_{22}^{AB}}\right)\left(\frac{\tau_1^A \tau_{12}^{AB}}{\tau_2^A \tau_{22}^{AB}}\right) = \left(\frac{\tau_1^A}{\tau_2^A}\right)^2 = \left(\tau^A\right)^4 \tag{10.7}$$

231

或

$$\tau^A = \left(F_{11}F_{12} / F_{21}F_{22}\right)^{\frac{1}{4}} \tag{10.8}$$

将（10.8）右侧乘以 $\tau^A = \left(F_{11}F_{12} / F_{11}F_{12}\right)^{\frac{1}{4}}$ 可得

$$\tau_i^A = \frac{\left(F_{i1}F_{i2}\right)^{\frac{1}{2}}}{\left(F_{11}F_{12}F_{21}F_{22}\right)^{\frac{1}{4}}} \tag{10.9}$$

$$\left(\frac{F_{11}}{F_{12}}\right)\left(\frac{F_{21}}{F_{22}}\right) = \left(\tau^B\right)^4 \tag{10.10}$$

或

$$\tau^B = \left(F_{11}F_{22} / F_{12}F_{22}\right)^{\frac{1}{4}} \tag{10.11}$$

将（10.11）右侧乘以 $\tau^A = \left(F_{11}F_{21} / F_{11}F_{21}\right)^{\frac{1}{4}}$ 可得

$$\tau_i^B = \frac{\left(F_{1j}F_{2j}\right)^{\frac{1}{2}}}{\left(F_{11}F_{12}F_{21}F_{22}\right)^{\frac{1}{4}}} \tag{10.12}$$

式（10.9）、式（10.12）再次保证了一个变量的 τ 参数的乘积等于 1。τ 效应值越远离 1，

每个类别的行和与列和越不可能等于 $1/K$（K 为行变量或列变量的水平个数）。因此，τ 参数反映了变量类别间分布的偏态大小。

上面讨论的对数线性模型是通过乘法的形式表示出来的。如果对所有项取自然对数，要将上述等式转化为线性等式，即

$$\ln\left(F_{ij}\right) = \ln\eta + \ln\tau_i^A + \ln\tau_j^B + \ln\tau_{ij}^{AB} \tag{10.13}$$

进一步简化为

$$\ln\left(F_{ij}\right) = \lambda + \lambda_i^A + \lambda_j^B + \lambda_{ij}^{AB} \tag{10.14}$$

式（10.14）可以称为加法模型。

在乘法模型中，行变量每个水平 τ_i^A 的乘积、列变量每个水平 τ_j^B 的乘积、交互效应 τ_{ij}^{AB} 的联合乘积都等于 1，在加法模型中就转换为 λ_i^A（$\lambda_i^A = \ln\tau_i^A$）的和、$\lambda_j^B$（$\lambda_j^B = \ln\tau_j^B$）的和、$\lambda_{ij}^{AB}$（$\lambda_{ij}^{AB} = \ln\tau_{ij}^{AB}$）的和等于 0。所以模型中某个 λ 效应的缺失等同于这个参数的一个值为 0，就如同回归中一个没有影响的变量的斜率为 0 一样。

在乘法模型中，η 是列联表中每个单元格中频数的几何平均数，而在加法模型中 λ（$\lambda=\ln\eta$）则是每个单元格中对数频数（对频数取对数）的算术平均数。在列联表中，将每个单元格中的频数取对数，形成对数频数表。对数频数表的总平均为 λ，也可记为 $\mu_{..}$，第 i 行的均值记为 $\mu_{i.}$，第 j 列的均值记为 $\mu_{.j}$。则

$$\mu_{i.} = \left(\ln f_{i1} + \cdots + \ln f_{ic}\right)/r \tag{10.15}$$

$$\mu_{.j} = \left(\ln f_{1j} + \cdots + \ln f_{rj}\right)/c \tag{10.16}$$

由式（10.9）可知，

$$\lambda_i^A = \mu_{i.} - \mu_{..} \tag{10.17}$$

由式（10.12）可知，

$$\lambda_j^B = \mu_{.j} - \mu_{..} \tag{10.18}$$

把式（10.17）、式（10.18）代入式（10.14）可得

$$\lambda_{ij}^{AB} = \ln f_{ij} - \mu_{i.} - \mu_{.j} + \mu_{..} \tag{10.19}$$

另外，也有教材不是以对数频数建模，而是以对数频率建模（何晓群），即

$$\ln\left(p_{ij}\right) = \bar{\eta}_{..} + \alpha_i + \beta_j + \gamma_{ij} \tag{10.20}$$

$$\sum_{i=1}^{r}\alpha_i = \sum_{j=1}^{c}\beta_j = \sum_{i=1}^{r}\gamma_{ij} = \sum_{j=1}^{c}\gamma_{ij} = 0 \tag{10.21}$$

式中，$\bar{\eta}_{..} = \dfrac{1}{n}\left(\sum_{i=1}^{r}\sum_{j=1}^{c}\ln f_{ij}\right) - \ln n$，$\ln\left(p_{ij}\right) = \ln f_{ij} - \ln n$。

因此，式（10.20）和式（10.14）是等价的，则 $\alpha_i = \lambda_i^A$，$\beta_j = \lambda_j^B$，$\gamma_{ij} = \lambda_{ij}^{AB}$。

对数线性模型的检验包括模型整体拟合效果检验、交互效应检验、主效应检验、单个参数检验。整体拟合效果检验是检验对数频数（频率）的实际观测值与期望值之间是否存在显著性差异。检验统计量包括皮尔逊卡方统计量和似然比卡方统计量。样本容量较大时，似然比卡方和皮尔逊卡方的值极为接近。似然比卡方的计算公式为

$$L^2 = 2\sum_{i=1}^{r}\sum_{j=1}^{c} f_{ij} \ln \frac{f_{ij}}{F_{ij}} \tag{10.22}$$

L^2 比 χ^2 更可取，一是因为期望频数是通过极大似然法估计得到的，因而更稳健；二是能够对 L^2 进行分解，即各项效应都有对应的似然比卡方值，且它们的似然比卡方值之和等于整合模型的似然比卡方值。似然比卡方检验的原假设是观测频数和模型预测的期望频数没有显著性差异，也可以理解为检验模型和饱和模型无差异。饱和对数线性模型要完美再现观测频数，不需要对饱和模型进行整体显著性检验。真正有意义的是检验非饱和模型。如果似然比卡方的值比较大，p 值小于给定的显著性水平，则认为模型拟合效果不理想；如果似然比卡方的值比较小，p 值大于给定的显著性水平，则说明拟合效果较好，也说明剔除的效应对模型拟合意义不大。模型整体拟合优度检验的目的不是为了再现观测频数，而是通过在模型中加入和减少交互效应项的实验，以寻求真正重要的因素。也就是从饱和模型出发，逐步剔除不重要的交互效应项，在保证拟合程度不受较大影响的前提下，直到形成效应项最少的模型（找到最关键因素）。

交互效应检验的原假设是各交互效应与零无显著性差异。当研究中涉及的因素较多时，不仅主效应会增加，交互效应增加的更多。例如四个因素的模型，主效应 4 个，二阶交互效应 6 个，三阶交互效应 4 个，四阶交互效应 1 个。逐项检验太烦琐了，而按阶次集体检验交互效应的方法就十分见效。模型中的低阶效应是由高阶效应派生出来的，如果模型中的高阶效应是显著的，那么相应的所有低阶效应也均是显著的；如果一个低阶效应不显著，则与其相关的其他高阶效应也不会显著。因此在剔除模型中不显著效应时，应从高阶开始，按照由高阶至低阶的顺序依次分层剔除，直到没有可剔除的效应为止。交互效应检验是通过比较新老模型（删除交互效应前后模型）似然比卡方的改变量进行检验的。如果似然比卡方改变量比较大，且相应的 p 值小于给定的显著性水平，则被剔除的交互效应显著不为零；如果似然比卡方改变量的变化幅度较小，且相应的 p 值大于给定的显著性水平，则表明无法拒绝原假设，即被剔除的交互效应为零。

主效应检验是检验不同类别的行列变量是否对频数分布产生了影响。主效应检验的原假设是主效应与零无显著性差异，其基本思路与交互效应检验相同。SPSS 提供了偏关联检验，即从模型中剔除一个效应后似然比卡方变化的检验。在主效应检验时，一个因素可能不只有两个类别，主效应显著只是说明这项效应中起码有一类与其他类存在明显差别，但并不能提供究竟是哪一类，这就需要单个参数的检验。

单个参数的显著性检验类似于回归分析中系数的显著性检验。可以证明某因素某类别效应的抽样分布近似服从正态分布。在原假设成立的条件下，效应值除以标准误（z 值）服从正态分布。如果 z 统计量的 p 值小于给定的显著性水平，认为该类别的效应显著，否

则不应拒绝原假设。同时也可以通过置信区间进行检验，如果待检验值（此处为 0）落在效应值的 95% 置信区间内，则表明原假设成立，所检验的效应不显著。

10.2 饱和和非饱和对数线性模型

本节案例采用 SPSS 自带数据集 demo.sav。该数据集共包含 29 个变量，每个变量的含义可通过变量标签了解。需要说明的是，数据集中的变量 gender 取值为字母，f 代表女性，m 代表男性。由于字母不能参与任何统计运算，因而如果进行任何统计运算，在候选变量中都不显示 gender。若想对 gender 进行分析，必须将其取值进行转换。本例将 gender 转换为 sex，取值为"1"和"0"，其中"1"对应 female，"0"对应 male。

选择"分析 / 对数线性模型 / 模型选择"，打开"模型选择对数线性分析"对话框，如图 10.1 所示。把 jobsat、inccat、sex 选入"因子"中，并单击"定义范围"按钮定义相应变量的类别取值范围。定义范围后，下方会显示单元格数 40，为各因子变量类别数的乘积。默认情况下各个单元格的权重相等，如果希望对重要的单元格给予较高的权重，则需在"单元格权重"中选入权重变量。

"建立模型"框组选择建模策略和相应参数。"使用向后去除"指先建立饱和模型，234 然后按照从高到低逐个剔除不显著的效应，并给出非饱和模型。"最多步骤数"用于达到步骤数时强行终止剔除工作，但此时得到的模型不一定是最简洁的模型。"剔除概率"输入自动剔除变量的显著性水平，当效应的 p 值大于该概率值时会被自动剔除。"一步进入"指建立饱和模型，不进行效应的剔除。

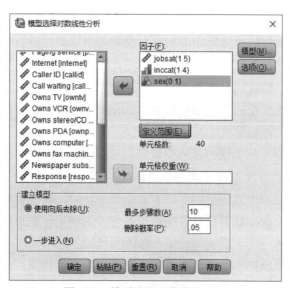

图 10.1 模型选择对数线性分析

在图 10.1 中单击"模型"按钮，进行模型设置，如图 10.2 所示。

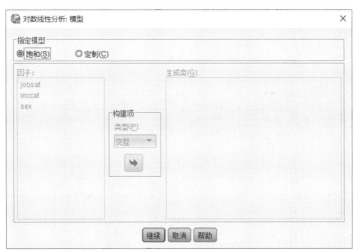

图 10.2　对数线性分析：模型

在图 10.2 中，可以指定初始模型为饱和模型或自定义模型，系统默认为饱和模型，此时不显著项的剔除开始于饱和模型。如果用户自定义非饱和模型，则不显著项的剔除开始于非饱和模型。由于用户对模型没有先验认知，一般选择从饱和模型开始。

在图 10.1 中单击"选项"按钮，进行输出项和估计参数设置，如图 10.3 所示。

图 10.3　对数线性分析：选项

在图 10.3 中，"输出"框组指定输出列联表的频率和残差。"显示饱和模型"框组中，"参数估计"输出饱和模型中各效应的估计值，"相关表"输出饱和模型的偏关联检验表。"模型标准"框组中，"最大迭代"和"收敛性"只要一个条件被满足就结束迭代。Delta 用于调整 0 步数单元格，因为对数线性模型基于对数频数或对数频率，当单元格频数为 0 时取对数无意义，此时需在单元格频数加上一个比较小的数，默认为 0.5。如果所有单元格频数都大于 0，那么应将 Delta 值改为 0。

由于部分输出结果比较长，在不影响解读的情况下，对输出结果只截取一部分。

图 10.4 为单元格计数和残差，只截取了 Job satisfaction 的前两个类别。对于饱和模型，观测频数和期望频数是相等的，所有的残差都等于 0.000，标准化残差也等于 0.000。标准化残差的计算公式为

$$\text{Sted.Res}_{ij} = \frac{\ln f_{ij} - F_{ij}}{\sqrt{F_{ij}}} \tag{10.23}$$

Job satisfaction	Income category in thousands	gender	观测值		期望值(E)		残差	标准残差
			计数[a]	%	计数	%		
Highly dissatisfied	Under $25	male	182.500	2.9%	182.500	2.9%	.000	.000
		female	168.500	2.6%	168.500	2.6%	.000	.000
	$25 - $49	male	251.500	3.9%	251.500	3.9%	.000	.000
		female	280.500	4.4%	280.500	4.4%	.000	.000
	$50 - $74	male	71.500	1.1%	71.500	1.1%	.000	.000
		female	66.500	1.0%	66.500	1.0%	.000	.000
	$75+	male	49.500	0.8%	49.500	0.8%	.000	.000
		female	42.500	0.7%	42.500	0.7%	.000	.000
Somewhat dissatisfied	Under $25	male	158.500	2.5%	158.500	2.5%	.000	.000
		female	158.500	2.5%	158.500	2.5%	.000	.000
	$25 - $49	male	267.500	4.2%	267.500	4.2%	.000	.000
		female	267.500	4.2%	267.500	4.2%	.000	.000
	$50 - $74	male	108.500	1.7%	108.500	1.7%	.000	.000
		female	107.500	1.7%	107.500	1.7%	.000	.000
	$75+	male	107.500	1.7%	107.500	1.7%	.000	.000
		female	96.500	1.5%	96.500	1.5%	.000	.000

图 10.4　单元格计数和残差

F_{ij} 为期望频数，也有用 e_{ij} 表示期望频数。当模型拟合效果较好时，标准化残差近似服从标准正态分布。如果大部分残差都在正负 2 个标准差的范围之内，也可以认为模型的拟合效果较为理想。

图 10.5 为拟合优度检验。对于饱和模型，观测频数和期望频数完全相等，所有似然比卡方和皮尔逊卡方都等于 0，属于完全拟合。

	卡方	自由度	显著性
似然比(L)	.000	0	.
皮尔逊	.000	0	.

图 10.5　拟合优度检验

图 10.6 为步进法的步骤摘要。该图提供了交互效应检验、主效应检验及最终模型。第 0 步的生成类指初始的饱和模型，虽然只列出了 jobsat*inccat*sex 三阶效应，但按照高阶效应显著其低阶效应都显著的思想，该模型实际上包含了三阶效应、所有二阶效应和所有主效应；若将 jobsat*inccat*sex 删除，似然比卡方变化了 5.914，对应的 p 值为 0.920，认为三个变量的交互效应对频数分布没有显著影响，可以剔除该效应。第一步的生成类表示删除了 jobsat*inccat*sex 后的模型，包括所有二阶效应和主效应；或删除 jobsat*inccat，似然比卡方变化量为 854.055，对应的 p 值为 0.000，表明该交互基对频数分布有显著影响，不能删除；而删除 jobsat*sex 和 inccat*sex 后似然比卡方变化量分别为 8.923、3.640，对应的 p 值分别为 0.063、0.303，后者的 p 值较大，首先删除 inccat*sex。第二步的生成类为进一步删除 inccat*sex 后的模型，若删除 jobsat*inccat 和 jobsat*sex 似然比卡方变化量分别为 854.177、9.046，对应的 p 值分别为 0.000、0.060，由于设置的剔除显著性水平为 0.050，

因此将 jobsat*sex 删除。第三步的生成类为进一步删除 jobsat*sex 后的模型（由于已将 sex 有关的高阶项均已删除，此时模型中与 sex 有关的仅是 sex 的一次项），若将 jobsat*inccat 删除，似然比卡方变化量为 854.177，对应的 p 值为 0.000，因此不能删除该交互效应；若将 sex 删除，似然比卡方变化量为 0.276，对应的 p 值为 0.600，应该将 sex 删除。在本例中，第三步包含了交互效应检验和主效应检验。第四步的生成类为进一步删除 sex 后的模型，若将 jobsat*inccat 删除，似然比卡方变化为 854.177，对应的 p 值为 0.000，因此不能删除该交互效应。第五步的生成类为最终的模型，该最终模型包含 jobsat*inccat、jobsat 和 inccat 三个效应。需要注意的是，在各部的生成类中，p 值如果大于给定的显著水平，表明拟合的非饱和模型与饱和模型没有显著性差异，模型拟合效果较好。

步长(T)[a]			效果	卡方[c]	自由度	显著性	迭代次数
0	生成类(G)[b]		jobsat*inccat* sex	.000	0		
	删除的效应	1	jobsat*inccat* sex	5.914	12	.920	3
1	生成类(G)[b]		jobsat*inccat, jobsat*sex, inccat*sex	5.914	12	.920	
	删除的效应	1	jobsat*inccat	854.055	12	.000	2
		2	jobsat*sex	8.923	4	.063	2
		3	inccat*sex	3.640	3	.303	2
2	生成类(G)[b]		jobsat*inccat, jobsat*sex	9.553	15	.847	
	删除的效应	1	jobsat*inccat	854.177	12	.000	2
		2	jobsat*sex	9.046	4	.060	2
3	生成类(G)[b]		jobsat*inccat, sex	18.599	19	.483	
	删除的效应	1	jobsat*inccat	854.177	12	.000	2
		2	sex	.276	1	.600	2
4	生成类(G)[b]		jobsat*inccat	18.874	20	.530	
	删除的效应	1	jobsat*inccat	854.177	12	.000	2
5	生成类(G)[b]		jobsat*inccat	18.874	20	.530	

a. 在各步骤中，如果显著性水平大于 .050，那么将删除"似然比变更"中具有最大显著性水平的效应。

b. 显示第 0 步后最佳模型在每个步骤中的统计量。

c. 对于"已删除的效应"，这是将效应从模型中删除后卡方中的变更。

图 10.6 步骤摘要

图 10.7 为 K 阶和高阶效应检验。既包括交互效应检验也包括主效应检验，其中二阶及以上高阶效应是交互效应，一阶效应是主效应。图中第一部分为 K 阶及以上高阶效应的似然比卡方检验结果，原假设是 K 阶及以上高阶效应与 0 没有显著差异。三阶及以上效应（仅包括 λ_{ijk}^{ABC}）检验的似然比卡方为 5.911，对应的 p 值为 0.921，三阶效应不显著。似然比卡方和 p 值均和图 10.6 中第 0 步的删除效应相同。二阶及以上效应（包括 λ_{ijk}^{ABC}、λ_{ij}^{AB}、λ_{ik}^{AC}、λ_{jk}^{BC}）的似然比卡方为 872.776，对应的 p 值为 0.000，表示二阶及以上效应显著。一阶及以上效应（包括 λ_i^A、λ_j^B、λ_k^C、λ_{ijk}^{ABC}、λ_{ij}^{AB}、λ_{ik}^{AC}、λ_{jk}^{BC}）的似然比卡方为

1552.492，对应的 p 值为 0.000，表明一阶及以上效应显著。图中第二部分的 K 阶效应只包括当阶效应，如一阶只包括一阶效应、二阶只包括二阶效应、三阶只包括三阶效应。第二部分相当于第一部分的分解，由于三阶效应只有一个，所以第一部分和第二部分三阶效应对应的行是完全相等的。第二部分的二阶效应（包括 λ_{ij}^{AB}、λ_{ik}^{AC}、λ_{jk}^{BC}）的似然比卡方为 866.862，对应的 p 值为 0.000，表明二阶效应显著，且 866.862+5.914=872.776，恰好是第一部分二阶及以上效应的似然比卡方。第二部分的一阶效应（包括 λ_i^A、λ_j^B、λ_k^C）的似然比卡方为 679.716，对应的 p 值为 0.000，表明一阶效应显著，且 679.716+866.862+5.914=1552.492，恰好是第一部分一阶及以上效应的似然比卡方。虽然检验结果表明一阶效应和二阶效应是显著的，但是不是所有一阶效应和二阶效应都显著，图 10.7 给不出答案，因此相对来讲，图 10.7 不如 10.6 提供的信息更详尽。

			似然比(L)		皮尔逊		
	K	自由度	卡方	显著性	卡方	显著性	迭代次数
K 向和高阶效应[a]	1	39	1552.492	.000	1518.075	.000	0
	2	31	872.776	.000	841.154	.000	2
	3	12	5.914	.920	5.911	.921	3
K 向效应[b]	1	8	679.716	.000	676.921	.000	0
	2	19	866.862	.000	835.243	.000	0
	3	12	5.914	.920	5.911	.921	0

a. 检验 K 向和高阶效应是否为零。

b. 检验 K 向效应是否为零。

图 10.7　K 阶和高阶效应检验

图 10.8 为偏关联检验。由于三阶效应不显著，偏关联检验只列出了 3 个一阶效应和 3 个二阶效应的偏关联检验。偏关联检验反映的是从模型中删除一个效应后似然比卡方的变化，从图中可知，sex、inccat*sex 和 jobsat*sex 三个效应对应的 p 值分别为 0.600、0.303 和 0.063，在 0.050 的显著性水平下，这 3 个效应不显著。

效应	自由度	部分卡方	显著性	迭代次数
jobsat*inccat	12	854.055	.000	2
jobsat*sex	4	8.923	.063	2
inccat*sex	3	3.640	.303	2
jobsat	4	48.245	.000	2
inccat	3	631.196	.000	2
sex	1	.276	.600	2

图 10.8　偏关联检验

图 10.9 为参数估计值，提供了单个参数的显著性检验。从 p 值可以看出 sex 的效应不显著，inccat*sex 所有类别的效应均不显著，jobsat*sex 大部分类别的效应不显著（第 3 个类别除外）；三阶 jobsat*inccat*sex 所有类别的效应均不显著；二阶 jobsat*inccat 第 6、7、8、9、11、12 类别的效应不显著；jobsat 类别 2 的效应不显著，其他类别效应显著；inccat 所有类别的效应均显著。虽然采用的步进法，但 SPSS 仍然给出的是饱和模型的参数估计结果，不显著的参数并没有删除掉。虽然 inccat 有 4 个类别，但只显示了 3 个类别

的效应估计量；jobsat 有 5 个类别，只显示了 4 个类别的效应估计量；jobsat*inccat 有 20 个类别，只显示了 12 个类别的效应估计量。原因在于对效应参数的约束条件。inccat 第 4 个类别的效应参数估计值为 0-0.056+0.273+0.247=0.464，jobsat 第 5 个类别的效应参数估计值为 0-0.123-0.168-0.047+0.241=-0.097。jobsat*inccat 的 12 个类别效应分别对应 λ_{11}、λ_{12}、λ_{13}、λ_{21}、λ_{22}、λ_{23}、λ_{31}、λ_{32}、λ_{33}、λ_{41}、λ_{42}、λ_{43}，没有直接提供的 8 个效应分别为 λ_{14}、λ_{24}、λ_{34}、λ_{44}、λ_{51}、λ_{52}、λ_{53}、λ_{54}。由 $\lambda_{11}+\lambda_{12}+\lambda_{13}+\lambda_{14}=0$，可以得出 $\lambda_{14}=0-0.738-0.374+0.221=-0.891$，由于 jobsat 编码 $1\sim5$ 表示满意程度从低到高，inccat 编码 $1\sim4$ 表示收入从低到高，因此高收入人群对工作非常不满意是负效应，即高收入人群对工作满意。$\lambda_{11}+\lambda_{21}+\lambda_{31}+\lambda_{41}=0$，$\lambda_{51}=0-0.349+0.006+0.427=0.084$，表明低收入者对工作非常满意。其他未提供的效应估计量可以类似推算出来。

效应	参数	估计	标准错误	z	显著性	95% 置信区间	
						下限	上限
jobsat*inccat*sex	1	-.026	.050	-.534	.594	-.124	.071
	2	-.058	.043	-1.357	.175	-.143	.026
	3	.046	.061	.751	.453	-.074	.165
	4	-.057	.047	-1.197	.231	-.149	.036
	5	.006	.039	.150	.881	-.071	.083
	6	.024	.051	.469	.639	-.076	.124
	7	.021	.049	.435	.663	-.075	.118
	8	-.006	.038	-.156	.876	-.081	.069
	9	.009	.048	.180	.857	-.085	.103
	10	.015	.056	.258	.797	-.096	.125
	11	.023	.040	.572	.567	-.055	.100
	12	-.045	.049	-.933	.351	-.141	.050
jobsat*inccat	1	.738	.050	14.895	.000	.641	.835
	2	.374	.043	8.669	.000	.289	.458
	3	-.221	.061	-3.630	.000	-.341	-.102
	4	.349	.047	7.382	.000	.256	.441
	5	.093	.039	2.360	.018	.016	.170
	6	-.061	.051	-1.189	.235	-.161	.039
	7	-.006	.049	-.112	.911	-.102	.091
	8	-.016	.038	-.416	.678	-.091	.059
	9	.009	.048	.188	.851	-.085	.103
	10	-.427	.056	-7.561	.000	-.537	-.316
	11	-.057	.040	-1.440	.150	-.135	.021
	12	.059	.049	1.216	.224	-.036	.154
jobsat*sex	1	.005	.033	.154	.878	-.059	.069
	2	-.005	.027	-.174	.862	-.059	.049
	3	-.067	.026	-2.555	.011	-.118	-.016
	4	.007	.027	.242	.809	-.047	.060
inccat*sex	1	.042	.027	1.541	.123	-.011	.095
	2	-.021	.021	-.987	.323	-.061	.020
	3	-.034	.026	-1.303	.193	-.085	.017
jobsat	1	-.241	.033	-7.364	.000	-.305	-.177
	2	.047	.027	1.723	.085	-.007	.101
	3	.168	.026	6.430	.000	.117	.219
	4	.123	.027	4.510	.000	.070	.176
inccat	1	-.273	.027	-10.050	.000	-.326	-.220
	2	.506	.021	24.356	.000	.466	.547
	3	-.247	.026	-9.471	.000	-.298	-.196
sex	1	.019	.014	1.343	.179	-.009	.048

图 10.9 参数估计值

图 10.10 为非饱和模型的拟合优度检验，无论是似然比卡方检验还是皮尔逊卡方检验，

p 值都比较大，分别为 0.530 和 0.532，表明非饱和模型和饱和模型在拟合程度上没有显著差异。

	卡方	自由度	显著性
似然比(L)	18.874	20	.530
皮尔逊	18.848	20	.532

图 10.10　拟合优度检验

另外还会输出非饱和模型的单元格计数和残差，和图 10.4 类似，只不过非饱和模型的观测频数和期望频数不再相等，残差不等于 0.000、标准残差也不等于 0.000。

当一些高阶效应不显著时，如果要建立非饱和模型，可以在"对数线性分析：模型"对话框选择自定义，如图 10.11 所示。

图 10.11　对数线性分析：模型

由于 sex 及 jobsat*inccat*sex 均不显著，选择变量时可以不选择 sex，此时高阶项只有 jobsat*inccat。当"生成类"中为 jobsat*inccat 时，意味着已经包括了一阶效应，不能再将 jobsat 和 inccat 选入"生成类"中，否则运行后会报错。

但需要注意的是，如果通过"分析 / 对数线性模型 / 模型选择"建立非饱和模型，将不能输出参数估计结果，如图 10.12 所示。

图 10.12　对数线性分析：选项

由于选择建立非饱和模型，在图 10.12 中，"显示饱和模型"框组没有激活，不能输出参数估计和相关表。

10.3　一般对数线性模型

第二节饱和模型和非饱和层次对数线性模型可以进行模型整体拟合效果检验、交互效应检验、主效应检验和单个参数检验，但在建立非饱和对数线性模型时，并不能输出效应参数估计值，所以需要建立一般对数线性模型。

一般对数线性模型既可以是饱和模型，也可以是非饱和模型，模型数学形式和参数估计方法同第二节相同。但 SPSS 中一般对数线性模型只能采用一步进入法，不能使用向后去除法，就会使模型中包含所有效应，而无论效应显著不显著。因此在实践中一般先采用"分析 / 对数线性模型 / 模型选择"了解各效应的显著性，然后再采用一般对数线性模型建立非饱和对数线性模型。

仍以第二节例子为例，我们已经得知 jobsat、inccat 及其交互效应显著，如果仍采用这两个变量建立模型，无论是采用自定义方式还是默认方式，建立的都是饱和模型。因此本节中加入另外一个类别变量 ed，根据第二节的方法，三个变量的三阶交互项不显著（留作习题），然后删除掉三阶交互项建立非饱和模型。选择"分析 / 对数线性模型 / 常规"，打开"常规对数线性分析"（应翻译为一般对数线性分析）对话框，如图 10.13 所示。

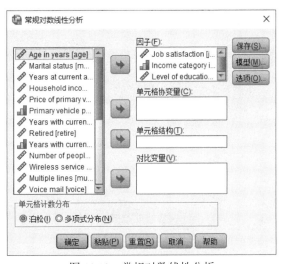

图 10.13　常规对数线性分析

图 10.13 中，将 jobsat、inccat、ed 选入"因子"。如果认为协变量可能会影响频数分布，可以选择协变量进入"单元格协变量"，此时在模型中将考虑协变量的影响，并在剔除协变量影响下分析各因素的效应。如果数据按频数格式输入，可以将频数变量选入"单元格结构"。"单元格计数分布"框组，如果假定列联表中各单元格频数服从相互独立的

泊松分布,可选择"泊松",反之则选择"多项式分布"。

在图 10.13 中单击"保存"按钮,打开保存对话框,如图 10.14 所示。

图 10.14 常规对数线性分析:保存

图 10.14 用于设置需保存在数据编辑窗口中的变量,包括残差、标准化残差、调节的残差、偏差残差、预测值等。其中残差也称为简单残差或原始残差,是单元格的观测频数与期望频数之差。残差除以其估计的标准误称为标准化残差,也被称为皮尔逊残差。标准化残差再除以其估计的标准误就是调整残差,在模型设定正确时,调整残差渐近服从正态分布,因此在检验正态性方面调整残差优于标准化残差。偏差残差是个体对似然比卡方贡献的带符号的平方根,其中的符号是残差的符号,即如果残差为正,偏差也为正,残差为负,偏差也为负,偏差残差渐近服从正态分布。

在图 10.13 中单击"模型"按钮,打开"常规对数线性分析:模型"对话框,如图 10.15 所示。

图 10.15 常规对数线性分析:模型

在图 10.15 中,选择"定制",将除了三阶交互项以外的所有二阶交互项及一阶项选入"模型中的项"。

在图 10.13 中单击"选项"按钮,打开"常规对线线性分析:选项"对话框,如图 10.16 所示。

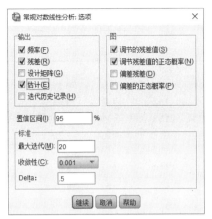

图 10.16　常规对数线性分析：选项

图 10.16 中，"输出"框组指定在结果浏览窗口输出哪些分析结果。默认选择频率和残差，此时会输出单元格频数和残差表；如果选择设计矩阵，会输出模型的数据矩阵，但此时不会同时输出单元格频数和残差表；"估计"不是默认选项，选择后会输出各效应估计表。"图"框组指定输出的残差及相应的正态概率图，默认选项是调节的残差和调节残差的正态概率图，也可以选择偏差残差和偏差的正态概率图。"标准"框组已在其他章节出现过，此处不再解释。

由于分析结果比较多，此处只选取了必要部分，效应估计值的相关阵、方差 - 协方差矩阵、单元格频数和残差等不再列示。

由图 10.17 可知，所建立的一般对数线性模型包括常数项、教育程度（ed）、收入水平（inccat）、工作满意度（jobsat）以及它们的交互项。似然比卡方和皮尔逊卡方分别为55.033 和 54.471，对应的 p 值分别为 0.226 和 0.242，模型的拟合效果较为理想。

拟合优度检验[a,b]

	值	自由度	显著性
似然比	55.033	48	.226
皮尔逊卡方	54.471	48	.242

a. 模型：多项

b. 设计：常数 + jobsat + inccat + jobsat * inccat + ed + jobsat * ed + inccat * ed

图 10.17　拟合优度检验

图 10.18 为效应估计的部分结果。除了常数项外，每个变量的最后一个类别作为参照类别，效应值设为 0，其他类别的效应值均是和参照类别进行对比。如果某个类别的效应值小于 0.000，表示该类别的效应小于参照类别；如果某个类别的效应值大于 0.000，表示该类别的效应值大于参照类别；如果某个类别的效应值不显著，表明该类别的效应值与参照类别没有显著差异。以工作满意度（jobsat）为例，类别 1、类别 2 的效应均为负，且对应的 p 值为 0.000，表示类别 1 和类别 2 的效应显著低于类别 5 的效应；类别 3、类别 4的效应虽为负，但对应的 p 值分别为 0.306 和 0.703，表示类别 3 和类别 4 的效应与类别 5没有显著差异。

参数估计[c,d]

参数	估算(E)	标准错误	Z	显著性	95% 的置信区间	
					下限值	上限
常数	3.657[a]					
[jobsat = 1]	-1.123	.204	-5.514	.000	-1.523	-.724
[jobsat = 2]	-.700	.192	-3.640	.000	-1.077	-.323
[jobsat = 3]	-.183	.179	-1.023	.306	-.534	.168
[jobsat = 4]	-.069	.181	-.382	.703	-.424	.286
[jobsat = 5]	0[b]					
[inccat = 1.00]	-3.136	.224	-14.010	.000	-3.575	-2.697
[inccat = 2.00]	-1.483	.151	-9.815	.000	-1.779	-1.187
[inccat = 3.00]	-1.377	.170	-8.080	.000	-1.711	-1.043
[inccat = 4.00]	0[b]			.	.	.
[jobsat = 1] * [inccat = 1.00]	3.388	.163	20.740	.000	3.068	3.708
[jobsat = 1] * [inccat = 2.00]	2.655	.137	19.411	.000	2.387	2.923
[jobsat = 1] * [inccat = 3.00]	1.370	.157	8.738	.000	1.063	1.678
[jobsat = 1] * [inccat = 4.00]	0[b]			.	.	.
[jobsat = 2] * [inccat = 1.00]	2.392	.143	16.713	.000	2.111	2.672
[jobsat = 2] * [inccat = 2.00]	1.805	.111	16.225	.000	1.587	2.023
[jobsat = 2] * [inccat = 3.00]	.991	.125	7.924	.000	.746	1.236
[jobsat = 2] * [inccat = 4.00]	0[b]			.	.	.
[jobsat = 3] * [inccat = 1.00]	1.589	.138	11.499	.000	1.318	1.860
[jobsat = 3] * [inccat = 2.00]	1.274	.101	12.589	.000	1.076	1.472
[jobsat = 3] * [inccat = 3.00]	.656	.113	5.816	.000	.435	.876
[jobsat = 3] * [inccat = 4.00]	0[b]			.	.	.
[jobsat = 4] * [inccat = 1.00]	.680	.143	4.761	.000	.400	.960
[jobsat = 4] * [inccat = 2.00]	.774	.097	7.974	.000	.583	.964
[jobsat = 4] * [inccat = 3.00]	.270	.108	2.499	.012	.058	.482
[jobsat = 4] * [inccat = 4.00]	0[b]			.	.	.

图 10.18　参数估计（部分）

需要注意的是，"模型选择"方法和"一般对数线性模型"方法在估计时对效应的限定并不相同，前者限定参照类别和其他类别效应之和等于 0，而后者直接限定参照类别效应等于 0（类似于虚拟变量回归），下节的 logit 对数线性模型也是限定参照类别效应为 0。因此在对效应的解释上也不相同，前者如果大于 0 说明效应为正，而后者如果大于 0 说明效应高于参照类别。

图 10.19 为调整残差的正态概率分布图，也就是 P-P 图，由于大部分散点都在对角线上，可以判断调整残差近似服从正态分布，也说明模型的拟合效果较好。

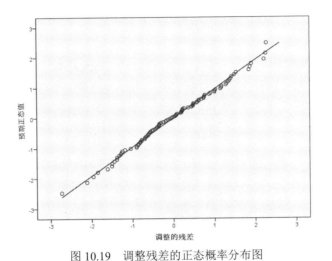

图 10.19　调整残差的正态概率分布图

10.4　Logit 对数线性模型

245

在饱和对数线性模型和一般对数线性模型中，因素之间的地位是相等的，没有解释变量和被解释变量之分。如果要研究事物的某个特征是否受其他特征的影响，就涉及解释因素和被解释因素，此时就需用到 Logit 对数线性模型。

Logit 对数线性模型要求被解释因素只能有两个类别。当只有 A、B 两个因素时，Logit 对数线性模型的饱和模型仍可表示成式（10.14）的形式。若 A 为被解释因素，B 为解释因素，则有

$$\ln\left(F_{0j}\right) = \lambda + \lambda_0^A + \lambda_j^B + \lambda_{0j}^{AB} \tag{10.24}$$

$$\ln\left(F_{1j}\right) = \lambda + \lambda_1^A + \lambda_j^B + \lambda_{1j}^{AB} \tag{10.25}$$

式（10.25）减式（10.24）得

$$\ln\left(\frac{F_{1j}}{F_{0j}}\right) = \left(\lambda_1^A - \lambda_0^A\right) + \left(\lambda_{1j}^{AB} - \lambda_{0j}^{AB}\right) \tag{10.26}$$

另外，在饱和对数线性模型中，需要将某一类别设定为参照类别（其系数不需要估计），比如将 0 作为参照类别，则式（10.26）转化为

$$\ln\left(\frac{F_{1j}}{F_{0j}}\right) = \lambda_1^A + \lambda_{1j}^{AB} \tag{10.27}$$

式（10.27）左侧为发生频数比的对数，也等于发生机会比的对数，正好类似于逻辑回归模型的左侧，所以式（10.27）被称为 Logit 对数线性模型。

类似的，当模型中包含两个解释因素时，Logit 对数线性模型的一般形式为

$$\ln\left(\frac{F_{1jk}}{F_{0jk}}\right) = \lambda_1^A + \lambda_{1j}^{AB} + \lambda_{1k}^{AC} + \lambda_{1jk}^{ABC} \qquad (10.28)$$

从式（10.27）和式（10.28）可以看出，在估计 Logit 对数线性模型时，只需引入被解释因素自身的效应和被解释因素和解释因素之间的交互效应，而无须引入解释因素的主效应及解释因素之间的交互效应，而这正是 SPSS 中 Logit 对数线性模型估计结果所体现的。

也可以将式（10.28）进一步转换为

$$\frac{F_{1jk}}{F_{2jk}} = \exp\left(\lambda_1^A\right) + \exp\left(\lambda_{1j}^{AB}\right) + \exp\left(\lambda_{1k}^{AC}\right) + \exp\left(\lambda_{1jk}^{ABC}\right) \qquad (10.29)$$

式（10.29）表明，被解释因素两类别频数比除受自身主效应影响外，还受与其他解释因素交互效应的影响，是这些效应交乘作用的结果。

本节采用的数据集为 womenwk.sav，被解释因素为 work（是否就业），解释因素为 children(生育孩子数量)。在主菜单中选择"分析 / 对数线性模型 /Logit"，打开"Logit 对数线性分析"对话框，如图 10.20 所示。

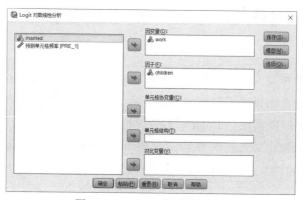

图 10.20　Logit 对数线性分析

在图 10.20 中，将 work 选入"因变量"，children 选入"因子"。如果有数值变量，可以选入"单元格协变量"。单击"保存"按钮，可以设置需保存在数据编辑窗口中的变量，该选项和图 10.14 完全相同，不再进行列示，可在其中选择"预测值"。单击"模型"按钮，进行模型设置，可以指定采用饱和模型还是自定义模型，由于只有一个因子变量，采用饱和模型和自定义模型是等价的。选项按钮也和一般对数线性模型完全一致。

图 10.21 为离散分析，包括熵和集中度，类似于回归分析中的方差分析，即模型 + 残差 = 总计。以熵为例，数据的总熵为 1271.867，其中被模型解释了 128.024。

离散分析[a,b]

	熵	集中	自由度
模型	128.024	99.441	5
残差	1143.843	787.162	2001
总计	1271.867	886.603	2006

a. 模型：多项 Logit

b. 设计：常数 + work + work * children

图 10.21　离散分析

图 10.22 的相关性度量类似于伪决定系数，通过熵测得的模型解释度为 0.101（128.024/1271.867），通过集中度测得的模型的解释度为 0.112（99.441/886.603）。

相关性度量[a,b]

熵	.101
集中	.112

a. 模型：多项 Logit
b. 设计：常数 + work + work * children

图 10.22　相关性度量

图 10.23 为参数估计结果。由于模型中不包括解释因素效应，所以解释因素效应直接被作为常数项处理，因此也没有常数项。work=0 的效应为 -4.812，表明就业人数高于未就业人数；work=0 和 children 的交互效应均为正值，且对应的 p 值大部分小于 0.05），表明生育的孩子数量对就业有影响。

参数估计[c,d]

参数		估算(E)	标准错误	z	显著性	95% 的置信区间	
						下限	上限
常数	[children = 0]	5.427[a]					
	[children = 1]	5.944[a]					
	[children = 2]	5.432[a]					
	[children = 3]	5.633[a]					
	[children = 4]	5.121[a]					
	[children = 5]	4.119[a]					
[work = 0]		-4.812	1.419	-3.390	.001	-7.594	-2.030
[work = 1]		0[b]					
[work = 0] * [children = 0]		4.959	1.422	3.487	.000	2.172	7.747
[work = 0] * [children = 1]		4.308	1.422	3.030	.002	1.522	7.095
[work = 0] * [children = 2]		3.919	1.425	2.751	.006	1.126	6.711
[work = 0] * [children = 3]		3.314	1.426	2.324	.020	.519	6.110
[work = 0] * [children = 4]		2.043	1.455	1.404	.160	-.808	4.893
[work = 0] * [children = 5]		0[b]	.	.	.	.	.
[work = 1] * [children = 0]		0[b]	.	.	.	.	.
[work = 1] * [children = 1]		0[b]	.	.	.	.	.
[work = 1] * [children = 2]		0[b]	.	.	.	.	.
[work = 1] * [children = 3]		0[b]	.	.	.	.	.
[work = 1] * [children = 4]		0[b]	.	.	.	.	.
[work = 1] * [children = 5]		0[b]	.	.	.	.	.

a. 在多项式假设中，常数不是参数。因此，不会计算标准误差。
b. 此参数已设置为零，因为它是冗余参数
c. 模型：多项 Logit
d. 设计：常数 +work+work*chidren

图 10.23　参数估计

当解释因素和被解释因素均只包含两个类别时，Logit 对数线性模型等价于二值 logistic 回归，读者可以用 work 作为被解释因素、married 作为解释因素进行验证。

10.5　泊松对数线性模型

当各单元格的频数分布独立时，可以选择泊松分布，此时建立的对数线性模型为泊松对数线性模型。需要进一步说明的是，泊松对数线性模型并不是通常计数模型里的泊松回归。

与其他几种对数线性模型普遍使用原始数据不同，泊松对数线性模型必须使用列联表数据，且单元格数据为事件发生数，而不是简单的频数。例如 SPSS 版本自带数据集 cars.sav 中，region 为原产地，cylinder 为气缸数，若以这两个分类变量做列联表，单元格表示某地生产的几缸的汽车数量，单元格数据是基本的频数，这种数据作第 10.2 ~ 10.4 节的各种对数线性模型是可以的，但不能做泊松对数线性模型，因为单元格中不是某一事件发生数。若单元格中数据表示某地生产的几缸汽车发生故障的数量，则可以使用泊松对数线性模型，因为单元格中数据表示的是汽车发生故障这一事件的次数。

本节使用 SPSS 自带数据集 accidents.sav，该数据集包含 4 个变量：agecat 表示年龄，gender 表示性别，accid 表示汽车事故，pop 表示风险人口。一家保险公司想了解某一特定地区汽车事故的年龄和性别因素，如果直接根据单元格数据建模可能会存在问题，因为不同单元格驾驶员的数量（用风险人口表示）不同，所以在建模型时应考虑风险人口的影响。

在进行分析之前，首先选择"数据 / 加权个案"选项，打开"加权个案"对话框，如图 10.24 所示。

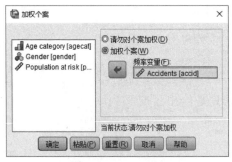

图 10.24　加权个案

在图 10.24 中，选择"加权个案"选项，将 accid 选入"频率变量"中。

选择"分析 / 对数线性模型 / 常规"选项，打开"常规对数线性分析"对话框，如图 10.25 所示。将 age 和 gender 选入"因子"，将 pop 选入"单元格结构"。

图 10.25　常规对数线性分析

"保存"按钮、"模型"按钮、"选项"按钮在第 10.3 节中已经介绍，此处不再详述。

"保存"按钮和"模型"按钮均选择默认设置,"选项"按钮中勾选"估计",确定后即可得到结果,此处只列示参数估计值,如图 10.26 所示。

参数估计[b,c]

参数	估算(E)	标准错误	Z	显著性	95% 的置信区间 下限	95% 的置信区间 上限
常数	-1.311	.004	-304.946	.000	-1.319	-1.302
[agecat = 1]	.080	.006	13.430	.000	.069	.092
[agecat = 2]	.042	.006	6.937	.000	.030	.053
[agecat = 3]	0[a]	.	.	.	.	.
[gender = 0]	.174	.006	30.061	.000	.163	.185
[gender = 1]	0[a]	.	.	.	.	.
[agecat = 1] * [gender = 0]	-.021	.008	-2.552	.011	-.037	-.005
[agecat = 1] * [gender = 1]	0[a]	.	.	.	.	.
[agecat = 2] * [gender = 0]	-.009	.008	-1.166	.244	-.025	.006
[agecat = 2] * [gender = 1]	0[a]	.	.	.	.	.
[agecat = 3] * [gender = 0]	0[a]	.	.	.	.	.
[agecat = 3] * [gender = 1]	0[a]	.	.	.	.	.

a. 此参数已设置为零,因为它是冗余参数。
b. 模型:泊松
c. 设计:常数 + agecat + gender + agecat * gender

图 10.26　参数估计

从图 10.26 的估计结果来看,男性发生汽车事故数是女性的 1.19(exp(0.174))倍,21 岁以下(agecat=1)汽车事故发生数是 26 ~ 30 岁(agecat=3)的 1.08 倍,其他效应可以做类似解释。

在本例中,原始数据只是给出了交叉列联表的汽车事故发生数,如 21 岁以下男生(gender=0 且 agedat=1)汽车事故发生数为 57997 次,实际上这是总次数,其中有些人发生了 1 次、有些人发生了 2 次等,泊松对数线性模型并不能区分这些差异。而第六章泊松回归的数据则是原始数据,给出的是某个人的被捕次数,虽然据此也能算出分类变量组合下的总被捕次数,但是已经违背了泊松回归本身的含义。所以笔者认为此处的泊松对数线性模型还是不要叫泊松回归为好。

自 测 题

即测即练

第 11 章
生 存 分 析

生存分析是对持续时间数据进行分析的统计技术的总称。在人口学领域被称为生命表分析，在生物统计领域被称为生存分析，在保险领域被称为风险分析，在社会学领域被称为事件史分析，在工程领域被称为报废时间分析，在经济或金融领域被称为久期分析。

11.1 非参数模型

生存分析是对生存时间建模的一种统计方法。要进行生存分析，首先必须了解生存分析中的基本概念。

生存分析的目的是研究某一事件发生的方式和它的影响因素。事件根据研究者的目的而定。可以是消极的，如死亡、被捕监狱、发生故障等；也可以是积极的，如结婚、找到工作、晋升等。

生存时间是指个体在某种状态中持续的时间，用一个非负随机变量 T 来表示。假设 T 为连续型随机变量，其概率密度函数和累积分布函数分别为 $f(t)$ 与 $F(t)$，$F(t)$ 也被称为失效函数（failure function），即生存时间小于或等于 t 的概率，计算公式为

$$F(t) = \int_0^t f(u)\mathrm{d}u = P(T \leqslant t) \tag{11.1}$$

生存时间超过 t 的概率称为生存函数（survivor function），计算公式为

$$S(t) = 1 - F(t) = P(T > t) \tag{11.2}$$

概率密度函数又被称为无条件密度函数（unconditicnal density function），其计算公式为

$$f(t) = \lim_{\Delta t \to 0} \frac{P(t \leqslant T \leqslant t + \Delta t)}{\Delta t} = \frac{\partial F(t)}{\partial t} = -\frac{\partial S(t)}{\partial t} \tag{11.3}$$

个体在时刻 t 的瞬间死亡率（在时刻 t 经历了事件发生）称为风险率或风险函数（hazard function），计算公式为

$$h(t) = \lim_{\Delta t \to 0} \frac{P(t \leqslant T \leqslant t + \Delta t \mid T \geqslant t)}{\Delta t}$$

$$= \lim_{\Delta t \to 0} \frac{P(t \leqslant T \leqslant t + \Delta t)}{\Delta t S(t)}$$

$$= \frac{1}{S(t)} \lim_{\Delta t \to 0} \frac{P(t \leqslant T \leqslant t + \Delta t)}{\Delta t} = \frac{f(t)}{S(t)} \tag{11.4}$$

风险函数本质上是已经生存到时间或超过时间 t 了，但是就在那一刻经历了事件发生，故称为条件死亡率或条件失效率（conditional failure rate）。

为了度量截止时刻 t 的累积总风险，定义累积风险函数（cumulative hazard function）为

$$H(t) \equiv \Lambda(t) = \int_0^t h(t)\,\mathrm{d}t \tag{11.5}$$

以上几个概念存在以下关系：

$$S(t) = \exp\left[-H(t)\right] \tag{11.6}$$

$$F(t) = 1 - \exp\left[-H(t)\right] \tag{11.7}$$

$$f(t) = h(t)\exp\left[-H(t)\right] \tag{11.8}$$

生存数据经常存在删失或截断问题。删失有时也被称为归并（censoring），指事件发生时没看到，即研究结束时，有些病人尚未死亡，或有些失业者还没有找到工作。在生存分析中经常会存在右删失，即个体退出研究时，风险事件还未发生。截断是指有段时间没有观测到个体，但知道他没经历风险事件。在生存分析中经常会存在左截断，通常发生在某个个体在研究开始后一段时间才加入到研究中来。

在进行正式建模之前，通常根据样本数据估计生存函数、风险函数和累积生存函数。由于估计这些函数时不需要对数据的概率分布作先验假设，也不需要估计参数，故称为非参数方法。

在不存在删失的情况下，生存函数的估计量为样本中存活时间超过时刻 t 的个体数目 r 占样本容量 n 的比例，即 r/n。该统计量在存在删失的情况下不适用，此时一般使用卡普兰—迈耶（Kaplan-Meier）估计量，其在独立删失（independent censoring）情况下仍然是一致估计量。计算公式为

$$\hat{S}(t) = \prod_{j|t_j \leqslant t} \left(\frac{n_j - d_j}{n_j} \right) \tag{11.9}$$

累积风险函数一般采用纳尔逊（Nelsont）和艾伦（Aalen）提出的 Nelsont–Aalen 估计量（简记为 NA），即

$$\hat{H}(t) = \sum_{j|t_j \leqslant t} \frac{d_j}{n_j} \tag{11.10}$$

在上面两个公式中，d_j 为时间 t_j 时死亡的人数；n_j 为样本中在区间 $[t_{j-1}, t_j)$ 仍存活而面临危险的个体数。

本节数据集采用美国刑满释放犯再次犯罪的数据，该数据来源于 STATA 官方网站。该数据集对 1977 年 7 月 1 日至 1978 年 6 月 30 日期间释放的罪犯进行随机抽样，观测时间截至 1984 年 4 月。该数据集共有 18 个变量：durat（出狱到再次犯罪的历时时间）、cens（有无再次犯罪，编码为 1 表示没有再次犯罪）、workprg（是否有工作，取值为 1 表示有工作）、priors（此前的犯罪次数）、tserved（服刑时间）、felon（是否为重罪犯，取值为 1 为重罪犯）、

alcohol（是否饮酒，取值为 1 饮酒）、drugs（是否有吸毒史，取值为 1 有吸毒史）、black（取值为 1 代表黑人）、married（取值为 1 表示在婚）、educ（受教育年限）、age（年龄）。

由于虚拟变量 cens 编码为 1 表示没有再次犯罪，编码为 0 表示再次犯罪，需要用 1 减去虚拟变量，生成失效变量 fail。

在主菜单中依次选择"分析 / 生存函数 /Kaplan-Meier"，打开"Kaplan-Meier"对话框，如图 11.1 所示。

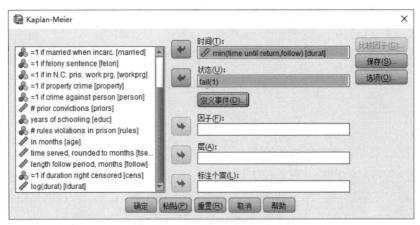

图 11.1   Kaplan-Meier

在图 11.1 中，左侧为数据集中所包含的变量，"时间"指某一事件发生的时间，本例将 durat 移入时间变量框中。"状态"是关于删失数据的另一种信息表达，fail 表示是否再次犯罪，所以将 fail 移入状态变量框。单击"定义事件"，打开定义状态变量事件对话框，如图 11.2 所示。

图 11.2   Kaplan-Meier: 定义状态变量事件

图 11.2 用于定义发生事件的值。可以定义单值，也可以定义值的范围或值的列表。本例中 fail 取值为 1 代表事件发生，因此选择单值，并在其后面的文本框中输入"1"。若直接使用变量 cens，则应输入"0"。如果考试成绩在 60 分以上表示事件发生，则可以选择值的范围 60 ～ 100。如果存在多种情况都认为所关心的事件发生，可以选择"值的列表"。

另外，在图 11.1 中："因子"用于选择一个类别变量，可以就不同类别下的生存函数进行对比分析；"层"用于选入一个分层变量。

在图 11.1 中单击"保存"按钮，可以进行保存设置，如图 11.3 所示。

图 11.3 Kaplan-Meier: 保存新变量

在图 11.3 中，可以选择要保存变量，选择的保存变量会出现在数据窗口中。

在图 11.1 中单击"选项"按钮，可以进行选项设置，如图 11.4 所示。

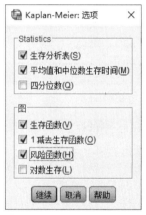

253

图 11.4 Kaplan-Meier: 选项

图 11.4 中的默认选项包括生存分析表、平均值和中位数生存时间，平均值和中位数生存时间实际上是生存时间的平均值和中位数，属于翻译不恰当。另外本例中我们选择输出 3 个图：生存函数、1 减去生存函数和风险函数。由理论部分可知，1 减去生存函数就是失效函数。

根据以上选择的输出结果见图 11.5。

总计 N	事件数	已删失	
		数字	百分比
1445	552	893	61.8%

图 11.5 个案处理摘要

图 11.5 为个案处理摘要，图中表明，共有 1445 个观测值，其中事件数（刑满释放犯再次犯罪）552 个，已删失（到观测结束没有再次犯罪）893 个，占比 61.8%。

由于本例有 1445 个观测，生存表比较大，此处只截取了出狱后一个月就再次犯罪的部分。从图 11.6 可以看出，出狱一个月后就再次犯罪的有 8 条记录，累积生存率为 0.994（1437/1445）。

	时间	状态	到目前为止的累积生存率		累积事件的 N	其余案例的 N
			估算	标准错误		
1	1.000	1	.	.	1	1444
2	1.000	1	.	.	2	1443
3	1.000	1	.	.	3	1442
4	1.000	1	.	.	4	1441
5	1.000	1	.	.	5	1440
6	1.000	1	.	.	6	1439
7	1.000	1	.	.	7	1438
8	1.000	1	.994	.002	8	1437
9	2.000	1	.	.	9	1436

图 11.6　生存表

由图 11.7 可知，生存时间的平均值为 59.165，即出狱后再次犯罪的时间平均为 59.165 个月。

平均值(E)[a]				中位数			
		95% 置信区间				95% 置信区间	
估算	标准错误	下限	上限	估算	标准错误	下限	上限
59.165	.787	57.623	60.707	.	.	.	.

a. 如果已删改估算，那么估算限于最大生存时间。

图 11.7　生存时间的平均值和中值

254

图 11.8 为生存函数和失效函数，二者之和等于 1。

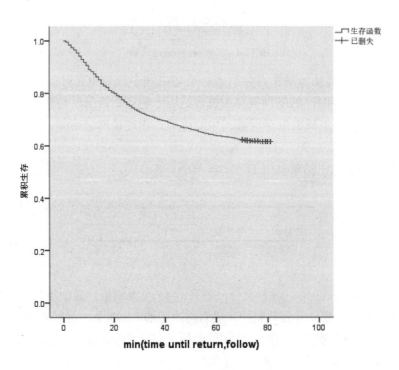

（a）生存函数

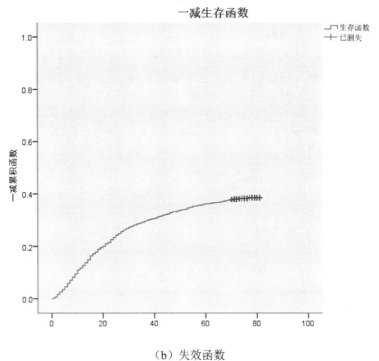

（b）失效函数

图 11.8 生存函数和失效函数

　　另外，还可以分析因子变量对生存时间的影响，如是否结婚、是否有工作对再次入狱的影响等。在图 11.1 中添加因子变量，如图 11.9 所示。

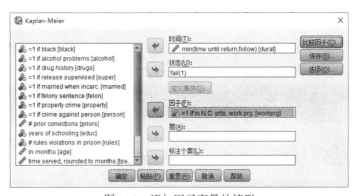

图 11.9 添加因子变量的情形

　　在图 11.9 中，将 workprg 选入"因子"。在图中单击"比较因子"，设定因子比较的方法，如图 11.10 所示。

图 11.10 Kaplan-Meier: 比较因子级别

图 11.10 中，提供了对数等级、Breslow、Tarone-Ware 三种方法，用于对因子变量各类别间生存函数的差异进行检验。

由图 11.11 可以看出，在初始阶段，两条生存函数基本是重合的，只是大约在 40 个月后，有工作情况下的生存函数才开始略高于无工作情况下的生存函数，但差异并不显著。

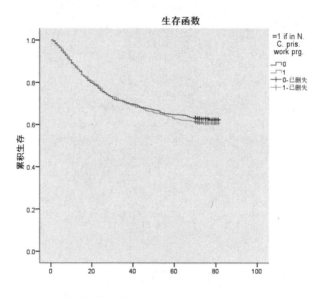

图 11.11　有无工作情况下的生存函数

图 11.12 提供了三种比较统计量，这种统计量都是基于列联表的卡方检验。Log Rank 检验的原假设是两组的生存时间分布完全一致，可以通过下式计算某组病人在某个时间点的期望死亡人数，即

$$E_{it} = N_{it} \times (O_t / N_t) \tag{11.11}$$

式中，E_{it} 指第 i 组在时刻 t 的期望死亡人数；N_{it} 指第 i 组在时刻 t 处于风险中的人数，即时刻 t 之前的存活人数；O_t 指两组总的观测到的实际死亡人数；N_t 指时刻 t 之前两组的总人数。

	卡方(i)	自由度	显著性
Log Rank (Mantel-Cox)	.289	1	.591
Breslow (Generalized Wilcoxon)	.170	1	.681
Tarone-Ware	.228	1	.633

针对 =1 if in N.C. pris. work prg. 的不同级别进行的生存分发的同等检验。

图 11.12　总体比较

Log Rank 检验的检验统计量为

$$\chi^2 = \sum \frac{\left(\sum O_{it} - \sum E_{it} \right)^2}{\sum E_{it}} \tag{11.12}$$

Breslow 检验，其实就是 Wilcoxon 检验，与 Log Rank 不同的是，在每个时间点统计观测人数和期望人数时，会给它们乘以一个权重因子，即当前时间点的 at risk 的总人数，然后再把所有时间点加起来去统计卡方值。随着时间点越靠后，处于风险中的总人数会越小，因此权重越少，对卡方值的贡献就越小。因此 Breslow 检验对前期的差异要更加敏感，而相对来说 Log Rank 对后期相对更敏感一些，因为它的所有时间点的权重参数都是 1。

Tarone-Ware 检验权重的取值方法介于以上两种方法之间，设置权重为各时间点开始时存活的人数的平方根。

由图 11.12 可知，三种检验统计量的显著性分别为 0.591、0.681、0.633，表明是否有工作不会对再次犯罪产生显著影响。

11.2 半参数模型

统计学家戴维·考克斯提出了 Cox 模型，该模型的形式为

$$h(t|\boldsymbol{x}_i) = h_0(t)\exp(\boldsymbol{x}_i'\boldsymbol{\beta}) \tag{11.13}$$

式中，$h_0(t)$ 称为基准风险函数，表示在没有任何协变量影响的条件下个体的风险函数。模型（11.13）表示在给定协变量的影响下，基准风险函数被等比例扩大了 $\exp(\boldsymbol{x}_i'\boldsymbol{\beta})$ 倍，因此该模型也被称为等比例风险模型。$\exp(\boldsymbol{x}_i'\boldsymbol{\beta})$ 称为相对风险，$\boldsymbol{x}_i'\boldsymbol{\beta}$ 称为对数相对风险。

由于等比例风险模型在形式上为乘积式，故个体 i 和个体 j 的风险函数比可以表示为

$$\frac{h(t|\boldsymbol{x}_i)}{h(t|\boldsymbol{x}_j)} = \frac{h_0(t)\exp(\boldsymbol{x}_i'\boldsymbol{\beta})}{h_0(t)\exp(\boldsymbol{x}_j'\boldsymbol{\beta})} = \exp\left[(\boldsymbol{x}_i - \boldsymbol{x}_j)'\boldsymbol{\beta}\right] \tag{11.14}$$

由式（11.14）可以看出，个体 i 和个体 j 的风险函数之比不随时间而改变，只与 $(\boldsymbol{x}_i - \boldsymbol{x}_j)$ 有关。因此不必假设基准风险函数 $h_0(t)$ 的具体形式，就可以得到 $\boldsymbol{\beta}$ 的估计量。由于 $h(t|\boldsymbol{x}_i)$ 的前半部分 $h_0(t)$ 不需要估计参数，只有后半部分 $\exp(\boldsymbol{x}_i'\boldsymbol{\beta})$ 需要估计参数，因此该模型被称为半参数模型。

将式（11.13）两边取对数得

$$\ln h(t|\boldsymbol{x}_i) = \ln h_0(t) + \boldsymbol{x}_i'\boldsymbol{\beta} \tag{11.15}$$

式（11.15）为半对数模型，$\boldsymbol{\beta}$ 为半对数，即 x 增加 Δx，导致风险函数增加 $100\beta\Delta x$，或 x 增加 1 个单位，风险率是原来风险率的 $\exp(\beta)$ 倍。

在给定 $h(t|\boldsymbol{x}_i)$ 的情况下，可求出累积风险函数和生存函数。累积风险函数为

$$H(t|\boldsymbol{x}) = \int_0^t h(u|\boldsymbol{x})\mathrm{d}u$$

$$= \exp(\boldsymbol{x}'\boldsymbol{\beta})\int_0^t h_0(u)\,\mathrm{d}u$$

$$= \exp(\boldsymbol{x'\beta}) H_0(t) \qquad (11.16)$$

$$S(t \mid \boldsymbol{x}) = \exp\left[-H(t \mid \boldsymbol{x})\right]$$

$$= \exp\left[-\exp(\boldsymbol{x'\beta}) H_0(t)\right]$$

$$= S_0(t)^{\exp(\boldsymbol{x'\beta})} \qquad (11.17)$$

Cox 模型可以通过极大似然法进行估计。

仍然使用第一节的例子，选择"分析 / 生存分析 /Cox 回归"选项，打开"Cox 回归"对话框，如图 11.13 所示。

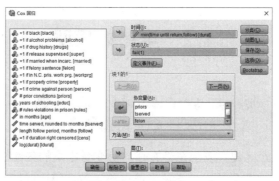

图 11.13　Cox 回归

在图 11.13 中，将 durat 选入"时间"，将 fail 选入"状态"，将 black、alcohol、drugs、married、workprg、age、educ、priors、tserved、felon 选入"协变量"。在图 11.13 中单击"分类"按钮，定义分类协变量，如图 11.14 所示。

图 11.14　Cox 回归：定义分类协变量

在图 11.14 中，将需要按分类变量处理的变量选入"分类协变量"，分类变量可以由变量图标轻易的识别出来。分类协变量一般按虚拟变量处理，默认参考类别为"最后一个"，此处更改为"第一个"。

在图 11.13 中，单击"绘图"按钮，打开"Cox 回归：图"对话框。如图 11.15 所示。

在图 11.15 中，提供了 4 种图形，其中生存函数图、风险函数图、1 减生存函数图前文已介绍过，还有一种是负对数累积生存函数的对数，由式（11.16）可知，

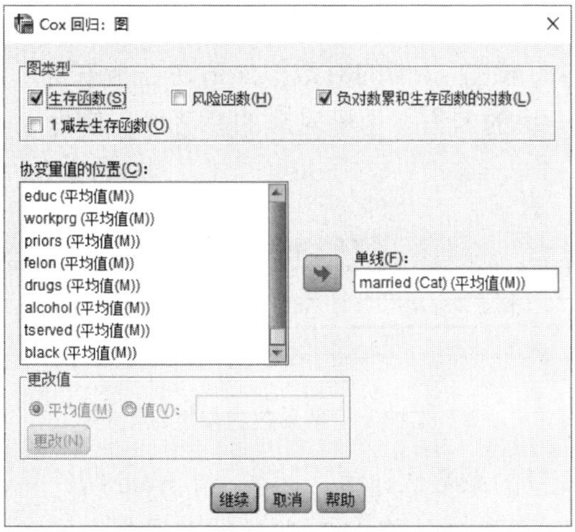

图 11.15 Cox 回归：图

$$H\left(t|\boldsymbol{x}\right)=\exp(\boldsymbol{x}'\boldsymbol{\beta})H_0\left(t\right)$$

两边取对数可得

$$\ln H\left(t|\boldsymbol{x}\right)=\boldsymbol{x}'\boldsymbol{\beta}+\ln H_0\left(t\right) \tag{11.18}$$

由式（11.6）可得，$H\left(t|\boldsymbol{x}\right)=-\ln S\left(t\right)$，将此式代入式（11.18），且方程两边同乘以（-1）可得

$$-\ln\left[-\ln S\left(t\right)\right]=-\boldsymbol{x}'\boldsymbol{\beta}-\ln\left[-\ln S_0\left(t\right)\right] \tag{11.19}$$

这就是所谓负对数累积生产函数的对数的由来。由式（11.19）可知，$-\ln[-\ln S(t)]$ 的斜率并不依赖于 $\boldsymbol{x}$。当 $\boldsymbol{x}$ 取不同值时，函数 $-\ln\left[-\ln S(t)\right]$ 应为相互平行的曲线，只是截距项 $\boldsymbol{x}'\boldsymbol{\beta}$ 不同。如果曲线相互平行，则支持比例风险假设；若不同曲线的斜率相差很远，则比例风险假设可能不成立。若要检验比例风险假设是否成立，需要将某个分类变量选入"单线"。本例为 married。需要注意的是，如果没有在图 11.14 中设置分类变量，将没有变量可以选入到"单线"中。

图 11.13 中的"保存"用于保存新变量，"选项"按钮设置置信区间和进入剔除概率等，本例均按照默认设置。

图 11.16 的起始块代表无任何解释变量的模型，该模型 -2 倍的对数似然值为 7788.360。只要解释变量对模型具有解释力，加入解释变量模型的 -2 倍的对数似然值就应当小于 7788.360。

块 0：起始块

模型系数的似然比检验

-2 对数似然
7788.360

图 11.16 起始块

259

图 11.17 为模型的似然比检验。其中 -2 倍的对数似然值为 7632.760，小于零模型的 7788.360。块一模型和块 0 模型 -2 倍的对数似然值之差恰好等于 155.6，也就是更改自上一步的卡方和更改自上一块的卡方。由于对应的显著性 p 值为 0，可以认为当前模型拟合效果优于零模型。

模型系数的似然比检验^a

-2 对数似然	总体（得分）			更改自上一步			更改自上一块		
	卡方(H)	df	显著性	卡方(H)	df	显著性	卡方(H)	df	显著性
7632.760	168.787	10	.000	155.600	10	.000	155.600	10	.000

a. 起始块数 1，方法 = 输入

图 11.17　模型系数的似然比检验

图 11.18 给出了各变量的系数估计值、标准误、Wald 统计量、p 值及相对风险估计值 Exp(B)。以 alcohol 为例，系数估计值为 0.431，标准误为 0.106，Wald 统计量为 16.594，p 值为 0，表明饮酒会提高再次入狱的风险，其平均效果为 1.538，即在其他变量不变的情况下，饮酒者再次入狱的风险是不饮酒者再次入狱风险的 4.538 倍。通常如果 Exp(B) 大于 1，则系数大于 0，如果 Exp(B) 小于 1，则系数小于 0。对于连续变量 age，衡量的是大一岁的人相对于小一岁的人的入狱风险比。如果要计算相差 10 岁的人之间的风险比，则需要将它的回归系数乘以 10。例如 40 岁的人相对于 30 岁的人的入狱风险比的估计值为 $\exp[10 \times (-0.004)] = 0.96$。

260

	B	SE	Wald	df	显著性	Exp(B)
black	.433	.088	23.957	1	.000	1.541
alcohol	.431	.106	16.594	1	.000	1.538
drugs	.276	.098	7.932	1	.005	1.317
married	.155	.109	2.011	1	.156	1.168
workprg	.084	.091	.857	1	.355	1.088
age	-.004	.001	47.027	1	.000	.996
educ	-.021	.019	1.202	1	.273	.979
priors	.088	.013	42.239	1	.000	1.092
tserved	.013	.002	59.037	1	.000	1.013
felon	-.283	.106	7.094	1	.008	.754

图 11.18　回归系数

生存函数的解释和第一节相同，此处不再列示。只列示分组生存函数曲线和负对数的对数曲线。

图 11.19 为生存函数图，从图中可知，结婚的生存函数远高于未婚的生存函数。图 11.20 为负对数累积生存函数的对数图，两条曲线在纵轴方向上的差距为一常数，基本可判断模型满足比例风险假设。当然图形观察法比较粗糙，仁者见仁，智者见智。

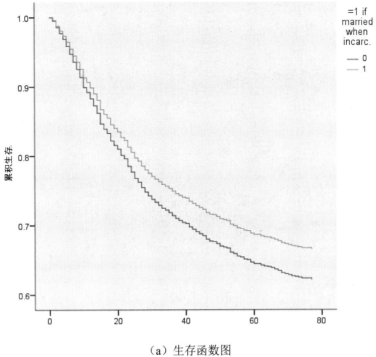

（a）生存函数图

图 11.19　生存函数图和负对数累积生存函数的对数图

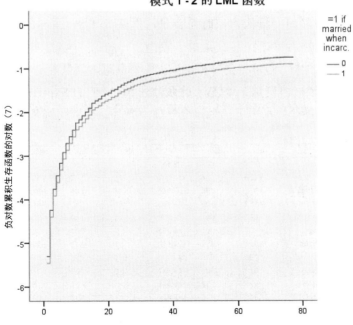

图 11.20　负对数累积生存函数的对数图

若比例风险假定不成立，就需要考虑拟合依时协变量模型。其风险函数中解释变量可随时间而变，但系数 β 仍是固定的。假定我们怀疑变量 tserved（狱中关押月数）可能违反比例风险假设，可以构建 tserved 和 t 的交互项，通过检验交互项的系数是否显著来验证比例风险假定是否成立。

选择"分析/生存函数/Cox 依时协变量"，打开"计算依时协变量"对话框，如图 11.21 所示。

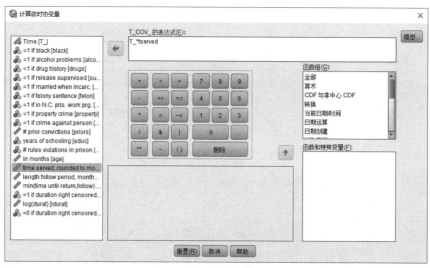

图 11.21　计算依时协变量

在图 11.21 中，左侧除了数据集中所包含的变量外，增加了一个 Time(T_) 变量，SPSS 默认用 T_ 代替时间变量构建依时协变量，本例为 T_*tserved，SPSS 默认新产生的变量名为 T_COV_。然后单击图右上角的"模型"，打开类似图 11.13 的对话框，将 T_COV_ 也加入到协变量中，即可得到分析结果，本例只选取系数估计量部分。

在图 11.22 中，依时协变量 T_COV_ 的系数为 0，对应的 Exp(B) 为 1，检验的 p 值为 0.096，故可在 5% 的显著性水平下认为该交互项不显著，支持比例风险假定。

	B	SE	Wald	df	显著性	Exp(B)
black	.426	.088	23.157	1	.000	1.531
alcohol	.428	.106	16.362	1	.000	1.534
drugs	.275	.098	7.906	1	.005	1.317
married	-.153	.109	1.952	1	.162	0.858
workprg	.083	.091	0.839	1	.360	1.087
age	-.004	.001	46.805	1	.000	0.996
educ	-.020	.019	1.110	1	.292	0.980
priors	.088	.013	42.090	1	.000	1.092
tserved	.016	.002	47.181	1	.000	1.016
felon	-.272	.107	6.496	1	.011	0.761
T_COV_	.000	.000	2.764	1	.096	1.000

图 11.22　依时协变量的系数估计量

假设某个类别变量不满足比例风险假设，则可将样本按该类别变量进行分层，不同层间的基准风险函数不同，但参数 β 都相同（此假设可以检验）。假设城乡是一个分层变量，

则个体风险函数可表示为

$$h\left(t\middle|\boldsymbol{x}_i\right)=\begin{cases}h_{01}\left(t\right)\exp\left(\boldsymbol{x}_i'\boldsymbol{\beta}\right) & (i为城市居民)\\ h_{02}\left(t\right)\exp\left(\boldsymbol{x}_i'\boldsymbol{\beta}\right) & (i为农村居民)\end{cases}$$

式中，$h_{01}(t)$ 为城市居民的基准风险函数；$h_{02}(t)$ 为农村居民的基准风险函数，

若有多个分层变量，则应考虑它们的交叉情况。如某个变量有 3 个类别，另外一个变量有 2 个类别，则应将样本分成 6 组。

若要检验参数 β 都相同，可以引入分层变量与保留在 Cox 模型中变量的交互项进行分层分析，然后检验这些交互项的联合显著性，如果都不显著，则表明不同组参数 β 都相同。

在图 11.13 中，将 married 作为分层变量，其他变量仍作为协变量。需要注意的是，married 不需要再作为协变量，即使再作为协变量，也不会得到系数估计量。married 作为分层变量的主要结果如图 11.23 所示。

	B	SE	Wald	df	显著性	Exp(B)
black	.432	.088	23.842	1	.000	1.540
alcohol	.431	.106	16.648	1	.000	1.539
drugs	.276	.098	7.948	1	.005	1.318
workprg	.083	.091	.829	1	.363	1.086
age	-.004	.001	46.971	1	.000	.996
educ	-.021	.019	1.189	1	.276	.979
priors	.088	.013	42.265	1	.000	1.092
tserved	.013	.002	58.187	1	.000	1.013
felon	-.281	.106	7.019	1	.008	.755

图 11.23 分层 Cox 回归结果

与图 11.18 的标准 Cox 回归结果相比，系数估计结果基本相同，说明变量 married 没有违反比例风险假定。

11.3 参数模型

参数模型需要对数据的分布进行假定，如果数据不符合假定的分布，将会影响模型的拟合效果。参数模型有两大类型，一类是成比例变化模型（proportional hazards model），简写为 PH 模型；一类是加速失效模型（accelerated failure time model），简写为 AFT 模型。

成比例变化模型基于 Cox 回归模型，但与 Cox 回归模型不同的是，成比例变化模型需要对基准风险函数 $h_0(t)$ 进行设定。在式（11.13）中，若令基准风险函数 $h_0(t)=\exp(\alpha)$，则为指数回归，又被称为常数风险模型（Constant Hazard Models）。它的表现形式为

$$h\left(t\middle|\boldsymbol{x}_i\right)=\exp\left(\alpha\right)\exp\left(\boldsymbol{x}_i'\boldsymbol{\beta}\right) \tag{11.20}$$

$$\ln h\left(t\middle|\boldsymbol{x}_i\right)=\alpha+\boldsymbol{x}_i'\boldsymbol{\beta} \tag{11.21}$$

在 Cox 回归模型中，由于常数项被吸收，$\boldsymbol{\beta}$ 中并不包含常数项。由式（11.21）可知，

263

其风险比的对数并不随时间 t 而变化。

如果在式（11.13）中，令基准风险函数 $h_0(t) = pt^{1-\alpha}\exp(\alpha)$，$p > 0$，则称为威布尔回归。当 $p=1$ 时，威布尔分布退化为指数分布，可通过检验 $p=1$ 来确定使用威布尔回归还是指数回归。

如果在式（11.13）中，令基准风险函数 $h_0(t) = \exp(\alpha)\exp(\gamma t)$，则称为龚珀兹模型。当 $\gamma=1$ 时，龚珀兹分布退化为指数分布，可通过检验 $\gamma=0$ 来确定使用龚珀兹回归还是指数回归。

比例风险模型分析的重点是解释变量对风险函数的影响，不容易看出解释变量对平均寿命的影响，可以考虑对生存时间 t_i 直接建模，即

$$\ln t_i = \mathbf{x}_i'\boldsymbol{\beta} + \varepsilon_i \tag{11.22}$$

之所以对时间 t_i 取对数是因为 t_i 非负，而模型右侧的取值在正负无穷之间。这种模型又被称为加速失效时间模型（accelerated failure time model），简称 AFT 模型。

如果式（11.22）中的扰动项 $\varepsilon_i \sim N(0,\sigma^2)$，则称为对数正态模型。如果 ε_i 服从逻辑分布，则称为对数逻辑模型。如果 ε_i 服从广义伽马分布 Gamma(β_0,κ,σ)，则称为伽马模型。对数正态模型和对数逻辑模型均为非单调函数，适用于风险率先上升后下降情形。伽马模型风险函数的形式更为灵活，如果 $\kappa=1$，伽马模型就是威布尔模型；如果 $\kappa=1$ 且 $\sigma=1$，伽马模型就是指数模型；如果 $\kappa=0$，伽马模型就是对数正态模型。指数模型和威布尔模型既属于 PH 模型，也属于 AFG 模型，这是指数模型和威布尔模型独有的性质。

遗憾的是，不知道什么原因，SPSS 并没有提供生存分析参数估计方法。本节采用 Stata 软件估计参数模型。

Stata 软件在进行生存分析时，首先必须将数据定义为生存数据，即

stset durat,failure(fail)

该命令运行后，会在数据集中增加 4 个变量：_t0，记录开始时间；_t，记录结束时间；_d，虚拟变量，取 1 表示发生了风险，取 0 表示删失；_st，虚拟变量，取 1 表示观测被使用，否则取值为 0。

Stata 估计参数模型的基本语句为

streg [varlist] [if] [in] [,options]

该命令不需要输出被解释变量，只需要输入解释变量列表即可。重要的选项主要有两个，一是"distribution()"用于指定分布类型，d(e) 代表指数（exponential）模型，d(w) 代表威布尔（Weibull）模型，d(gom) 代表龚珀兹（Gompertz）模型，d(logn) 代表对数正态模型，d(logl) 代表对数逻辑模型，d(gamma) 代表广义伽马模型。nohr 表示不报告风险比（hazard ratio），只报告回归系数。注意在使用广义伽马模型时，不能使用 nohr 选项。

本节只选取比例风险模型中的龚珀兹模型和加速失效时间模型中的广义伽马模型，其他模型读者可以自己练习。

streg black alcohol drugs married workprg age educ priors tserved felon,d(gom) nolog nohr

在图 11.24 的最后一行，gamma 的估计值为 -0.021703，p 值为 0.000，拒绝 $\gamma=0$ 的原假设，

不应采用指数回归而应采用龚珀兹模型。

```
Gompertz PH regression

No. of subjects =        1,445              Number of obs    =        1,445
No. of failures =          552
Time at risk    =        80013
                                            LR chi2(10)      =       154.39
Log likelihood  =   -1595.5837              Prob > chi2      =       0.0000
```

_t	Coef.	Std. Err.	z	P>|z|	[95% Conf. Interval]	
black	.432 814 5	.088 367 4	4.90	0.000	.259 617 6	.606 011 5
alcohol	.429 287 7	.105 68	4.06	0.000	.222 158 7	.636 416 7
drugs	.272 536 9	.097 854 6	2.79	0.005	.080 745 4	.464 328 5
married	-.152 952 7	.109 222 3	-1.40	0.161	-.367 024 4	.061 119
workprg	.085 322 2	.090 777 1	0.94	0.347	-.092 597 7	.263 242 1
age	-.003 563 2	.000 521 6	-6.83	0.000	-.004 585 5	-.002 540 8
educ	-.021 859 3	.019 443 9	-1.12	0.261	-.059 968 6	.016 2 5
priors	.086 915 6	.013 496 7	6.44	0.000	.060 462 6	.113 368 6
tserved	.012 884 7	.001 690 1	7.62	0.000	.009 572 2	.016 197 2
felon	-.285 498	.106 210 2	-2.69	0.007	-.493 666 2	-.077 329 9
_cons	-3.611 01	.278 234 7	-12.98	0.000	-4.156 34	-3.065 68
/gamma	-.021 703	.002 192	-9.90	0.000	-.025 999 2	-.017 406 8

图 11.24　龚珀兹模型

虽然 11.24 的表现形式和普通回归的结果很类似，但半弹性的概念不容易理解，可以换成风险比的形式。

streg black alcohol drugs married workprg age educ priors tserved felon,d(gom) nolog

由图 11.25 可知，在其他变量不变的情况下，黑人再次犯罪的相对风险是白人的 1.5159 倍，饮酒再次犯罪的相对风险是不饮酒的 1.5159 倍等，其他可类似解释。

```
Gompertz PH regression

No. of subjects =        1,445              Number of obs    =        1,445
No. of failures =          552
Time at risk    =        80013
                                            LR chi2(10)      =       154.39
Log likelihood  =   -1595.5837              Prob > chi2      =       0.0000
```

_t	Haz. Ratio	Std. Err.	z	P>|z|	[95% Conf. Interval]	
black	1.541 59	.136 226 3	4.90	0.000	1.296 434	1.833 105
alcohol	1.536 163	.162 341 7	4.06	0.000	1.248 769	1.889 697
drugs	1.313 292	.128 511 7	2.79	0.005	1.084 095	1.590 945
married	.858 170 3	.093 731 3	-1.40	0.161	.692 792 8	1.063 025
workprg	1.089 068	.098 862 5	0.94	0.347	.911 560 2	1.301 142
age	.996 443 2	.000 519 8	-6.83	0.000	.995 425	.997 462 4
educ	.978 377 9	.019 023 4	-1.12	0.261	.941 794 2	1.016 383
priors	1.090 805	.014 722 2	6.44	0.000	1.062 328	1.120 045
tserved	1.012 968	.001 712	7.62	0.000	1.009 618	1.016 329
felon	.751 639 8	.079 831 8	-2.69	0.007	.610 384 5	.925 584 5
_cons	.027 024 5	.007 519 2	-12.98	0.000	.015 664 8	.046 622 1
/gamma	-.021 703	.002 192	-9.90	0.000	-.025 999 2	-.017 406 8

Note: _cons estimates baseline hazard.

图 11.25　龚珀兹模型（风险比形式）

广义伽马模型的命令为

streg black alcohol drugs married workprg age educ priors tserved felon,d(ggamma) nolog

由图 11.26 可知，kappa 的估计量为 -0.812 8316，p 值为 0.00，表明应该拒绝对数正态模型。kappa 的 95% 置信区间为（-1.219 292，-0.406 370 8），1 明显在置信区间范

之外，表明应该拒绝威布尔模型。

```
Generalized gamma AFT regression

No. of subjects =      1,445          Number of obs    =      1,445
No. of failures =        552
Time at risk    =      80013
                                      LR chi2(10)      =     144.06
Log likelihood  =  -1588.8622         Prob > chi2      =     0.0000
```

_t	Coef.	Std. Err.	z	P>|z|	[95% Conf. Interval]	
black	-.496 519 2	.120 608 9	-4.12	0.000	-.732 908 4	-.260 13
alcohol	-.632 880 8	.148 593	-4.26	0.000	-.924 117 8	-.341 643 9
drugs	-.189 209 7	.140 001 7	-1.35	0.177	-.463 607 9	.085 188 5
married	.476 196 9	.143 317 4	3.32	0.001	.1953	.757 093 8
workprg	-.028 674 8	.121 521 1	-0.24	0.813	-.266 851 9	.209 502 3
age	.002 972 2	.000 598 4	4.97	0.000	.001 799 4	.004 145 1
educ	.008 685 8	.026 479 8	0.33	0.743	-.043 213 6	.060 585 2
priors	-.140 337 5	.023 534 9	-5.96	0.000	-.186 465	-.094 209 9
tserved	-.020 960 1	.003 662 2	-5.72	0.000	-.028 137 8	-.013 782 4
felon	.524 406 6	.153 251 4	3.42	0.001	.224 039 4	.824 773 8
_cons	3.969 667	.348 139 7	11.40	0.000	3.287 326	4.652 009
/lnsigma	.730 379 1	.037 573 4	19.44	0.000	.656 736 7	.804 021 5
/kappa	-.812 831 6	.207 381 8	-3.92	0.000	-1.219 292	-.406 370 8
sigma	2.075 867	.077 997 3			1.928 489	2.234 509

图 11.26　广义伽玛回归

自　测　题

即测即练

参考文献

[1] 李国柱 . SPSS 统计分析基础 [M] . 北京：国家开放大学出版社，2018.

[2] 王学民 . 应用多元分析 [M] . 4 版 . 上海：上海财经大学出版社，2014.

[3] 李国柱 . 统计学 [M] . 北京：科学出版社，2004.

[4] 吴明隆，SPSS 与统计应用分析 [M] . 重庆：东北财经大学出版社，2012.

[5] 李国柱，刘德智 . 计量经济学实验教程 [M] . 北京：中国经济出版社，2010.

[6] 李国柱，李丛欣，赖志花，等 . 计量经济学及 Stata 实现 [M] . 北京：国家开放大学出版社，2019.

[7] 谢宇 . 回归分析 [M] . 北京：社会科学文献出版社，2010.

[8] 安德鲁 . 中介作用、调节作用和条件过程分析入门 [M] . 北京：社会科学文献出版社，2021.

[9] 何晓群 . 现代统计分析方法与应用 [M] . 4 版 . 北京：中国人民大学出版社，2016.

[10] 薛薇 . 基于 SPSS Modeler 的数据挖掘 [M] . 2 版 北京：中国人民大学出版社，2014.

[11] 薛薇 . SPSS 统计分析方法及应用 [M] . 4 版 . 北京：电子工业出版社，2017.

[12] 何晓群 . 多元统计分析 [M] . 5 版 . 北京：中国人民大学出版社，2019.

[13] 克劳斯，本德，伍尔夫，等 . 多元统计分析方法：用 SPSS 工具 [M] . 上海：格致出版社，2017.

[14] 高惠璇 . 应用多元统计分析 [M] . 北京：北京大学出版社，2005.

[15] 朱建平 . 应用多元统计分析 [M] . 北京：科学出版社，2016.

[16] 张文彤，董伟 . SPSS 统计分析高级教程 [M] . 3 版 . 北京：高等教育出版社，2018.

[17] 赵西亮 . 基本有用的计量经济学 [M] . 北京：北京大学出版社，2017.

[18] 邱嘉平 . 因果推断实用计量方法 [M] . 上海：上海财经大学出版社，2020.

[19] ACEMOGLU D, JOHNSON S , ROBINSON J A. The colonial origins of comparative development: an empirical investigation[J] . American Economic Review,2001,91(5):1369-1401.

[20] 陈强 . 机器学习及 R 应用 [M] . 北京：高等教育出版社，2020.

[21] 陈强 . 机器学习及 python 应用 [M] . 北京：高等教育出版社，2021.

[22] 孟生旺 . 回归模型 [M] . 北京：中国人民大学出版社，2015.

[23] 王存同 . 进阶回归分析 [M] . 北京：高等教育出版社，2017.

[24] 温福星 . 阶层线性模型的原理与应用 [M] . 北京：中国轻工业出版社，2009.

[25] 郭伯良，刘红云 . 多水平模型应用 [M] . 北京：北京师范大学出版社，2020.

[26] 陈强 . 高级计量经济学及 Stata 应用 [M] . 2 版 . 北京：高等教育出版社，2014.

教师服务

　　感谢您选用清华大学出版社的教材！为了更好地服务教学，我们为授课教师提供本书的教学辅助资源，以及本学科重点教材信息。请您扫码获取。

≫ 教辅获取

本书教辅资源，授课教师扫码获取

≫ 样书赠送

统计学类重点教材，教师扫码获取样书

 清华大学出版社

E-mail: tupfuwu@163.com
电话：010-83470332 / 83470142
地址：北京市海淀区双清路学研大厦 B 座 509

网址：http://www.tup.com.cn/
传真：8610-83470107
邮编：100084